中等职业学校信息技术规划教材

U0667343

网络营销实用教程

贵州大学全国重点建设职教师资培养培训基地组编

杨云江　丛书主编

温明剑　主编

清华大学出版社

北　京

内 容 简 介

本书主要内容有网络营销概述、网络市场调查、消费者网络购买行为分析、网络市场细分与定位、网络营销的基本方法、网络广告、网络促销、网上拍卖、网络营销的价格策略、网络营销风险控制与效果评价。每章内容从"案例导入"入手,提出问题后引入知识点,在每章后面都配有针对性的技能训练和习题,可以加深读者对学习内容的理解和掌握。

本书把营销理论融入实际案例和实际操作中,让学生在案例分析过程中学习和体会网络营销的基本理论和方法,为学生创造一个良好的学习环境。同时,通过技能训练培养学生的实际应用能力,以达到能够在因特网上进行网络营销实践的目的。

本书可作为中职电子商务专业教材,也可以作为中职市场营销、企业管理、网络信息技术等专业的辅助教材,同时可作为广大电子商务工作者的参考书。

图书在版编目(CIP)数据

网络营销实用教程 / 温明剑主编 . —北京:清华大学出版社,2010.7(2020.1重印)
(中等职业学校信息技术规划教材)
ISBN 978-7-302-22709-0

Ⅰ.①网…　Ⅱ.①温…②黄…　Ⅲ.①电子商务-市场营销学-专业学校-教材
Ⅳ.①F713.36

中国版本图书馆 CIP 数据核字(2010)第 095891 号

责任编辑:帅志清　张　弛
责任校对:刘　静
责任印制:杨　艳

出版发行:清华大学出版社
　　　　网　　　址:http://www.tup.com.cn,http://www.wqbook.com
　　　　地　　　址:北京清华大学学研大厦 A 座　　　　邮　　编:100084
　　　　社 总 机:010-62770175　　　　　　　　　　邮　　购:010-62786544
　　　　投稿与读者服务:010-62776969,c-service@tup.tsinghua.edu.cn
　　　　质 量 反 馈:010-62772015,zhiliang@tup.tsinghua.edu.cn
印 装 者:北京富博印刷有限公司
经　　销:全国新华书店
开　　本:185mm×260mm　　　印　张:14.5　　　字　　数:349 千字
版　　次:2010 年 7 月第 1 版　　　　　　　印　　次:2020 年 1 月第 8 次印刷
定　　价:29.00 元

产品编号:036519-02

中等职业学校信息技术规划教材

编审委员会

近几年来,党和国家在重视高等教育的同时,给予了职业教育更多的关注。2002 年和 2005 年国务院先后两次召开了全国职业教育工作会议,强调要坚持大力发展职业教育。2005 年下发的《国务院关于大力发展职业教育的决定》,更加明确了要把职业教育作为经济社会发展的重要基础和教育工作的战略重点。胡锦涛总书记、温家宝总理等党和国家领导人多次对加强职业教育工作做出重要指示。党中央、国务院关于职业教育工作的一系列重要指示、方针和政策,体现了对职业教育的高度重视,为职业教育指明了发展方向。

中等职业教育是职业教育的重要组成部分。由于中等职业学校着重于学生技能的培养,学生的动手能力较强,因此其毕业生越来越受到各行各业的欢迎和关注,就业率连续几年都保持在 90% 以上,从而促使中等职业教育呈快速增长的趋势。近年来,中等职业学校的招生规模不断扩大,从 2007 年起,全国中等职业学校的年招生人数均在 800 万以上,在校生人数达 2000 多万。

教育部副部长鲁昕强调,中等职业教育不仅要继续扩大招生规模,而且要以提高质量为核心,加强改革创新,而教材改革是改革创新的重点之一。根据这一精神,我们依托贵州大学职业技术学院、贵州大学全国重点建设职教师资培养培训基地,组织了来自全国十多个省(市、区)、数十所中等职业学校的一线骨干教师,经过精心策划、充分酝酿,并在广泛征求意见的基础上,编写了这套《中等职业学校信息技术规划教材》,以期为推动中等职业教育教材改革做出积极而有益的实践。

按照中等职业教育新的教学方法、教学模式及特点,我们在总结传统教材编写模式及特点的基础上,对"项目—任务驱动"的教材模式进行了拓展,以"项目+任务导入+知识点+任务实施+上机实训+课外练习"的模式作为本套丛书的主要编写模式,如《Flash CS4 动画制作教程》、《计算机应用基础教程》等教材都采用了这种编写模式;但也有针对以实用案例导入进行教学的"项目—案例导入"结构的拓展模式,即"项目+案例导入+知识点+案例分析与实施+上机实训+课外练习"的编写模式,如《电子商务实用教程》、《网络营销实用教程》等教材采用的就是这种编写模式。

每本教材最后所附的"英文缩略词汇",列出了教材中出现的英文缩写词汇的英文全文及中文含义,另外还附有"常用专业术语注释",对教材中主要的专业术语进行了注释。这两个附录对于初学者以及中职学生理解教材的内容是十分有

IV

用的。

　　每本教材的主编、副主编及参编作者都是来自中等职业学校的一线骨干教师，他们长期从事相关课程的教学工作及教学经验的总结研究工作，具有丰富的中等职业教育教学经验和实践指导经验，本套丛书正是这些教师多年教学经验和心得体会的结晶。此外，本套丛书由多名专家、学者以及多所中等职业学校领导组成丛书编审委员会，负责对教材的目录、结构、内容和质量进行指导和审查，以确保教材的编写质量。

　　希望本套丛书的出版，能为中等职业教育尽微薄之力，更希望能给中等职业学校的教师和学生带来新的感受和帮助。

贵州大学名誉校长、博士生导师

丛 书 编 委 会 名 誉 主 任　　李祥

2010 年 3 月

网络营销的迅速发展,给传统的市场营销带来了极大的冲击,特别是对传统的市场营销理念(如市场营销的产品、分销、促销和价格)都产生了重大的影响。研究网络营销,对改善我国企业营销环境和提高产品的竞争能力及市场占有率显得非常重要。同时,也促进了网络营销基本知识的宣传和普及,顺应了时代的潮流。

本书主要是面向中等职业学校学生的教材,以"项目—案例导入"的拓展模式(项目+案例导入+知识点+实现方法与步骤+技能训练+课外练习)进行编写。教材在理论上以"够用"为度,从案例分析入手,深入浅出地进行讲解,着重进行基本理论、基本技能的掌握和技术应用能力的培养。突出实用性和可操作性,使学生尽快掌握在因特网环境中从事有效经营活动所需要的知识与技能。这是本书最显著的特色。

本书把营销理论融入实际案例和实际操作中,让学生在案例分析中学习和体会网络营销理论,为学生创造一个良好的电子商务学习环境。同时,通过技能训练培养学生的实际应用能力。

本书共分为10章。第1章介绍网络营销的基本概念和基础知识;第2章介绍网络市场调查方法与技术;第3章介绍消费者网络购买行为分析;第4章介绍网络市场细分与定位的策略与方法;第5章介绍网络营销的实现方法与技巧;第6章介绍网络广告的策略与实施方法;第7章介绍网络促销的基本方式与实施方法;第8章介绍网上拍卖的方法与技巧;第9章介绍网络营销的价格策略;第10章介绍网络营销的风险控制与效果评价。

网络营销是一门新兴的学科,自身还在不断的发展和完善之中,有很多新的技术和实现方法有待进一步的探索和研究。因此,读者在学习本书的同时,要关注网络营销技术新的发展和新的成就,以拓展自己的知识。本书仅在介绍网络营销的基本理论的基础上,阐述了网络营销的常规实现技术与实施步骤,其目的是抛砖引玉,以期得到同行的帮助和指教。

本书由广东省梅州城西职业技术学校的温明剑任主编,由广东省梅州城西职业技术学校的黄彩、广东省广州市市政职业学校的黎嘉、湖南省岳阳女子中等专业学校的宋红平、广西柳州市鹿寨职业教育中心的熊鹰和湖南省冷水江市高级技工学校的陈毅轩任副主编。贵州大学信息化管理中心的杨云江教授担任丛书主编,负责书稿的目录结构、书稿内容结构的规划与设计以及书稿的初审工作。参编人员有蔡晓伟、陈云、邓蔚、韩鹏东、何志萍、呼树园、刘晓岚、罗寅生、彭崇凡、丘碧清、任星、沈笑、侍颖辉、苏基启、王海雄、吴琳、冼豪源、熊英豪、徐雅琴、姚洁、于建军、张静、张松青、邹峰(注：参编人员按姓名的汉语拼音字母顺序排列)。

由于编者的水平有限,书中难免有疏漏和不妥之处,恳请广大读者批评指正。

编　者

2010 年 7 月

目 录
CONTENTS

第1章　网络营销概述　　<<<1

1.1　案例导入与思考　　<<<1

1.2　知识点　　<<<2

    1.2.1　网络营销基本知识　　<<<2

    1.2.2　网络营销环境　　<<<7

    1.2.3　网络营销与传统营销　　<<<9

    1.2.4　网络营销与电子商务的关系　　<<<13

1.3　技能训练：了解网络营销　　<<<14

习题1　　<<<14

第2章　网络市场调查　　<<<16

2.1　网络市场调查基础知识　　<<<16

    2.1.1　案例导入与思考　　<<<16

    2.1.2　知识点　　<<<18

2.2　网络市场调查的方法与技巧　　<<<20

    2.2.1　案例导入与思考　　<<<20

    2.2.2　知识点　　<<<21

2.3　网络信息的整理与撰写　　<<<33

    2.3.1　案例导入与思考　　<<<33

    2.3.2　知识点　　<<<35

2.4　实现方法与步骤　　<<<41

    2.4.1　市场需求调查　　<<<41

    2.4.2　竞争对手调查　　<<<41

    2.4.3　网络营销信息发布　　<<<43

2.5　技能训练　　<<<44

    2.5.1　问卷调查　　<<<44

    2.5.2　竞争对手调查　　<<<44

    2.5.3　网络营销信息发布　　<<<45

习题2　　<<<45

第 3 章　消费者网络购买行为分析　<<<46

　3.1　网络消费者　<<<46

　　3.1.1　案例导入与思考　<<<46

　　3.1.2　知识点　<<<47

　3.2　网络消费者购买行为分析　<<<50

　　3.2.1　案例导入与思考　<<<50

　　3.2.2　知识点　<<<51

　3.3　实现方法与步骤：网络消费者行为的调查　<<<56

　3.4　技能训练　<<<57

　　3.4.1　分析网络用户上网情况　<<<57

　　3.4.2　网络消费者购买行为分析　<<<58

　习题 3　<<<58

第 4 章　网络市场细分与定位　<<<59

　4.1　网络市场细分　<<<59

　　4.1.1　案例导入与思考　<<<60

　　4.1.2　知识点　<<<61

　4.2　网络市场定位　<<<71

　　4.2.1　案例导入与思考　<<<71

　　4.2.2　知识点　<<<72

　4.3　实现方法与步骤　<<<76

　　4.3.1　分析网络市场定位　<<<76

　　4.3.2　网络市场独特卖点的提炼和展现　<<<78

　4.4　技能训练　<<<80

　　4.4.1　分析目标市场　<<<80

　　4.4.2　分析网络市场定位的特色　<<<81

　习题 4　<<<81

第 5 章　网络营销的基本方法　<<<83

　5.1　电子邮件营销　<<<83

　　5.1.1　案例导入与思考　<<<83

　　5.1.2　知识点　<<<84

　　5.1.3　实现方法与步骤：电子邮件营销　<<<88

　　5.1.4　技能训练　<<<88

　5.2　搜索引擎营销　<<<89

　　5.2.1　案例导入与思考　<<<89

　　5.2.2　知识点　<<<90

　　5.2.3　实现方法与步骤：搜索引擎的流程操作　<<<94

5.2.4　技能训练　　〈〈〈95

5.3　博客营销　　〈〈〈95

5.3.1　案例导入与思考　　〈〈〈96

5.3.2　知识点　　〈〈〈97

5.3.3　实现方法与步骤：博客营销的流程操作　　〈〈〈98

5.3.4　技能训练　　〈〈〈99

5.4　移动营销　　〈〈〈100

5.4.1　案例导入与思考　　〈〈〈100

5.4.2　知识点　　〈〈〈101

5.4.3　实现方法与步骤：制定移动营销策略的方法　　〈〈〈103

5.4.4　技能训练　　〈〈〈105

5.5　病毒式营销　　〈〈〈106

5.5.1　案例导入与思考　　〈〈〈106

5.5.2　知识点　　〈〈〈107

5.5.3　实现方法与步骤：病毒式营销　　〈〈〈109

5.5.4　技能训练　　〈〈〈111

5.6　即时通信　　〈〈〈111

5.6.1　案例导入与思考　　〈〈〈111

5.6.2　知识点　　〈〈〈112

5.6.3　实现方法与步骤：即时通信软件的安装和使用　　〈〈〈115

5.6.4　技能训练　　〈〈〈117

5.7　企业站点宣传与推广　　〈〈〈118

5.7.1　企业站点对网络营销的影响　　〈〈〈118

5.7.2　企业站点建设的实现方法与步骤　　〈〈〈122

5.7.3　企业站点的宣传与推广　　〈〈〈129

习题5　　〈〈〈131

第6章　网络广告　　〈〈〈134

6.1　网络广告概述　　〈〈〈134

6.1.1　案例导入与思考　　〈〈〈135

6.1.2　知识点　　〈〈〈136

6.2　网络广告的主要形式　　〈〈〈142

6.2.1　案例导入与思考　　〈〈〈142

6.2.2　知识点　　〈〈〈143

6.3　网络广告策略　　〈〈〈146

6.3.1　案例导入与思考　　〈〈〈146

6.3.2　知识点　　〈〈〈148

6.4　实现方法与步骤　　〈〈〈152

6.4.1　了解网络广告的发布　　〈〈〈152

6.4.2　在网站上发布网络广告　　〈〈〈153

6.5　技能训练　　〈〈〈154

6.5.1　在网站上发布信息　　〈〈〈154

6.5.2　在网站上发布网络广告　　〈〈〈155

习题6　　〈〈〈155

第7章　网络促销　　〈〈〈157

7.1　网络促销　　〈〈〈157

7.1.1　案例导入与思考　　〈〈〈157

7.1.2　知识点　　〈〈〈159

7.2　网络促销的方式与实施　　〈〈〈164

7.2.1　案例导入与思考　　〈〈〈164

7.2.2　知识点　　〈〈〈165

7.3　实现方法与步骤　　〈〈〈169

7.3.1　熟悉网上促销　　〈〈〈170

7.3.2　促销方案的制订　　〈〈〈171

7.4　技能训练　　〈〈〈172

7.4.1　网络促销内容　　〈〈〈172

7.4.2　在淘宝网发布促销内容　　〈〈〈172

习题7　　〈〈〈173

第8章　网上拍卖　　〈〈〈174

8.1　案例导入与思考　　〈〈〈174

8.2　知识点　　〈〈〈178

8.2.1　网上拍卖的类型和流程　　〈〈〈178

8.2.2　网上拍卖的技巧　　〈〈〈184

8.2.3　网上拍卖应注意的问题　　〈〈〈187

8.3　实现方法与步骤："淘宝网"拍卖的流程　　〈〈〈188

8.4　技能训练　　〈〈〈189

8.4.1　商品拍卖　　〈〈〈189

8.4.2　商品竞买　　〈〈〈190

习题8　　〈〈〈190

第9章　网络营销的价格策略　　〈〈〈191

9.1　网络营销价格概述　　〈〈〈191

9.1.1　网上市场产品的价格特点　　〈〈〈191

9.1.2　定价方法　　〈〈〈192

9.2　网络营销定价策略　　〈〈〈195

9.3　网络营销的价格调整策略　　〈〈〈199

9.3.1　常用的网络营销价格调整策略　〈〈〈199

9.3.2　消费者对价格变动的反应　〈〈〈201

9.3.3　竞争者对价格变动的反应　〈〈〈201

9.3.4　企业对策　〈〈〈202

9.3.5　网络价格调整策略的应用　〈〈〈203

习题9　〈〈〈203

第10章　网络营销的风险控制与效果评价　〈〈〈204

10.1　网络营销的风险分析　〈〈〈204

10.2　网络营销的风险控制方法　〈〈〈205

10.3　网络营销效果评价　〈〈〈206

10.4　技能训练：网络营销综合训练　〈〈〈208

附录A　英文缩略词汇　〈〈〈210

附录B　常用专业术语解释　〈〈〈212

参考文献　〈〈〈217

第 1 章

网络营销概述

　　网络营销是以现代电子技术和通信技术的应用与发展为基础,与市场变革、市场竞争以及营销观念的转变密切相关的一门新学科。网络营销相对于传统的市场营销,在许多方面存在着明显的优势,带来了一场营销观念的革命,更重要的是它对企业改善销售环境、提高产品竞争能力和市场占有率具有非常重要的现实意义。本章将通过对网络营销的定义、特点、常用方法、网络营销与传统营销的区别等内容的介绍,为后续内容的学习打下基础。

本章主要内容

　　网络营销产生的原因和发展趋势;
　　网络营销的基础知识;
　　网络营销与传统营销活动的区别与联系;
　　网络营销与电子商务的关系。

能力培养目标

　　培养学生熟练掌握本章的主要专业术语、知识要点和各节知识之间的内在联系,对网络营销有初步的认识和了解。

1.1　案例导入与思考

案例导入

网络“裁缝”

　　李楠希望能买到一件衣领和袖口为粉色而其他地方都为斜条纹的长袖衬衣。这种款式他虽见人穿过,但不知在哪里才能买到。久寻无果,他把目光投向了因特网(Internet)。通过百度搜索,他找到了一家名叫 Beyond Tailors 的网站,如图 1-1 所示。在这个网站上,他不但找到了自己想要的款式,还在线提交了自己的肩宽、衣长等数据。10 天后,快递人员把成衣送到了他的手里。Beyond Tailors 是一家把品牌传播、下订单和数据收集都放在因特网上的成衣定制店。现在,消费者可以直接在 Beyond Tailors 网站上选择衬衫的款式。为了显示定制的优势,网站把目前流行的各种衣领、袖口、口袋的款式分别列出来,消费者可以将这些不同的元素随意组合。除了款式以外,网站上还有各色布料的图片及相应的衬衫报价。消费者如果选择网上下单,既可以选择标准衬衫的尺码,也可以输入自己的尺寸,网站上详细介绍了量体的方法。这就是典型的网络营销案例。

图 1-1 Beyond Tailors 网站

案例分析

以卖方为主导的市场经济条件下,只有不断满足客户的需求,才能实现企业的价值。网络技术的发展,为客户定制服务提供了更便捷的渠道。

在因特网时代,传统的营销方式已不能满足市场的需求,只有不断地发展和采用网络营销,改变传统的营销方式,才能在激烈的市场竞争中生存。

想一想 ?

(1) 通过上面的案例,你认为网络营销方式如何?

(2) 你上网消费过吗?你认可网上购物的服务形式吗?

(3) 出现了网络营销,传统营销是不是要被取而代之?为什么?

1.2 知 识 点

1.2.1 网络营销基本知识

1. 网络营销的产生和发展

因特网最早源于 20 世纪 60 年代的美国。90 年代以后,飞速发展的因特网促使网络技术应用的指数增长,全球范围内掀起应用因特网的热潮。

因特网在建立和发展过程中,始终执行一种非常开放的策略,对于开发者和用户都没有不必要的限制,从而实现了网上资源的共享和网络信息的共享。

随着因特网日益渗透到社会的各个角落,迅速发展的公司已经不再单纯从技术角度来看待这个问题,而是将其视为新的营销方式和管理变革的催化剂。美国是因特网的发源地和最大的应用国,几乎所有的美国行业都在大力开发因特网的商业应用,其中零售商业是应用效果最好的行业之一。

1999 年是中国"政府上网年",中国企业上网也形成高潮。在这种大趋势的驱动下,在短短几年里,中国企业对网络营销和电子商务的整体认识有了很大的提高。如果说 2002 年是网络广告革命的一年,2003 年则是搜索引擎独领风骚的一年。2003 年的中国网络营销迎来了搜索引擎营销时代。

2003 年是中国网络营销迅速发展的一年,与前几年相比出现了一些新的特点,如搜索引擎营销的广泛应用、网络会员制营销的快速发展、网络营销服务市场的初步形成等。

现在,因特网将进一步演变成虚拟市场、虚拟社会。网上银行、网上图书馆、网上超市、网上展览馆等相继落成,它们已成为全球商家的必争之地,也是企业进行国际化经营的良好宣传渠道。

世界各国的各种机构包括商业机构和非商业机构,甚至个人都纷纷在网上发布信息,拓宽服务和拓展业务范围,积极改组企业内部结构和发展新的营销管理方法,抢搭这班世纪之车,促进企业飞速发展。网络营销是适应网络技术发展与信息网络时代社会变革的新生事物,必将成为新世纪的营销策略,网络营销宣布诞生。

网络营销的产生给企业的经营者带来了福音,网络营销的出现为企业提供了适应全球网络技术发展与信息网络社会变革的新的技术和手段,是现代企业走入新世纪的营销策略。企业开展网络营销,可以节约大量的店面租金,可以减少库存商品的资金占用,可以使经营规模不受场地限制,可以方便地采集客户信息等。这些长处使得企业经营的成本和费用降低,运作周期变短,从根本上提高了企业的竞争力。

2. 网络营销的定义

网络营销(On-line Marketing 或 E-Marketing)是以因特网为媒体,以新的方式、方法和理念实施营销活动,更有效地促成个人和组织交易活动实现的新型营销模式。它是企业整体营销战略的一个重要组成部分。网络营销与因特网、传统营销三者的关系如图 1-2 所示。

网络营销根据其实现方式,有广义和狭义之分,广义的网络营销是指企业利用一切计算机网络进行的营销活动;而狭义的网络营销专指通过因特网——全球最大的计算机网络系统,来进行的营销活动。

3. 网络营销的特点

随着因特网技术发展的成熟以及联网成本的降低,因特网好比是一种"万能胶",将企业、团体、组织以及个人跨时空联结在一起,使得他们之间信息的交换变得"垂手可得"。市场营销中最重要、最本质的是组织和个人之间进行信息传播和交换。如果没有信息交换,那么交易也就是无本之源。正因如此,因特网具有营销所要求的某些特性,使得网络营销呈现出如图 1-3 所示的特点。

图 1-2　网络营销与因特网、传统营销三者的关系

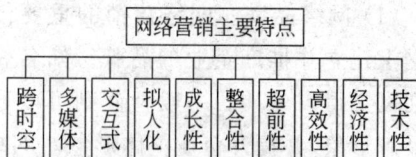

图 1-3　网络营销的特点

　　（1）跨时空。因特网具有的超越时间约束和空间限制进行信息交换的特点，使得脱离时空限制达成交易成为可能，企业能有更多的时间和空间进行营销，可每周7天、每天24小时随时随地提供全球的营销服务。

　　（2）多媒体。因特网被设计成可以传输多种媒体的信息，如文字、声音、图像等信息，使得为达成交易而进行的信息交换可以多种形式进行，可以充分发挥营销人员的创造性和能动性。

　　（3）交互式。因特网可以展示商品目录，联结资料库，提供有关商品信息的查询，可以与顾客做互动双向沟通，可以收集市场情报，可以进行产品测试与消费者满意调查等，是产品、设计、商品信息提供以及服务的最佳工具。

　　（4）拟人化。因特网上的促销是一对一的、理性的、消费者主导的、非强迫性的、循序渐进的，而且是一种低成本与人性化的促销，避免了推销员强制推销的干扰，并通过信息提供与交互式交谈与消费者建立长期良好的关系。

　　（5）成长性。因特网使用数量快速成长并遍及全球。使用者多半年轻，属于中产阶级，具有高教育水平。由于这部分群体购买力强而且具有很强的市场影响力，因此是一个极具开发潜力的市场。

　　（6）整合性。因特网上的营销可由商品信息至收款、售后服务一气呵成，因此也是一种全程的营销渠道。另外，企业可以借助因特网将不同的营销活动进行统一规划和协调实施，以统一的传播资讯向消费者传达信息，避免不同的传播渠道中的不一致性产生的消极影响。

　　（7）超前性。因特网是一种功能强大的营销工具，它同时兼有渠道、促销、电子交易、互动顾客服务以及市场信息分析与提供等多种功能。它所具备的一对一营销能力，这恰好符合定制营销与直复营销的未来趋势。

　　（8）高效性。计算机可存储大量的信息供消费者查询，可传送的信息数量与精确度远远超过其他媒体，并能顺应市场需要，及时更新产品或调整价格。因此，能及时有效地了解并满足顾客的需求。

　　（9）经济性。通过因特网进行信息交换代替以前的实物交换，一方面，可以减少印刷与邮递的成本，可以无店销售，节约水电与人工成本。另一方面，可以减少由于多次交换带来的损耗。

　　（10）技术性。网络营销建立在以高技术作为支撑的因特网的基础上。企业实施网络营销必须有一定的技术投入和技术支持，改变传统的组织形态，提升信息管理部分的功能，引进精通营销与计算机技术的复合型人才，在未来能具备市场竞争优势。

4.网络营销的职能

　　网络营销的基本职能表现在8个方面，如图1-4所示。

　　（1）网络品牌。网络营销的重要任务之一就是在因特网上建立并推广企业的品牌。知名企业的原有品牌可以在网上得以延伸。一般企业则可以通过因特网快速树立品牌形象，并提升企业整体形象。网络品牌建设是以企业网站建设为基础，通过一系列的推广措施，达到顾客和

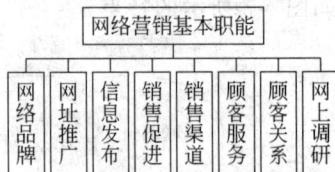

图1-4　网络营销的基本职能

公众对企业的认知和认可。网络品牌的价值在一定程度上甚至高于通过网络获得的直接收益。

（2）网址推广。这是网络营销最基本的职能之一，在几年前，甚至认为网络营销就是网址推广。相对于其他功能来说，网址推广显得更为迫切和重要，网站所有功能的发挥都以一定的访问量为基础，所以，网址推广是网络营销的核心工作。

（3）信息发布。网站是一种信息载体，通过网站发布信息是网络营销的主要方法之一，同时，信息发布也是网络营销的基本职能。所以也可以这样理解，无论哪种网络营销方式，结果都是将一定的信息传递给目标人群，包括顾客（潜在顾客）、媒体、合作伙伴、竞争者等。

（4）销售促进。营销的基本目的是为增加销售提供帮助，网络营销也不例外。大部分网络营销方法都与直接或间接促进销售有关，但促进销售并不限于促进网上销售，事实上，网络营销在很多情况下对于促进网下销售十分有价值。

（5）销售渠道。一个具备网上交易功能的企业网站本身就是一个网上交易场所，网上销售是企业销售渠道在网上的延伸，网上销售渠道建设也不限于网站本身，还包括建立在综合电子商务平台上的网上商店，以及与其他电子商务网站不同形式的合作等。

（6）顾客服务。因特网提供了更加方便的在线顾客服务手段，从形式最简单的 FAQ（常见问题解答）到邮件列表，以及 BBS、聊天室等各种即时信息服务，顾客服务质量对于网络营销效果具有重要影响。

（7）顾客关系。良好的顾客关系是网络营销取得成效的必要条件，通过网站的交互性、顾客参与等方式在开展顾客服务的同时，也增进了与顾客的关系。

（8）网上调研。通过在线调查表或者电子邮件等方式，可以完成网上市场调研。相对传统市场调研，网上调研具有范围广、效率高、成本低的特点。因此，网上调研成为网络营销的主要职能之一。

网络营销的职能勾画出网络营销的基本思想体系，开展网络营销的意义就在于充分发挥各种职能，让网上经营的整体效益最大化。网络营销的职能是通过各种网络营销方法来实现的，各个职能之间并非相互独立的，同一个职能可能需要多种网络营销方法的共同作用，而同一种网络营销方法也可能适用于多个网络营销职能。

5. 网络营销的常用方法

常用的网络营销方法有许可 E-mail 营销、搜索引擎营销、博客营销、移动营销、病毒性营销、即时通信营销、网络广告营销、交换链接营销、个性化营销、会员制营销等，如图 1-5 所示。

（1）许可 E-mail 营销

许可 E-mail 营销是基于用户许可的 E-mail 营销比传统的推广方式或未经许可的 E-mail 营销具有明显的优势，比如可以减少广告对用户的滋扰、增加潜在客户定位的准确度、增强与客户的关系、提高品牌忠诚度等。

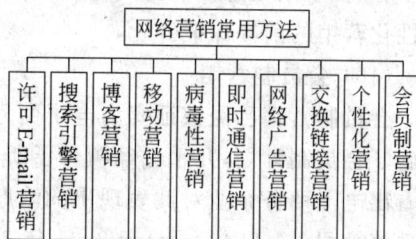

图 1-5　网络营销常用方法

（2）搜索引擎营销

搜索引擎营销是最经典、最常用的网络营销方法之一。现在，虽然搜索引擎的效果已经不像几年前那样有效,但调查表明,搜索引擎仍然是人们发现新网站的基本方法。

(3)博客营销

博客营销是利用博客这种网络应用形式开展网络营销的工具,是公司、企业或者个人利用博客这种网络交互性平台,发布并更新企业、公司或个人的相关概况及信息,并且密切关注并及时回复平台上客户对于企业或个人的相关疑问以及咨询,并通过较强的博客平台帮助企业或公司零成本获得搜索引擎的较前排位,以达到宣传目的的营销手段。

(4)移动营销

移动营销又称无线营销,是一个既涉及无线通信,又与市场营销有关的跨领域交叉学科。

(5)病毒性营销

病毒性营销并非真的以传播病毒的方式开展营销,而是通过用户的口碑宣传网络,信息像病毒一样传播和扩散,利用快速复制的方式传向数以千计、数以百万计的受众。病毒性营销的经典范例是 Hotmail.com。现在几乎所有的免费电子邮件提供商都采取类似的推广方法。

(6)即时通信营销

即时通信营销就是通常所说的在线聊天工具。即时通信具有快速高效、多媒体技术丰富、用户数量巨大等特点,在网络营销中通常应用于增进顾客关系、在线顾客服务、在线导购、网络广告媒体及病毒性营销传播等方面。

(7)网络广告营销

网络广告营销中,几乎所有的网络营销活动都与品牌形象有关,在所有与品牌推广有关的网络营销手段中,网络广告的作用最为直接。

(8)交换链接营销

交换链接营销又称互惠链接营销,是具有一定互补优势的网站之间的简单合作形式,即分别在自己的网站上放置对方网站名称并设置对方网站的超链接,使得用户可以从合作网站中发现自己的网站,达到互相推广的目的。

(9)个性化营销

个性化营销的主要内容包括:用户定制自己感兴趣的信息内容、选择自己喜欢的网页设计形式、根据自己的需要设置信息的接收方式和接受时间等。据研究,为了获得某些个性化服务,在个人信息可以得到保护的情况下,用户才愿意提供有限的个人信息,这正是开展个性化营销的前提保证。

(10)会员制营销

会员制营销已经被证实为电子商务网站的有效营销手段,国外许多网上零售型网站都实施了会员制计划,几乎已经覆盖了所有行业。国内的会员制营销还处在发展初期,不过已经看出电子商务企业对此表现出的浓厚兴趣和旺盛的发展势头,如中国电子商务旗帜的时代珠峰公司(My8848.net)于 2001 年 3 月初推出的"My8848 网上连锁店"(U-Shop)就是一种会员制营销的形式。现在,西单电子商务公司网上商场同样采用了这种营销思想,不过在表现形式上有一定的差别。

(11)网上商店

网上商店是建立在第三方提供的电子商务平台上,由商家自行经营的网上商店,如同在大型商场中租用场地开设商家的专卖店一样,是一种比较简单的电子商务形式。网上商店除了通过网络直接销售产品这一基本功能之外,还是一种有效的网络营销手段。

(12) BBS 论坛营销

BBS 原意是电子公告板,即 Bulletin Board Systems 的缩写。BBS 营销是一个以网络为平台的顾客互动场所,一群对某种商品、某个品牌、某个事件、某个问题或某种生活方式有着共同兴趣和爱好或具有某些共同特征的人聚在一起沟通与交流。因此,BBS 的参与者所构成的其实是一个以某些兴趣、爱好或某种特征为细分变量,被精确细分了的市场。把 BBS 当做网络营销工具的最大好处是目标明确而且范围小。这样,企业的营销活动就会更有针对性,能真正接近目标消费群,自然也能取得较好的效果。

(13) 网络视频营销

网络视频营销是指企业或者组织机构利用各种网络视频,比如科学视频、教育视频、企业视频等网络视频发布企业的信息。企业产品的展示、企业的各种营销活动以及各种组织机构,利用网络视频把最需要传达给最终目标客户的信息通过各种网络媒体发布出去,来宣传企业产品和服务,在消费者心中树立良好的品牌形象,从而最终达到企业的营销目的。

(14) 口碑营销

口碑营销是由生产者、销售者以外的个人,通过明示或暗示的方式,不经过第三方处理加工,传递关于某一特定产品品牌、厂商、销售者以及能够使人联想到上述对象的任何组织或个人信息,从而使被推荐人获得信息、改变态度,甚至影响购买行为的一种双向互动的传播行为。可简单理解为"通过购买者以口口相传的方式将商品的有关信息传递给购买者的家人、朋友和在工作与生活中交往的人,从而促使其购买决策形成的一种营销方式",即凡是以口碑传播为途径的营销方式,都可称为口碑营销。

由此可见,口碑营销是以满足顾客需求、赢得顾客满意和顾客忠诚、获得正向口碑、与顾客建立起良好的关系以及提高企业和品牌形象等为目标。

1.2.2　网络营销环境

网络营销环境是指对企业的生存和发展产生影响的各种外部条件,即与企业网络营销活动有关联因素的部分集合。营销环境是一个综合的概念,由多方面的因素组成。环境的变化是绝对的、永恒的。随着社会的发展,特别是网络技术在营销中的运用,使得环境更加变化多端。虽然对营销主体而言,环境及环境因素是不可控制的,但它也有一定的规律性,可通过营销环境的分析对其发展趋势和变化进行预测和事先判断。企业的营销观念、消费者需求和购买行为,都是在一定的经济社会环境中形成并发生变化的。因此,对网络营销环境进行分析是十分必要的。

1. 宏观环境分析

宏观环境包括影响整个国家和社会中所有企业的竞争与生存的宏观因素。从企业的立场看,宏观环境直接影响企业的发展方向、营销战略和企业组织构造,间接带给企业多种机会或威胁。因此,对企业来说,宏观环境虽然难以控制,但意义重大。所以,企业一定要重视宏观环境的分析研究。宏观环境主要包括 6 个方面的因素,如图 1-6 所示。

(1) 政治法律环境。包括国家政治体制、政治的稳定性、国际关系、法制体系等。在国家和国际政治法律体系中,相当一部分内容直接或间接地影响着经济和市场。

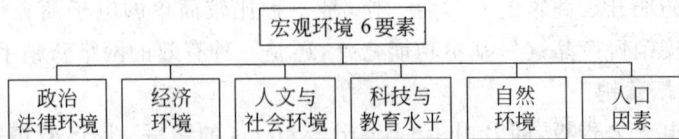

图 1-6　宏观环境 6 要素

（2）经济环境。经济环境是内部分类最多、具体因素最多，并对市场具有广泛和直接影响的环境内容。经济环境不仅包括经济体制、经济增长、经济周期与发展阶段以及经济政策体系等大的方面的内容，同时也包括收入水平、市场价格、利率、汇率、税收等经济参数和政府调节取向等内容。

（3）人文与社会环境。企业存在于一定的社会环境中，同时企业又是社会成员所组成的一个小的社会团体，不可避免地受到社会环境的影响和制约。人文与社会环境的内容很丰富，在不同的国家、地区、民族之间差别非常明显。在营销竞争手段向非价值、使用价值型转变的今天，营销企业必须重视人文与社会环境的研究。

（4）科技与教育水平。科学技术对经济社会发展的作用日益显著，科技的基础是教育，因此，科技与教育是客观环境的基本组成部分。在当今世界，企业环境的变化与科学技术的发展有非常大的关系，特别是在网络营销时期，两者之间的联系更为密切。在信息等高新技术产业中，教育水平的差异是影响需求和用户规模的重要因素，已被提到企业营销分析的议事日程上来。

（5）自然环境。自然环境是指一个国家或地区的客观环境因素，主要包括自然资源、气候、地形地质、地理位置等。虽然随着科技进步和社会生产力的提高，自然状况对经济和市场的影响整体上是趋于下降的，但自然环境制约经济和市场的内容、形式则在不断变化。

（6）人口因素。人是企业营销活动的直接和最终对象，市场是由消费者构成的。所以在其他条件固定或相同的情况下，人口的规模决定着市场容量和潜力；人口结构影响着消费结构和产品构成；人口组成的家庭、家庭类型及其变化对消费品市场有明显的影响。

2. 微观环境分析

微观环境由企业及其周围的活动者组成，直接影响着企业为顾客服务的能力。它包括5 个方面要素：企业内部环境、供应者、营销中介、顾客或用户、竞争者，如图 1-7 所示。

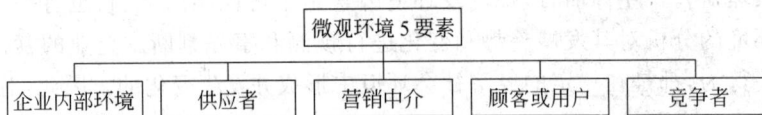

图 1-7　微观环境 5 要素

（1）企业内部环境。企业内部环境包括企业内部各部门的关系及协调合作。企业内部环境包括市场营销部门之外的某些部门，如企业最高管理层、财务、研究与开发、采购、生产、销售等部门。这些部门与市场营销部门密切配合、协调，构成了企业市场营销的完整过程。

（2）供应者。供应者是指向企业及其竞争者提供生产经营所需原料、部件、能源、资金等生产资源的公司或个人。企业与供应者之间既有合作又有竞争，这种关系既受宏观环境影响，又制约着企业的营销活动，企业一定要注意与供应者搞好关系。

（3）营销中介。营销中介是协调企业促销和分销其产品给最终购买者的公司。主要包括商人中间商，即销售商品的企业，如批发商和零售商；代理中间商（经纪人）；服务商，如运输公司、仓库、金融机构等；市场营销机构，如产品代理商、市场营销咨询企业等。

（4）顾客或用户。顾客或用户是企业产品销售的市场，是企业直接或最终的营销对象。网络技术的发展极大地消除了企业与顾客之间的地理位置的限制，创造了一个让双方更容易接近和交流信息的机制。虽然在营销活动中，企业不能控制顾客与用户的购买行为，但它可以通过有效的营销活动，给顾客留下良好的印象，处理好与顾客和用户的关系，促进产品的销售。

（5）竞争者。竞争是商品经济活动的必然规律。在开展网上营销的过程中，不可避免地要遇到业务与自己相同或相近的竞争对手。研究对手，取长补短，是克敌制胜的好方法。竞争对手的类型如下。

① 愿望竞争者。指满足消费者目前各种愿望的竞争者。

② 一般竞争者。指以不同的方法满足消费者同一需要的竞争者。

③ 产品形式竞争者。指满足消费者某种愿望的同类商品在质量、价格上的竞争者。

④ 品牌竞争者。指能满足消费者某种需要的同种产品的不同品牌的竞争者。

1.2.3　网络营销与传统营销

网络营销是在传统市场营销的基础上发展起来的；是借助于因特网来实现营销目标的一种新的市场营销方式；是营销的创新和创新的营销；是市场营销学在 20 世纪 90 年代发展起来的新理论和新实践。网络营销是市场营销的重要组成部分。但是，网络营销又有自己的特点，有自己的理论体系和营销模式。

1. 网络营销与传统营销的关系

虽然网络营销能给企业和消费者带来种种好处，但网络营销与传统营销并非替代关系，应互相融合。

（1）传统营销模式及其优缺点

传统营销是一种交易营销，强调将尽可能多的产品和服务提供给尽可能多的顾客。经过长期的发展，已经形成比较扎实的理论和实践基础，消费者已经习惯这种固定的模式。消费者在消费过程中有很强的交流性，可以看到现实的产品并体验购物的休闲乐趣，同时也取得了大众的信赖。在传统营销模式中，制造商生产出成品后往往通过"制造商→批发商→零售商→消费者"的营销渠道对外销售产品，产品一般需要经历几个环节才能到达消费者手中，这样臃长的供应链不仅增加了产品的时效性，而且增加了产品的成本。

（2）传统营销是网络营销的基础

网络营销作为一种新的营销方式或技术手段，是营销活动中的一个组成部分。传统营销和网络营销之间没有严格的界限，网络营销理论也不可能脱离传统营销理论的基础。网络营销与传统营销都是企业的一种经营方式，且都需要通过组合运用来发挥功能，而不是单靠某一种手段就能达到理想的目的。两者都把满足消费者的需要作为一切活动的出发点。网络营销环境下，"4P"（产品策略 Product、定价策略 Pricing、渠道策略 Place、促销策略 Promotion）被发展演变为"4C"（顾客策略 Customer、成本策略 Cost、方便策略 Convenience、沟通策略 Communication）模式，随着网络营销的发展，"C"的数量可能还会不断增加，但是，如果忽略对 P 的重视,多数 C 也就无从谈起。

（3）网络营销不可能完全替代传统营销

尽管网络文化在不断普及并飞速发展,但网络营销还不能完全替代传统营销。这主要有以下原因。

首先,消费是一种行为,而不仅仅是一种商业活动。从心理学的角度看,对于消费行为,至少有两个动机,一是真的产生了购买的需要,这种动机的需要可以被网络满足;另一种则并不仅仅是为了购买,而是为了享受消费的过程。这种动机的消费者则是把整个挑选、试货等过程看做是一种享受,不会愿意把这个过程缩短。传统营销过程中的这种优点是网络营销所无法取代的。

其次,消费者购物往往有"眼见为实"的心理。在商品的挑选上,传统营销比网络营销有更大的自主性。但网络营销方式的商场是虚拟的,从网上对商品的了解程度在于营销人员输入到计算机中的信息量。有些信息,如商品的质地、质量、重量、大小等虽在网上全部介绍,但消费者购买某些产品时还会有一种不踏实的感觉,消费者亲临商场购物都怕假冒伪劣,更何况通过网上购物方式获得的。所以对有的产品,有的企业完全用网络营销取代传统营销,并不能取得预期的效果。

再次,网络营销还要面对许多传统领域无法体会的问题。网络给人们带来了种种便利,同时也带给人们诸多的烦恼。尽管电子商务日趋普及和完善,但网络依然存在着其安全的脆弱性。目前的金融结算体系还不能完全适应电子商务的要求,无法消除用户对交易安全性的顾虑。网上支付、网上信用等都造成了人们不会完全改变传统消费方式的事实。

2. 网络营销与传统营销的区别

在电子商务环境下,网络营销较之传统营销,从理论到方法都有了很大的变化,主要表现在以下几个方面。

（1）营销理念的转变

网络营销已经从传统的大规模目标市场向集中型、个性化营销理念转变。因为网络营销的出现,使大规模目标市场向个人目标市场转化成为可能,使企业的产品更能满足顾客的个性化需求。而在传统的营销中,不管是无差异策略还是差异化策略,其目标市场的选择都是针对某一特定消费群,很难把每一个消费者都作为目标市场。

（2）现代信息技术为支撑

这是网络营销与传统营销最大的不同点。网络营销是一种在现代科学技术基础上发展起来的新的营销模式,它的核心是以计算机信息技术为基础,通过因特网和企业内部网络实现企业营销活动的信息化、自动化与全球化。网络营销时代,企业营销活动从信息收集、产品开发、生产、销售、推广,直至用户在售后服务与售后评价等一系列过程,均需要以现代计算机信息技术为支撑。

（3）供求平衡发生了变化

网络营销缩短了生产者和消费者之间的距离,省略了商品在流通中经历的诸多环节,有利于降低流通费用和交易费用。以往,企业无法对产品的配置和数量加以精确规划,供应商不清楚客户何时需要他们的产品,不得不建立库存以应付各种局面,库存常有积压,由此导致供应链的臃肿,造成清理库存的损失。网络经济使这种现象逐渐得到改善。

（4）市场环境发生变化

网络营销面对的是完全开放的市场环境，因特网的出现与广泛应用已将企业营销引导至一个全新的信息经济环境。传统市场营销活动所必需的物理距离，将在很大程度上被网络上的电子空间距离所取代，目前各方相隔的"时差"届时将几乎不复存在。由于因特网的开放性和公众参与性，网络营销所面临的市场环境是完全开放的，并因其丰富多彩的内容和灵活、便利的商业信息交流，吸引着越来越多的网络用户。

（5）沟通方式的转变

传统的营销在沟通方式上只能做到信息输送的单向性。信息传送后，企业难以及时得到消费者的反馈信息，因此，生产经营策略和企业营销方式的调整必然滞后，这最终会影响到企业目标和企业赢利的实现。

基于因特网的电子商务的出现，将在很大程度上弥补上述传统营销在沟通方式上的不足。因特网使传统的单向信息沟通模式转变为交互式营销信息沟通模式，信息的沟通是双向性的，网络营销直接针对消费者。通过因特网，企业可以为用户提供丰富、翔实的产品信息。同时，用户也可以通过网络向企业反馈信息。

（6）营销策略的改变

由于网络营销具有双向互动性，真正实现了全程营销，即必须由产品的设计阶段就开始充分考虑消费者的需求与意愿。在因特网上，即使是小型企业也可以通过电子公告栏、在线讨论广场和电子邮件等方式，以极低的成本在营销的全过程对消费者进行即时的信息收集。消费者则有机会对从产品设计到定价以及服务的一系列问题发表意见。这种双向交互式沟通方式，提高了消费者的参与性和积极性，更重要的是它能使企业的决策有的放矢，从根本上提高消费者的满意度。

（7）时空界限发生变化

网络营销比传统营销更能满足消费者对购物方便的需求。网络营销消除了传统营销中的时空限制，网络上的电子空间距离使各方相隔的"时差"几乎不复存在。由于网络能够提供 24 小时服务，消费者可随时查询所需商品或企业的信息，并在网上购物。

3. 网络营销的基本理论

网络营销区别于传统营销的根本原因是网络本身的特性和消费者需求的个性回归。在这两者的综合作用下，使得传统营销理论不能完全胜任对网络营销的指导。因此，在传统营销理论的基础之上，又演绎和创新出一些网络营销理论。

（1）网络直复营销理论

根据美国直复营销协会（ADMA）为"直复营销"下的定义，直复营销是一种为了在任何地方产生可度量的反应或达成交易而使用一种或多种广告媒体的相互作用的市场营销体系。直复营销中的"直"来自英文中的 direct，即"直接"的意思，是指不通过中间分销渠道而直接通过媒体连接企业和消费者，网络上销售产品时顾客可通过网络直接向企业下订单付款；直复营销中的"复"来自英文中的 response，即"回复"的意思，是指企业与顾客之间的交互，顾客对这种营销努力有一个明确的回复（买还是不买），企业可以及时统计到这种明确回复的数据，由此可对以往的营销效果进行评价。"回复"是直复营销与直接销售的最大区别。网络直复营销使企业的渴望成为现实。与个体消费者的直接接触可以更清楚地了解到不同消费个体的消费偏好，从而以更加细腻的、更加周全的方式为顾客提供更完美的服务。

网络直复营销理论基础的关键作用是要说明网络营销是可测试、可度量、可评价的。有了及时的营销效果评价，就可以及时改进以往的营销努力，从而获得更满意的结果。

（2）网络"软营销"理论

电子营销是一种"软营销"。与软营销相对的是工业化大规模生产时代的"强势营销"。在传统营销中，企业是主动方，而消费者是被动方。企业通过各种媒介向消费者主动发送信息，如果媒介覆盖面足够大，只要消费者接触一种媒介，就可能接受企业发布的各种营销信息。与此相反，软营销的主动方是消费者。个性化消费需求的回归也使消费者在心理上要求自己成为主动方，而网络的互动特性又使他有可能成为主动方。

在网络上，以企业为主动方的强势营销（无论是直接以商业利润为目的的推销行为还是没有直接商业目标的主动服务）是难以发挥作用的。网络的特点决定了在网上提供信息必须遵循一定的规则，这就是网络礼仪（Netiquette）。网络礼仪是网上一切行为都必须遵守的规则，电子营销也不例外。软营销的特征主要体现在"遵守网络礼仪的同时通过对网络礼仪的巧妙运用从而获得一种微妙的营销效果"，这正如丝丝春雨，"随风潜入夜，润物细无声"。

但传统的强势营销和网络的软营销并不是完全对立的，两者的巧妙结合往往会收到意想不到的效果。这里有一个经典的案例：原以亚洲地区为主要业务重心的国泰航空公司，为了扩展美国飞往亚洲的市场，拟举办一个大型抽奖活动，并在各大报纸上刊登了一个"赠送百万里行"抽奖的广告。与众不同的是这个广告除了几个斗大的字"奖 100 万里"及公司网址外没有任何关于抽奖办法的说明，要了解抽奖办法的消费者只有登录公司网站。结果是众多的消费者主动登录企业网站以获得相关的活动信息，这样就为企业下一步运作网络营销奠定了基础。因此，与传统的做法相比，这种整合的运作方式，在时效上、效果上都强化了许多，同时也更经济。另外，从长远的角度来看，通过这种方式该公司一方面提高了公司网站的知名度和消费者登录公司网站的积极性；另一方面，收集到众多的 E-mail 地址和顾客信息，这为公司开拓市场提供了绝佳的资源。

（3）网络整合营销理论

网络整合营销是基于信息网络（主要是因特网）之上的营销，是近年来新发展起来的一种营销模式，其主要有 3 个方面的含义：一是传播资讯的统一性，即企业用一种声音"说话"，消费者无论从哪种媒体所获得的信息都是统一的、一致的；二是互动性，即公司与消费者之间展开富有意义的交流，能够迅速、准确、个性化地获得信息和反馈信息；三是目标营销，即企业的一切营销活动都应围绕企业目标来进行，实现全程营销。

网络的发展不仅使得整合营销更为可行，而且能充分发挥整合营销的特点和优势，使顾客这个角色在整个营销过程中的地位得到提高。网络互动的特性是使顾客真正参与到整个营销过程中来成为可能，顾客不仅参与的主动性增强，而且选择的主动性也得到加强。这样，网络营销首先要求把顾客整合到整个营销过程中来，从他们的需求出发开始整个营销过程。不仅如此，在整个营销过程中要不断地与顾客交互，每一个营销决策都要从消费者出发而不是像传统营销理论那样主要从企业自身的角度出发。

网络整合营销从理论上离开了在传统营销理论中占中心地位的"4P"理论，而逐渐转向以"4C"理论，把它作为基础和前提。传统的"4P"理论的基本出发点是企业的利润，而没有把顾客的需求放到与企业的利润同等重要的位置上，它指导的营销决策是一条单向的链。然而网络营销需要企业同时考虑顾客需求和企业利润。企业关于"4P"的每一个决策都应该给顾客带来价值,否则这个决策即使能达到利润最大化的目的也没有任何用处。但反过来讲,企业如果从"4P"对应的"4C"出发(而不是从利润最大化出发),在此前提下寻找能实现企业利益的最大化的营销决策,则可能同时达到利润最大和满足顾客需求两个目标。这应该是网络营销的理论模式,即营销过程的起点是消费者满足和企业利润最大化。

由于消费者个性化需求得到了较好的满足,他对企业的产品、服务形成良好的印象,在他第二次需求该种产品时,会对公司的产品、服务产生偏好,他会首先选择公司的产品和服务。随着这两轮的交互,产品和服务可能更好地满足他的需求。如此往复,一方面,顾客的个性化需求不断地得到越来越好的满足,建立起对公司产品的忠诚意识;另一方面,由于这种满足是针对差异性很强的个性化需求,就使得其他企业的进入壁垒变得很高。这样,企业和顾客之间的关系就变得非常紧密,甚至牢不可破,这就形成了"一对一"的营销关系。上述这个理论框架称为网络营销整合理论,它始终体现了以顾客为出发点及企业和顾客不断交互的特点。它的决策过程是一个双向的链,如图1-8所示。

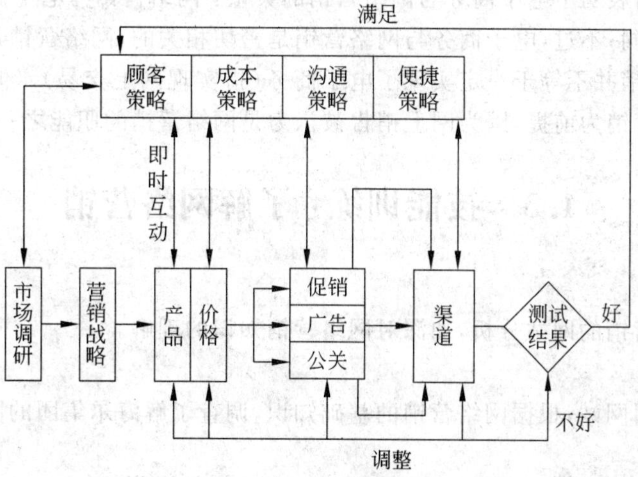

图1-8 网络营销整合决策过程

1.2.4 网络营销与电子商务的关系

比尔·盖茨曾经说过,21世纪要么电子商务,要么无商可务。

所谓电子商务(Electronic Business)是指利用因特网进行的各种商务活动的总和。简单地说,电子商务是指系统化地运用电子工具,高效率、低成本地从事以商品交换为中心的各种活动的全过程。而网络营销是企业整体营销战略的一个组成部分,是为实现企业总体经营目标所进行的、以因特网为基本手段营造网上经营环境的各种活动。

电子商务与网络营销是一对紧密相关又具有明显区别的概念。初次涉足网络营销领域者对这两个概念很容易造成混淆。比如,企业建立一个普通网站就认为是开展电子商务,或者将网上销售商品称为网络营销等,这些都是不确切的说法。在《网络营销基础与实践》(冯英健著,清华大学出版社2007年版)关于网络营销定义的说明中,认为"网络营销不等于电子商务",这主要是基于下列两个方面的考虑。

第一,网络营销与电子商务的关注点不同。网络营销的重点在交易前阶段的宣传和推广,电子商务的标志之一则是实现了电子化交易。网络营销的定义已经表明,网络营销是企业整体营销战略的一个组成部分,可见无论传统企业还是基于因特网开展业务的企业,也无论是否具有电子化交易的发生,都需要网络营销,但网络营销本身并不是一个完整的商业交易过程,而是为了促成交易提供支持。因此它是电子商务中的一个重要环节,尤其在交易发生之前,网络营销发挥着主要的信息传递作用。从这种意义上说,电子商务可以被看做是网络营销的高级阶段,一个企业在没有完全开展电子商务之前,同样可以开展不同层次的网络营销活动。

第二,网络营销与电子商务研究的范围不同。电子商务的内涵很广,其核心是电子化交易,电子商务强调的是交易方式和交易过程的各个环节,而网络营销注重的是以因特网为主要手段的营销活动。网络营销和电子商务的这种关系也表明,发生在电子交易过程中的网上支付和交易之后的商品配送等问题并不是网络营销所能包含的内容,同样,电子商务体系中所涉及的安全、法律等问题也不适合全部包括在网络营销中。

以上两个方面表明了电子商务与网络营销的关系:网络营销与电子商务研究的范围不同,关注的重点不同;不过,电子商务与网络营销是密切相关的,网络营销是电子商务的组成部分,开展网络营销并不等于一定实现了电子商务(指实现网上交易)。但实现电子商务一定是以开展网络营销为前提,因为网上销售被认为是网络营销的职能之一。

1.3 技能训练:了解网络营销

【训练目的】
通过对网络营销的网站分析,加深对网络营销知识的理解。

【训练内容】
进入海尔集团网站,根据网络营销的基础知识,调查了解海尔集团的网络营销和网上交易情况。

【训练步骤】
登录海尔集团的网站,浏览公司网站的建设情况,并查询公司网上的销售状况。

习 题 1

一、判断题

1. 网络营销指的就是在网上建网站。   （   ）
2. 网络营销的信息传递是双向的交互式的信息需求和传播模式。   （   ）
3. 软营销和强势营销的一个根本区别就在于软营销的主动方是企业而强势营销的主动方是消费者。   （   ）
4. 网络营销是企业整体营销战略的一个重要组成部分。   （   ）
5. 网络营销是一种单纯的网络技术。   （   ）

二、填空题

1. 网络营销策略的"4C"是指_____、_____、_____、_____。
2. 中国"政府上网年"是在_____年。

3．传统营销策略的"4P"是指_____、_____、_____、_____。

三、简答题

1．简述网络营销的概念及其特点。

2．网络营销的基本职能表现在哪些方面？

3．网络营销的常用方法有哪些？

4．简述传统营销与网络营销的联系。

第 2 章

网络市场调查

网络市场调查是企业开展网络营销活动的前提和基础。一个策划完美的营销方案必须建立在对市场细致周密的调查基础上,而相对于传统的市场调查,网络市场调查有其特有的调查实现方法与步骤。

本章主要内容

网络市场调查的含义及特点;

网络市场调查与传统市场调查的区别;

网络市场调查的步骤;

网络市场调查的内容,掌握网络市场调查的方法;

网络商务信息应如何进行收集与整理;

市场调查报告撰写的格式、原则和内容。

能力培养目标

培养学生在网络市场调查过程中,沿着网络商务信息的收集、整理、储存、处理、发布的思路,一步一步搞清楚每一步骤中所要注意的问题,提高处理网络市场商务信息的技巧和能力。

2.1 网络市场调查基础知识

2.1.1 案例导入与思考

案例导入

Yahoo!用户分析调查

1. 公司基本情况

如果说因特网改变了世界,那么影响了美国人生活的就是雅虎。对整个因特网产业来说,雅虎是一面旗帜。www.yahoo.com 作为第一家网上搜索引擎,是最大的一家涉及信息流量、广告、日常起居的大型公司,其主页如图 2-1 所示。

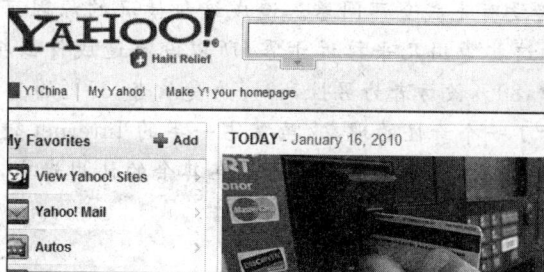

图 2-1　Yahoo!主页

2. Yahoo!用户分析调查背景

Yahoo!欧洲网站在 1997 年的第一季度便接待了 70 名广告商。接着 Yahoo!又宣布作为三大因特网广告商之一的 IBM 公司已经选择 Yahoo!首创多语种因特网广告节目。Yahoo!在欧洲的主要广告商还包括英国航空公司、Opal 公司、Nescafe 公司、Peugeot 公司和 Karstadt 公司,承担着向广告客户提供准确的信息流量的责任。作为一家销售驱动的商业典范,公司的目标是要向广告商提供更为精确的网上用户统计信息,以及为 Yahoo!用户提供更为详细的个人信息。

3. Yahoo!用户分析调查

Yahoo!授权英国营销调研公司完成此项目,该公司提供抽样调研软件及服务设备。

Quantime 公司设计了一个两阶段调查计划。通过设计 Yahoo!Internet 使用软件,使其保持与 Quantime 公司已有 CATI 设备的一致性。因为使用的是同种语言,因此因特网调查在逻辑上与 CATI 调查相似。复杂的循环及随机程序能保证所收集数据的稳定性。而且,前面问题的答案可供后面的问题使用,以使调查适合每一位被访者,并有效地鼓励其合作。

第一阶段:收集数据。主要收集德国、法国及美国的 Yahoo!商业用户和一般用户访问 Yahoo!网站的数据,了解其上网动机及主要网上行为。这就要求 Yahoo!做到所有的调查及回答过程都必须使用被访者的本国语言。第一阶段的调查包括 10 个问题,涉及被访者的媒体偏好、教育程度、年龄、消费模式等,主要就是吸引、督促被访者参与、完成调查,以确保收集最佳信息。在第一阶段中,仅两周的时间便接到 1 万份来自这 3 个国家的回答完整的结果,这意味着调查已经接触到目标群体。同时,在第一阶段,还要求被访者提供其 E-mail 地址以备第二阶段调查的再次联系,进行深度调查。

第二阶段:深度调查。第一阶段所调查的是激活调查窗口,完成基本调查的网上使用者;而第二阶段则针对那些在第一阶段中留下了 E-mail 地址并且同意继续接受访谈的人。这些被访者将收到一份 E-mail 通知,告之他们调查的网址。在第二阶段中,对已留下 E-mail 地址的人进行深度调查时,可以在其上次中断的地方进行重新访问。这样做虽然使第二阶段的问卷相对长了些,但中途断线率降到 5%~6%。这在某种程度上得到个人 E-mail 收发信箱的激励,并且赢得 1/5 的电子组织者的支持。

第二阶段的询问调查要比第一阶段长,它会涉及一系列有关生活方式的深度研究问题。由于公司已经认识了这些被访者,因此公司要求受访者进行登记,这样做能够准确计算回答率。如果需要,公司还将寄出提醒卡,以确保每位参访者只进行一次回答。实际上,在发出 E-mail 通知后的一周内,调查者便收到了预期的样本数目,根本无须进行提醒。

约有 10％的被访者没有完成全部问卷。造成这种情况的原因可能有很多,如厌烦、断线、失去耐心等,但由于这些费用几乎接近于零,所以没有造成什么损失。在有关 Internet 使用情况的其他研究中,80％被访者为男性,60％为受雇者,35％的受访者年龄在 25～35 岁之间。这项调查还揭示了一个奇怪的现象,虽然占一半的 Internet 使用者的使用目的为公事、私事兼而有之,但使用者主要还是用于商业。在其余的使用者中,利用其进行休闲娱乐及其他私人活动的人数约为其他类型使用者的 2 倍。

案例分析

Yahoo!用户分析调查的成功之道

1. 科学地设计调查问卷

在第一阶段的调查中,通过科学地设计调查问卷,使之适合每一位被访者,并且有效鼓励其合作。吸引、督促被访者参与并完成调查,以确保收集最佳信息。

2. 利用过滤性样本降低样本分布不均衡的影响

样本分布不均衡表现在用户的年龄、职业、教育程度、用户地理分布,以及不同网站的特定用户群体等方面。因此,在进行市场调查时要对网站用户结构有一定的了解。

3. 尽量减少无效问卷

在填写调查问卷过程中,被调查者会有意无意地遗漏一些信息。在本次调查中,公司通过寄出提醒卡,以确保每位参访者只进行一次回答,从而在一定程度上减少了无效问卷。

4. 吸引尽可能多的人参与调查

在第二阶段中,对留下 E-mail 地址的人进行深度调查时,可以在其上次中断的地方进行重新访问。

5. 选择将网络市场调查外包给专业的第三方公司

Yahoo!授权英国营销调研公司完成此项目,Quantime 公司设计了一个两阶段调查计划。Yahoo!从而获得专业化、智能化的及时数据跟踪与分析服务。

想一想

(1) 试分析 Yahoo!用户调查的成功与不足之处。

(2) 一个成功的网络市场调查应注意哪些环节?

2.1.2 知识点

1. 网络市场调查概述

(1) 网络市场调查的定义

网络市场调查是利用因特网了解顾客的需求、市场机会、竞争对手、行业潮流、营销渠道以及战略合作伙伴等方面的情况,系统地进行营销信息的收集、整理、分析和研究的过程。随着网络市场调查的深度和广度不断提高,网上市场调查已经逐渐成为市场调查中不可忽视的一股新兴力量。具体地针对某些特定顾客群进行的市场调查,逐渐代替了原有调查形式,有效地降低了市场调查成本。网上调查将从一股新生力量向主流形式发展,有可能在很大程度上取代传统的入户调查和街头随机访问等调查方式。

(2) 网络市场调查与传统市场调查的比较

网络市场调查与传统市场调查比较,如表 2-1 所示。

表 2-1 网络市场调查与传统市场调查比较

项 目 比 较	网络市场调查	传统市场调查
调查费用	较低。主要是设计费与数据处理费,调查问卷所要支付的费用几乎为零	昂贵。包括问卷设计、印刷、发放、回收、培训、调查结果整理与分析
调查范围	全国乃至全球,样本数量庞大	受成本限制,调查地区和样本数量有限
运作速度	很快。只需搭建平台,数据库可自动生成	慢。至少需 2~6 个月才能得出结论
调查时效性	全天候进行	不同访问者对其进行访问时间不同
被访问者便利性	非常便利,被访问者可自由决定时间、地点回答问卷	不太方便,一般要跨越空间障碍,到达访问地点
适用性	适合长期大样本调查,适合迅速得出结论的情况	适合面对面深度访谈,如食品类需要对受访者进行感官测试

（3）网络市场调查的特点

与传统的市场调查相比,网络市场调查具有如下特点。

① 及时性和共享性。

② 便捷性和低成本。

③ 交互性和充分性。

④ 无时间和地域的限制。

⑤ 可检验性和可控性。

（4）网络市场调查的局限性

网络市场调查有许多优势,但也有不足之处。如调查的对象仅限于网民,样本的代表性不够充分,不使用因特网的广大群体被排除在网络调查之外;被调查者的选择是随机的,影响网上调查的连续性。网络与地域特征无关联,网络调查难以满足样本的地域性及其数量要求。

2. 网络市场调查的步骤

（1）明确问题与确定调查目标

明确调查目的是把握正确的调查方向的有力保障。因此,在开始网上搜索时,头脑里要有一个清晰的目标并留心去寻找。一些可以设定的目标如下。

① 谁有可能想在网上消费你的产品或服务？

② 谁是最有可能会购买你提供的产品或服务的客户？

③ 在你所在的行业,谁已经上网？ 他们在干什么？

④ 你的客户对你的竞争者的印象如何？

⑤ 在公司日常的运作中,可能要受哪些法律、法规的约束？ 如何规避？

（2）选择合适的搜索引擎

不同的搜索引擎有各自的特点和相对优势,具体选择哪一个搜索引擎,应根据企业市场调查对象和内容的不同而定。

调查人员可在如下站点查到有关的搜索引擎：①www. mmgco. com；②www. search. com；③www. msn. com。

（3）确定调查的对象

网络调查的对象可分为三大类。

① 企业产品的消费者。企业产品的消费者可以通过网上购物的方式来访问企业站点。企业市场营销调查人员可通过因特网跟踪消费者,了解他们对企业产品的意见和建议。

② 企业的竞争者。行业的竞争主要是行业内现有企业的竞争、新加入者的竞争、来自替代产品的竞争。这种竞争对企业的市场营销策略有很大的影响。调查人员通过对竞争者有关动态信息的分析,可以准确地把握行业竞争趋势,做到知己知彼,使企业能及时调整营销策略,以确保企业在网络商战中立于不败之地。

③ 企业合作者和行业内的中立者。企业合作者和中立者站在第三方的立场上,可以提供一些极有价值的信息和比较客观的评估分析报告,以吸引更多的人参加讨论,也可以从中得到许多意想不到的信息和有价值的建议。

(4) 制订调查方案

制订调查方案具体来说就是要确定资料来源、调查方法、调查手段、抽样方案和联系方法。制订调查方案包括以下几个方面。

① 确定资料来源。即确定是收集第一手资料,还是第二手资料,或是两者都要。

② 确定调查方法。即根据确定的资料来源,确定具体的调查方法,如收集第一手资料,可以采用问卷形式或电子邮件方式等;若收集第二手资料,可以用搜索引擎、网上数据库等方式。具体的调查方法有专题讨论法、问卷调查法和实验法。

③ 确定调查手段。如在线问卷、交互式计算机辅助电话访谈系统、网络调查软件系统等。

④ 确定抽样方案。即要确定抽样单位、样本规模和抽样程序。

⑤ 确定联系方式。如利用 E-mail 传输问卷、参加网上论坛等。

(5) 信息的收集与整理

Internet 没有时空和地域的限制,因此网络市场调查可以在全国甚至全球进行。同时,收集信息的方法也很简单,直接在网上递交或下载即可。这与传统市场调查的收集资料方式有很大的区别。

对从因特网上获得的市场调查信息,有关人员应根据调查的目的和用途进行认真的筛选、分类、整理,并运用定量、定性的方法进行分析研究,以掌握市场动态,探索解决问题的措施和方法。

(6) 撰写报告

营销人员必须对获取的大量信息进行整理和分析,通过科学加工,撰写出一份图文并茂的市场分析报告,直观地反映出市场的动态。

2.2 网络市场调查的方法与技巧

2.2.1 案例导入与思考

案例导入

宝洁公司的网上市场调查

宝洁公司和高露洁公司在个人护理用品市场竞争了几十年。开发一个重要的新产品,从创意到进入市场,需要花费 5 年时间。首先要对创意进行检验,公司把产品照片和描述发送给潜在客户,询问他们是否会购买这个产品,如果反馈回来的是否定意见,公司会努力改进产品创意,然后重复前面所做的工作;一旦收到正面的反馈,公司就将样本产品等送给客户,并且要求客户填写详细的问卷调查表;如果客户反馈和公司内部意见一致,公司将开始大规模电视广告宣传。

然而,公司要感谢因特网。由于因特网帮助,宝洁公司只用了三年半的时间就将白条牙膏产品投入市场,每年市场收入达 2 亿美元,比其他口腔护理产品开发速度快了很多。在 2002 年的 9 月,宝洁公司废除了旧的市场检测模式,通过因特网介绍白条牙膏,并且在公司网站提供产品销售。公司用了几个月时间对登录网站并且购买产品的客户进行调查,收集用户反馈的在线问卷调查信息,这比以前发送邮件方式快了很多。

通过宝洁公司大规模历史数据(存储在数据仓库中)和新的因特网数据进行数据挖掘,使在线调查更为便捷。在线调查发现了最热心的客户群,这些客户包括十几岁的女孩、准新娘和年轻的美籍西班牙人等。公司立即启动了针对群体的广告宣传。在产品还没发送到任何商店之前,因特网就使产品知名度达到 35%。产品上架时,人们纷纷打电话要求订购。宝洁公司从这次经历认识到,灵活的、创造性的方法是产品销售创新的重要途径。从产品创意、调查、市场分割到加速产品开发的整个过程都发生了革命性变化。

案例分析

面对庞大的企业群和无数的新产品,宝洁公司若按一般设计,可能会在市场竞争中落败。借助于因特网,宝洁公司开展了网上市场信息的一系列调查,从而快速生产出适合市场需求的新产品。借助于网络这种联系,又强化和巩固了与消费者间的关系,这也是宝洁公司取得成功之处。

想一想❓

(1) 为什么宝洁公司能迅速将白条牙膏产品投入市场?

(2) 该案例带来的启示是什么?

2.2.2　知识点

1. 网络市场调查的内容与方法

1) 网络市场调查的内容

(1) 市场需求调查

市场需求调查的主要目的在于掌握市场需求量、市场规模、市场占有率,以及如何运用有效的经营策略和手段。其具体内容包括以下几个方面。

① 现有市场对某种产品的需求量和销售量。

② 市场潜在需求量有多大,也就是某种产品在市场上可能达到的最大需求量有多少。

③ 不同的市场对某种产品的需求情况,以及各个市场的饱和点和潜在的能力。

④ 本企业的产品在整个市场的占有率,以及不同市场的占有率。

⑤ 分析研究市场的进入策略和时间策略,从中选择和掌握最有利的市场机会。

⑥ 分析研究国内外市场的变化动态及未来的发展趋势,便于企业制订长期规划等。

（2）消费者购买行为调查

① 消费者的家庭、经济等基本情况,社会政治、经济、文化教育等发展情况,对消费者的需要将会发生什么影响和变化。

② 不同地区和不同民族的消费者,他们的生活习惯和生活方式有何不同,有哪些不同需求。

③ 了解消费者的购买动机、购买习惯和方式,了解消费者喜欢在何时、何地利用何种方式购买。

④ 了解消费者对某种产品的使用次数,每次购买的单位数量及对该产品的态度。

⑤ 调查新产品进入市场,哪些消费者最先购买。

（3）营销因素调查

① 产品调查。调查企业现有产品处于产品生命周期的哪个阶段和应采取的产品策略,调查产品的设计和包装状况,调查产品应采用的原料、制造技术以及产品的保养和售后服务等。

② 价格调查。价格对产品的销售量和企业赢利的大小都有着重要影响。价格调查的内容包括影响产品价格的因素、企业产品的价格策略是否合理、产品的价格是否为广大消费者所接受及价格弹性系数等。

③ 分销渠道的调查。其内容包括:企业现有的销售力量是否适应需要,如何进一步培训和增强销售力量;现有的销售渠道是否合理,如何正确地选择和扩大销售渠道,减少中间环节,以利于扩大销售,提高经济效益等。

④ 广告策略的调查。了解广告的接收率及广告推销效果,以评估广告效果,确定今后的广告策略等。

⑤ 促销策略调查。其内容包括:如何正确运用促销手段,以达到刺激消费、创造需求、吸引用户竞相购买的目的;对企业促销的目标市场进行考察;企业促销策略是否合理,效果如何,是否被广大用户接受等。

2）网络市场调查的方法

（1）网络直接调查

网络直接调查方法是通过利用因特网直接采用问卷调查等方式收集第一手资料。根据采用的调查方法不同,网络市场的直接调查方法主要有在线注册、在线调查表、电子邮件调查法等,常用的是网上问卷调查法。

① 在线注册。企业可以通过注册的方式来获取访问者的信息,在注册中一般要求来访问者提供个人资料等有关信息,从中可以统计分析出访问者的年龄组成、地区分布特点、职业等。许多网站以提供大量有价值的信息和免费使用软件、成为会员、有奖竞赛等方式来吸引访问者,让他们提供有关个人的详细情况,如图 2-2 所示。

② 在线调查表。在线调查表是由被调查者通过 Internet 完成调查问卷,然后提交问卷在网上发布。利用在线调查表获取信息是最常用的在线调查方法,是网络市场调查的基本形式之一,在线调查也是企业网站的网络营销功能之一。

在线问卷调查一般有两种途径。一种是将问卷放置在 WWW 站点上,等待来访者访问时填写在线问卷调查表,如图 2-3 和图 2-4 所示。如 CNNIC 每半年进行一次的"中国因特网络发展状况调查"就是采用这种方式。此方式的优点在于填写者一般是自愿的,缺点是无

图 2-2 某网络用户注册时个人信息填写页面

法核对填写者的真实情况。另外，为达到一定问卷数量，站点还必须进行适当宣传，以吸引大量访问者，如 CNNIC 在调查期间与国内一些著名的 ISP/ICP（如新浪、搜狐、网易）等设置调查问卷的链接。

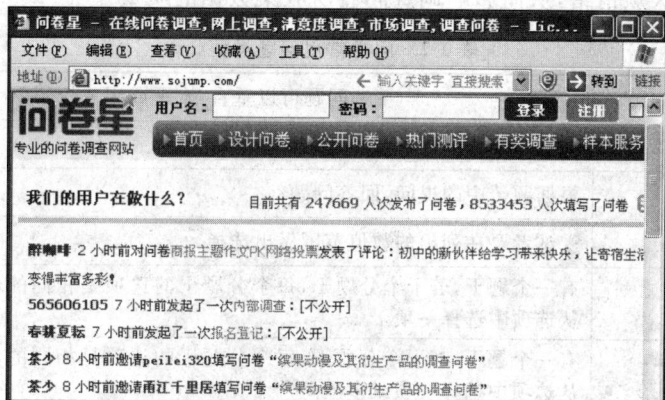

图 2-3 专业的在线问卷调查平台

图 2-4 "知己知彼"网站上的调查页面

在线问卷调查是一个蓬勃发展的新行业,人们越来越认识到在线调查是一个了解消费者的很好渠道,前提是必须设计一个成功的网上调查问卷。只有设计成功的网上调查问卷,才能得到正确的反馈信息。

一份完整的网上调查问卷通常包括卷首语、问题指导语、问卷主体和结束语。

- 卷首语说明由谁执行此项调查、调查目的、意义。
- 问题指导语(填表说明)是向被调查者解释怎样正确填写问卷的语句。
- 调查问卷的主体包括问题和备选答案,是问卷的核心部分。
- 结束语是感谢语,要诚恳、亲切。

网上在线调查问卷的组成包括以下几个部分。

- 邀请参加调查部分。以下是邀请部分中的 5 个小部分:介绍调查的目的;被访者参加问卷调查的原因;参加问卷调查所需时间;参加问卷调查可得到的好处;他们的回答将被如何使用以及保密约定。
- 介绍部分。问卷调查开始部分应该生动清晰地向被调查对象介绍调查的目的。
- 问题类型。调查的目标不同,调查问卷问题的类型将不同。表 2-2 是目前常用的 12 种问题类型。在线问卷不能过于复杂、详细,问题类型不能太多,否则会使被调查者产生厌烦情绪,从而影响调查问卷所收集数据的质量。

表 2-2　问卷常用问题类型

单项选择题	单选问题可以垂直/水平或用下拉菜单
多项选择题	即受试者可以针对一个问题选择多个答案
文字题	根据题干中的提问,回答问题
数字型填充题	受试者要在列出的数值范围做出选择
矩阵单项选择题	有一个题干,若干个分题干,每个分题干的选项是相同的,回答问题时只能从选项中选择一项
矩阵多项选择题	有一个题干,若干个分题干,每个分题干的选项是相同的,回答问题时只能从选项中选择一项或多项
等级型选择题	选项是对题干中提及事物的评价,回答问题时,一般从选项中选择一项
排序题	在确定好的名单中按重要性排序,可以详细地看出重要性的选择
填充题	题干中有一部分由答卷人填写
单项选择题＋其他	单选问题可以垂直/水平地选择一个答案,或手动填写答案
多项选择题＋其他	即受试者可以针对一个问题选择多个答案,也可以手动填写答案
矩阵单项选择题＋其他	有一个题干,若干个分题干,每个分题干的选项是相同的,回答问题时只能从选项中选择一项,或者手动填写答案
矩阵多项选择题＋其他	有一个题干,若干个分题干,每个分题干的选项是相同的,回答问题时可以从选项中选择一项或多项,或者手动填写答案

- 结束部分。调查问卷的"结束文字"主要内容是向被调查者所付出的时间和工作表达感谢,并说明他们将如何获得奖金或礼品。

网上在线调查问卷的发放包括以下几个方面。

- 向相关的讨论组邮去简略的问卷。

- 在自己的网站上放置简略的问卷。
- 在讨论组发布相关信息,并把链接指向放在自己网站上的问卷。
- 向其他网站发放问卷广告,并把链接指向放在自己网站上的问卷。

③ 电子邮件调查法。电子邮件调查法是电子邮件邮寄问卷法,是通过 E-mail 将问卷发送给被调查者,被调查者完成问卷调查后将结果通过 E-mail 返回,或在其他媒体中发出调查问卷,用电子邮件收集回答的方法。这种方式的优点是可以有选择性地控制被调查者,缺点是容易引起被访问者的反感,有侵犯个人隐私权之嫌。因此,使用该方式时首先应争取被访问者的同意,或估计被访问者不会反感,并向被访问者提供一定的补偿,如有奖问答或赠送小礼品,以消除被访问者的敌意。

企业可以直接向用户发送电子邮件,征询用户对产品、服务、促销、企业形象等方面的看法,让用户向企业反馈。

④ 网上讨论法。网上讨论法可通过多种途径来实现,如 BBS、QQ、ICQ、网络实时交谈(IRC)、网络会议(Net Meeting)等。采用网上讨论法可在相应的讨论组中发布调查项目,请受访者参与讨论,或将分散在不同地域的被调查者通过网络视频会议功能模拟地组织起来,在主持人的引导下进行讨论。

网上讨论法属于定性市场调查法,是传统的小组讨论在因特网上的应用。其步骤如下。

- 确定要调查的目标市场。
- 识别目标市场中要加以调查的讨论组。
- 确定可以讨论或准备讨论的具体话题。
- 登录相应的讨论组,通过过滤系统发现有用的信息,或创建新的话题,让大家讨论,从而获得有用的信息。

(2) 网络间接调查

间接调查也就是对二手资料的收集。网上间接调查主要是利用因特网收集与企业营销相关的市场、竞争者、消费者以及宏观环境等信息。企业用得最多的还是网上间接调查法,因为它的信息广泛且能满足企业管理决策的需要,而网上直接调查一般只适合于针对特定问题进行专项调查。网上间接调查通常可采用以下方法。

① 利用搜索引擎。搜索引擎(Search Engine)是指根据一定的策略、运用特定的计算机程序搜集因特网上的信息,在对信息进行组织和处理后,并将处理后的信息显示给用户,是为用户提供检索服务的系统。其主要功能是在网上主动搜索 Web 服务器的信息,并将其自动索引,其索引内容存储于可供查询的大型数据库中。当用户在搜索框中输入所需查找信息的关键词并单击"搜索"按钮后,搜索引擎将在索引数据库中查找包含该关键词的所有信息,最后给出查询的结果,并提供该信息的超链接。

每个搜索引擎网站都有自己的特点,应根据具体的搜索情况选择不同的搜索引擎。典型的综合性搜索引擎网站有以下几个。

- Google 简体中文(http://www.google.cn/)。Google 被公认为全球最大的搜索引擎,它提供了简单易用的免费服务,用户可以在瞬间得到相关的搜索结果。
- 百度(http://www.baidu.com)。百度搜索引擎是目前世界上最大的中文搜索引擎。百度搜索引擎具有高准确性、高效率、更新、更快以及服务稳定的特点,因此深受网民的喜爱。百度搜索简单方便,它不仅有简单的搜索界面,还针对语法不熟悉的查询用户,设有高级搜索界面,使用百度集成的高级查询界面,可以使用户很方便地做各种搜索查询,如图 2-5 所示。

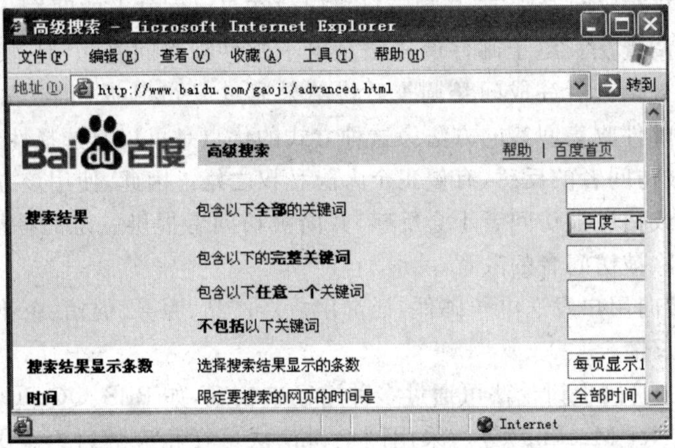

图 2-5　百度高级搜索

- Yahoo!的全球性搜索技术(Yahoo!Search Technology,YST)是一个涵盖全球 120 多亿网页(其中雅虎中国为 12 亿)的强大数据库。雅虎中国网站为用户提供了强大的搜索功能,通过 14 类简单易用、手工分类的简体中文网站目录及强大的搜索引擎,用户可以很轻松地搜索到需要的信息。

② 访问相关的网站收集资料。如果知道某一专题的信息主要集中在哪些网站,可直接访问这些网站,获得所需的资料。企业可根据自己行业的特点,直接访问因特网上相关的专业性网站,以获得有用的信息。通过分析这些信息,营销人员可以准确地把握企业的优势和劣势,并及时调整营销策略。

以下是几个专题信息的网站。

- 环球资源。环球资源(www.globalsources.com)的前身叫"亚洲资源",如图 2-6 所示。

图 2-6　环球资源主页

环球资源是 B to B 服务提供商,为买卖双方提供增值服务,它提供的服务和产品首先是基于买家的需求而设立的。其强大的搜索引擎分为三大类,即产品搜索、供应商搜索和全球搜索。

- 阿里巴巴。阿里巴巴是中国因特网商业先驱,它是于 1999 年 3 月创立的全球著名 B to B 系列网站,连接着全球 186 个国家和地区的 45 万个商业用户,为中小企业提供海量的商业机会、公司资讯和产品信息,建立起了国际营销网络。

阿里巴巴网站提供的商业市场信息检索服务分为 3 个方面,即商业机会、公司库和样品库。注册会员还可选择订阅"商情特快"获得各类免费信息。

- 专业调查网站,如问道(www.askform.cn)、问卷星(www.sojump.com)等。

通常一些专业信息网站都是由政府或一些业务范围相近的企业或某些网络服务机构开办的,如中国广告信息网(http://www.cnad.com)、中国商品交易市场信息网(http://www.cnpfsc.com)、中国机械工业企业管理协会门户网站(http://www.chinajx.com.cn)、中国粮食贸易网(http://www.cctn.net.cn/cctn)等。

③ 利用网上数据库。在因特网上有许多网上数据库,这些数据库有付费的和免费的两种,一般市场调查的商情数据库是付费的。我国的网络数据库大多是文献信息型数据库,如中国专利信息网(http://www.patent.com.cn)、国家科技图书文献中心(http://www.nstl.gov.cn)等。

在国外,市场调查用的数据库一般都是付费的。我国的数据库业近十年有较大的发展,近几年也出现了几个 Web 版的数据库,但它们都是文献信息型数据库。以下是目前国际上影响较大的几个主要商情数据库检索系统。

ORBIT 系统(www.questel.orbit.com)。ORBIT(Online Retrieval of Bibbiographic Information Timeshared)是 1963 年由美国系统发展公司(SDC)与美国国防部共同开发的联机检索系统,1986 年被 MCC 集团兼并。ORBIT 提供科学、技术、专利、能源、市场、公司、财务方面的服务,1987 年共有 70 个数据库,其中 21 个是与商情有关的。

DUN&BRADSTREET 系统(www.dundb.co.il)。该系统属邓伯氏集团,是世界上最大的国际联机检索系统之一,也是专门的商业与经济信息检索系统。它通过一个全球性的网络将各国的商业数据库连接起来,共存储 1600 多万家公司的档案数据。

DJN/RS 系统(www.dowjones.com)。DJN/RS 即道·琼斯新闻/检索服务系统是美国应用最广泛的大众信息服务系统之一,由道·琼斯公司开发,于 1974 年开始提供联机服务。DJN/RS 提供的信息服务范围十分广泛,侧重于商业和金融财经信息。

④ 利用网上论坛、新闻组。网上论坛、新闻组也是企业应当关注的地方。在论坛和新闻组中,人们会对企业、产品、服务等各方面发表评论,表达自己的观点,企业通过认真的分析,从中可以了解网民的想法、需求,从中获取相应的信息,从而改善自己的产品、服务和形象。不少企业在自己的网站上开设网上论坛,给网民一个表达自己意愿的空间。

2. 网络市场调查的策略与技巧

网络市场调查的目的是收集网上购物者和潜在顾客的信息。为使更多的消费者访问企业站点并乐于接受企业的调查询问,真实地发回反馈信息,市场调查人员必须研究调查策略,以充分发挥网络调查的优势,提高网络调查的质量。

网络市场调查主要分为两方面:一是目标市场及目标用户的情况;二是竞争对手情况。

1) 目标市场和用户调查

最直观的市场需求调查就是在搜索引擎上某个特定关键词被搜索的次数。与产品最相

28

图 2-7 Google Adwords 关键词搜索页面

关的主关键词被搜索次数越多，说明市场需求越大，用户越关注。下面介绍常用的关键词工具。

（1）Google Adwords 关键词工具

网址是 http：//adwords. google. cn/select/KeywordToolExternal，输入网址搜索，结果如图 2-7 所示。

在这个工具中输入主关键词后，Google 将列出搜索数据库中与这个关键词相关的一系列关键词的搜索量、广告商愿意出的竞价价格，以及平均搜索量结果，如图 2-8 所示。如图 2-9 所示，输入"减肥"，Google 关键词工具自动生成与之相关的减肥方法、减肥药、减肥食谱、针灸减肥、快速减肥等数十个可以考虑的关键词，并且列出了广告商竞争程度及搜索量。其中搜索量就代表着用户关注程度和市场需求。

图 2-8　关键词"减肥"的相关搜索量

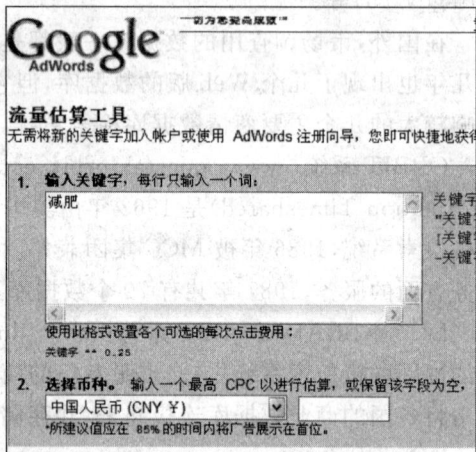

图 2-9　Google Adwords 点击量搜索页面

（2）Google Adwords 点击量估算工具

网址是 http：//adwords. google. cn/select/TrafficEstimatorSandbox，输入网址搜索后，输入"减肥"等关键词，结果如图 2-10 所示。

Google 点击量估算工具显示出如果广告商竞价排名在某个位置，如第 1 位时，会产生相应的预计点击数、预计平均点击费用和每天预计广告费用。这个预计点击数同样代表着用户关注度及市场需求，因为预计点击数是与搜索量成正比的。

（3）百度指数

网址是 http：//index. baidu. com/。假如搜索"减肥"的百度指数，结果如图 2-11 所示。

百度指数显示特定关键词的用户关注度及媒体关注度。用户可以输入不同的关键词，比较用户关注度和媒体关注度数字，从而确定哪个关键词市场需求更大。如果有百度指数账号，用户所搜索的关键词数据可以储存，并且可以批量查询。没有百度指数账号的用户，也可以在百度网站上进行简单的查询和调查。

流量估算工具

« 修改设置 | 以 csv 格式下载

所有估算值仅作为参考指南提供，它们是根据整个系统内的平均值计算的。您的广告排名可能有所不同。要查看根据您关键字的效果历史记录计算的估算值，请告组中的流量估算工具。 了解详情

平均每次点击费用： ¥1.87 (最高每次点击费用为 ¥3.48)
估算的每日点击次数： 118 - 151 (每日预算为 ¥400.00)

估算值取决于您的出价以及地理为流量估算工具不会考虑您的每广告获得的点击次数可能低于估

最高每次点击费用：		每日预算	
获得新的估算值			

关键字	搜索量	估算平均每次点击费用	估算的广告排名	估算的每天点击量
减肥		¥1.22 - ¥2.09	1 - 3	118 - 151
搜索网络总计		¥1.22 - ¥2.09	1 - 3	118 - 151

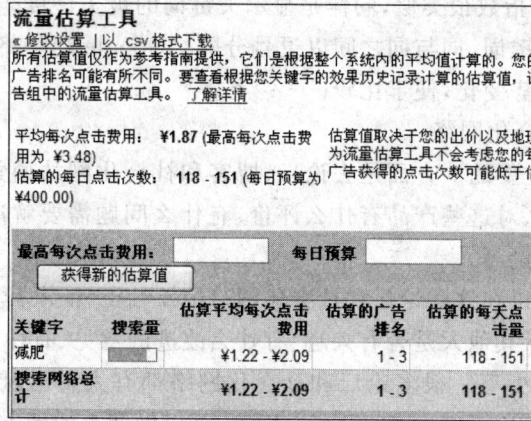

图 2-10 关键词"减肥"的点击量

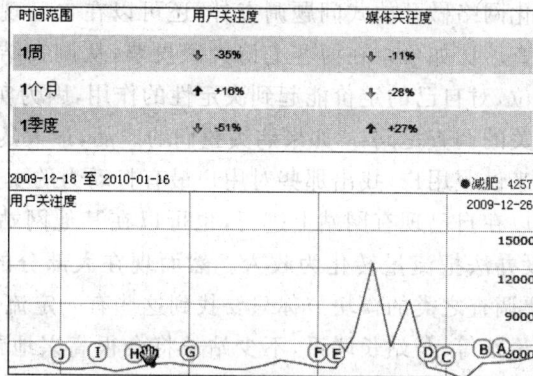

时间范围	用户关注度	媒体关注度
1周	-35%	-11%
1个月	+16%	-28%
1季度	-51%	+27%

2009-12-18 至 2010-01-16   ●减肥 4257
用户关注度   2009-12-26

图 2-11 "减肥"的百度指数

（4）Google 趋势

网址是 http://www.google.cn/trends。假如搜索"减肥"、"留学"、"礼物"的 Google 趋势，结果如图 2-12 所示。

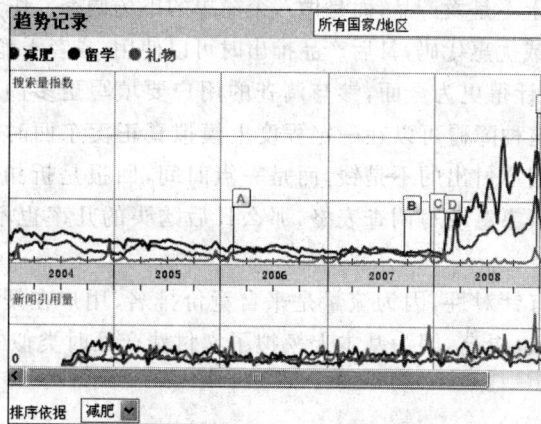

图 2-12 "减肥"、"留学"、"礼物"的 Google 趋势

Google 趋势与百度指数很类似,同样是显示关键词的被关注度,实际上也就是搜索量。查询时可以输入多个关键词,词与词之间以逗号分隔。Google 趋势将在图表中同时显示这几个关键词的搜索量趋势变化,便于比较。

(5) 论坛、博客、社会化网络

做市场调查时,很重要的一方面是去论坛、博客和社会化网站搜索相关关键词,了解真实的用户都在讨论什么、对这些产品有什么评价、有什么问题需要解决、对竞争对手的产品有什么正面或负面的评论等。

网络营销人员也可以在这些论坛和社会化网络中发帖子,征求其他用户的意见,说说自己对产品的看法,问一下其他人是否有兴趣、有什么改进的意见、有什么需要注意的地方、可以承受的价格范围是多少等。很多论坛和社会化网络都有大量活跃用户乐于回答这类问题。如人人网、海内网、51.com、豆瓣、天涯论坛等,可以做调查的地方很多。

(6) 网站投票调查

除了在论坛等社会化网络做开放式问题调查外,还可以在自己现有网站上设计一个比较精确的选择式问卷调查。比如可以在博客上请大家投票,从调查结果中可以很清楚地看到用户可以接受哪个价位,对自己的定价能起到决定性的作用,因为实际数据更有说服力。

另外一个与产品有关的调查是问:"如果购买我们的产品,最大的原因是什么?"因为必须提炼出最独特的卖点来说服用户,找出那些对用户最有打动力的卖点,就是这个调查的目的。这样的投票不仅可以在自己现有网站上进行,也可以在其他网站上做。现在有无数个网站流量不错,但是却没办法把流量转化为收入。然而现在大部分的网站都使用 CMS 系统建成,已经包含了投票调查之类的模块。你只要找到这些有一定流量的、与你的产品主题相关的个人网站、博客、论坛等,与站长联系,不少站长将会很高兴地帮你做市场调查,费用可能只是几十或几百块人民币,调查一个月可能有几百甚至几千人投票,绝对物有所值。甚至也许完全不用费用,你可以和站长达成其他形式的资源互助,如产品推出后,给对方折扣价,或在你的网站上给对方一个链接等。

(7) 使用 PPC 进行市场调查

网络营销人员也可以先建立一个简单的网站,使用 PPC(Pay Per Click)搜索竞价带来一定相关流量。在网站上不是卖产品,而是做一个简单的市场调查。作为回报,你可以给参与调查的用户一个折扣券或优惠代码,日后产品推出时可以使用,或者干脆赠送免费产品等。

这种调查就可以设计得更为全面,参与调查的用户要填写更多内容。更多调查内容会形成一定的参与障碍,这种障碍可以在一定程度上模拟真正卖东西时需要克服付费的心理障碍。在调查网站上,用户付出的不是钱,而是一点时间,回报是折扣或免费产品。在有回报的情况下,如果用户不愿意填写调查表格,那么日后购买的几率也不大,说明他们对你的产品不是很感兴趣。

通过 PPC 调查更有针对性,因为流量是来自竞价排名,用户在搜索相关关键词时来到调查网站。调查真实度也更高,因为基本上模拟了卖付费产品时类似的障碍和门槛。

2) 竞争对手调查

(1) 搜索排名结果

调查竞争对手情况也还是从搜索引擎入手。搜索主要关键词后,查看搜索结果页面右上角显示的符合搜索条件的页面总数。在一定程度上说,所有这些页面都是你的竞争对手。

你的网站日后要想在搜索相关关键词时出现在排名结果的前列,你就要战胜所有这些页面。假如分别在百度和 Google 输入关键词"减肥",结果如图 2-13 和图 2-14 所示。

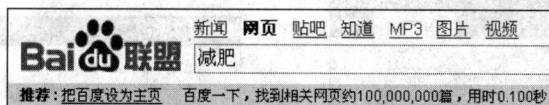

图 2-13　百度搜索"减肥"的结果

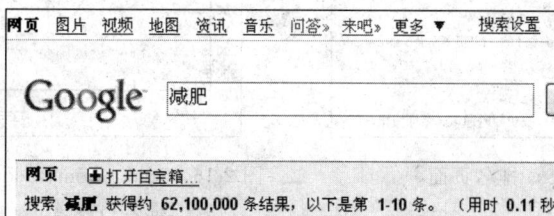

图 2-14　Google 搜索"减肥"的结果

在百度搜索"减肥",可以看到返回 1 亿个结果,在 Google 返回 6210 万个结果。

相对来说结果数目越大,当然竞争越强,进入这个市场的阻力越大,日后要开展的网络营销工作也越多。不过这个数字只是作为最初步的参考。真正有实力的竞争对手数目当然肯定要比返回页面数目少得多。这些返回页面,可能有几万个甚至几十万个都同属于一个网站,只是一个竞争对手。

(2)对手网站基本情况

把主要竞争对手网站列出来,同时查一下这些网站基本情况。

(3)访问对手网站

直接访问对手网站,看看对方网站设计水平、易用性、网络营销的痕迹,也能很直观地看出竞争对手的实力。

(4)竞价排名广告商数量

在 Google 和百度搜索关键词时出现的竞价排名广告商数量也是竞争程度的表现。在某些时候,这个数字更准确,因为出现在竞价中的广告商都是愿意真金白银抢占位置的,他们通常都已经做了市场调查。这个市场和产品如果没有用户需求,如果没有好的利润率,他们是不会花钱竞价的。

(5)竞争对手网站流量情况

真实的网站流量数字只有网站运营人员自己才能知道,其他人是无法了解的。但是网上有以下几个工具可以帮助调查大致的流量数字。

① Alexa 排名。网址是 http://cn.alexa.com/,图 2-15 所示的是 Alexa 排名页面。

Alexa 是网上最常用、历史最悠久的网站流量排名工具,由亚马逊书店所拥有。在 Alexa 网站输入特定网站域名后,Alexa 会以曲线形式显示网站流量趋势及按流量所计算的世界排名;也可以输入多个域名,Alexa 会把这几个域名的流量曲线显示在一起利于比较。图 2-16 所示是 youku.com、tudou.com 和 56.com 流量排名趋势的 Alexa 曲线。图 2-17 所示是这 3 个网站所覆盖的用户比例的 Alexa 曲线,可以看到三个网站相差不多。图 2-18 所示是这 3 个网站的网页访问数的 Alexa 曲线,曲线间的差别拉大。Alexa 还能显示出访问者来自哪些国家。如优酷网站访问来源,如图 2-19 所示。

图 2-15　Alexa 排名页面

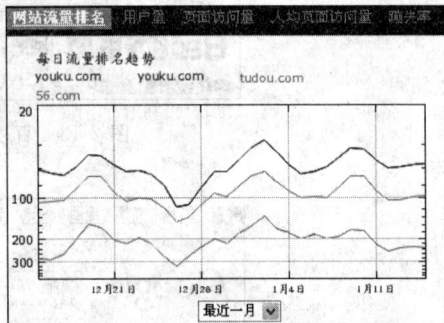

图 2-16　youku.com、tudou.com 和 56.com 流量排名趋势 Alexa 曲线

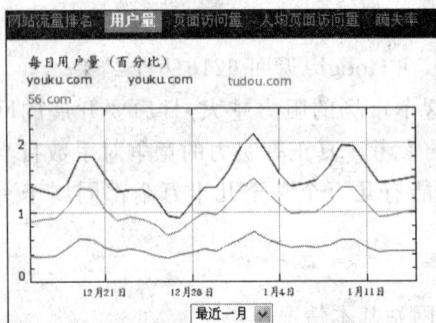

图 2-17　youku.com、tudou.com 和 56.com 用户比例的 Alexa 曲线

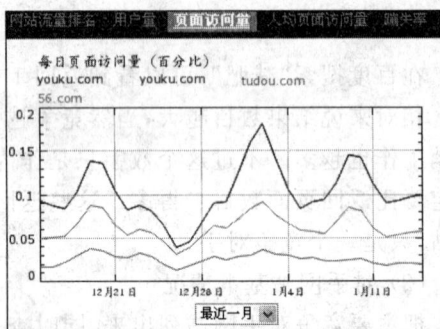

图 2-18　youku.com、tudou.com 和 56.com 网页访问数的 Alexa 曲线

② Google 趋势。网址是 http://www.google.com/trends。

2008 年 6 月,Google 趋势英文版增加了一个新功能,显示特定网站的流量。如果查询时登录了 Google 账号,则图表左侧会显示具体的流量数字。如果没有登录 Google 账号,只显示曲线。同样查询 youku.com、tudou.com 和 56.com 这 3 个网站,可以看到具体的流量数字,如图 2-20 所示,这是一个极有参考价值的数据。

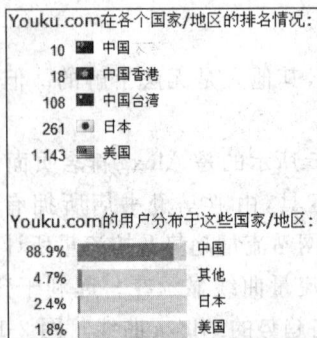

图 2-19　优酷网站访问来源

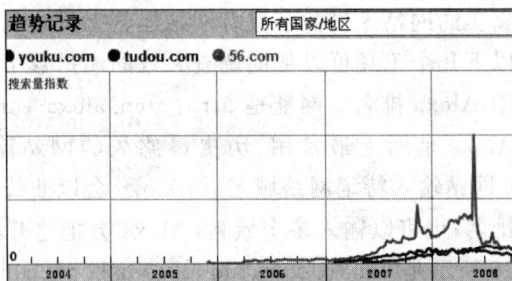

图 2-20　Google 趋势 youku.com、tudou.com 和 56.com 的网站流量曲线

2.3　网络信息的整理与撰写

2.3.1　案例导入与思考

📖 案例导入

居民网上购物

网上购物在发达国家已显示出较强的发展态势，一项来自零点研究咨询集团的最新调查结果显示：在中国城市地区，10％的市民有网上购物经历；18～29 岁年龄段的高学历群体对网上购物方式最为放心，在网上购物的可能性也最大；城市居民愿意在网上购买的主要商品是书籍和音像影碟制品（CD/DVD）。

本次调查于 2005 年 6 月采取多段随机抽样方法，针对北京、上海、广州、武汉、成都、沈阳、西安、大连、厦门和济南 10 个城市的 3243 名 18～60 岁的常住居民进行的入户问卷调查。数据结果已根据各城市实际人口规模进行加权处理，在 95％的置信度下本次调查的抽样误差为±1.09％。

1. 10％的市民有过网上购物的经历

说到网上购物，可谓是当前购物方式的"新宠"，呈现蒸蒸日上的态势。而在城市居民中实际状况到底怎么样呢？

调查数据显示，约有 1/5 的市民不知道"网上购物"。逾六成的市民虽然知道有"网上购物"这种购物途径，但并没有去尝试过，由于种种原因而持观望的态度。而表示"经常在网上购物"的比例仅有 1.4％，加之曾有过网上购物经历但频率很少的市民总共比例仅达 10％。可见，在城市中仅约有一成市民曾经通过网络购买商品，如图 2-21 所示。

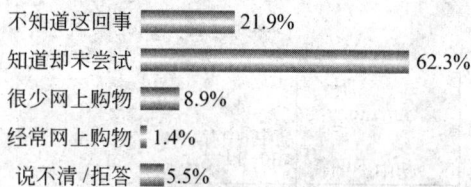

不知道这回事 ▆▆▆ 21.9%
知道却未尝试 ▆▆▆▆▆▆ 62.3%
很少网上购物 ▆▆ 8.9%
经常网上购物 ▌ 1.4%
说不清/拒答 ▆ 5.5%

图 2-21　网上购物的经历

数据来源：零点研究咨询集团于 2005 年 6 月采用多阶段随机抽样方针对北京、上海、广州、武汉、成都、沈阳、西安、大连、厦门和济南 10 个城市的 3243 名 18～60 岁的常住居民进行的入户问卷调查。

这个 10％的比例和以前的很多统计数字相比明显偏低。根据中国社科院因特网研究发展中心近日公布的数据表明，2005 年有 2200 万中国网民进行网上购物，网民网上购物比例达到 71％。这两个比例相去甚远的主要原因是由于两者的统计口径不同所致。本次数据的统计基数是城市里的常住居民，而不是通常所用的"网民"概念。这些数据从某种意义上也表明我国网上购物市场尚有巨大的潜力。随着网络及网络经济的发展，中国网上购物业的发展空间有待进一步拓展。

2. 年轻高学历群体是网上购物的主流消费群体

通过本次调查结果发现 3 个群体的特征比较突出：网上购物的主流群体是 18～29 岁

年龄段的高学历群体;知道网上购物这回事但没有尝试过的主要群体是年龄稍长的中等学历人群;根本不知道网上购物这回事者主要集中于 50～60 岁年龄段的初中学历群体,如图 2-22 所示。

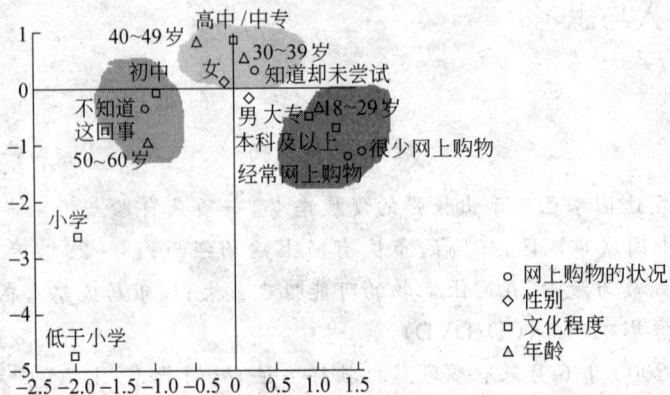

图 2-22　网上购物的主流

数据来源:零点研究咨询集团于 2005 年 6 月采用多阶段随机抽样方式对北京、上海、广州、武汉、成都、沈阳、西安、大连、厦门和济南 10 个城市的 3243 名 18～60 岁的常住居民进行的入户问卷调查。

3. 年轻高学历群体对网上购物的方式最为放心

在我国,网络本身是个新兴行业,许多方面缺乏规范,由此导致许多人对网络购物方式的可靠性心存疑虑。城市居民通过网络购买商品者比例偏低,与他们对网络的低信任度是息息相关的。对应分析结果表明,网上购物的主流群体——18～29 岁高学历群体,对于网上购物的信任度相对较高,这与这个群体经常"触网"不无关系。30～50 岁的中等学历者认为网上购物不大可靠,他们担心的问题主要集中于个人信息得不到保护、送货是否准时、有没有售后服务等问题。而在网上购物是否可靠的认知上,男女两性间并没有表现出明显的性别差异,如图 2-23 所示。

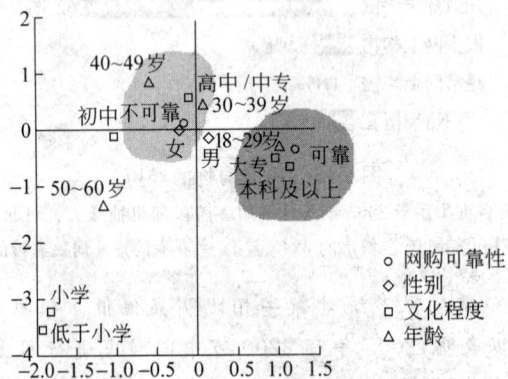

图 2-23　网上购物的可靠性

数据来源:零点研究咨询集团于 2005 年 6 月采用多阶段随机抽样方式对北京、上海、广州、武汉、成都、沈阳、西安、大连、厦门和济南 10 个城市的 3243 名 18～60 岁的常住居民进行的入户问卷调查。

4. 书籍和音像影碟制品应是网络售卖的主打产品

如果在网上购物,哪些商品可以在网上购买?市民认为可以通过网络购买的商品主要集中在书籍和音像影碟制品(CD/DVD)两大类别上,提及率分别达 30.1％和 15.0％。另外,不能忽略的一点是,有四成的市民表示不能在网上购买任何商品,如图 2-24 所示。

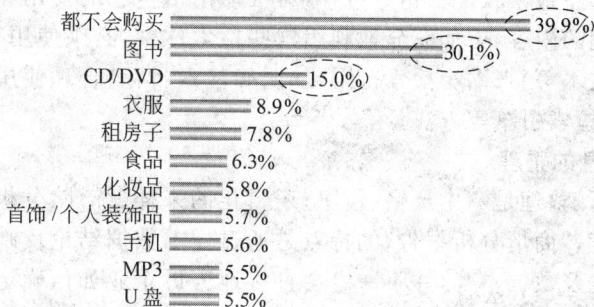

都不会购买　39.9％)
图书　30.1％)
CD/DVD　15.0％)
衣服　8.9％
租房子　7.8％
食品　6.3％
化妆品　5.8％
首饰/个人装饰品　5.7％
手机　5.6％
MP3　5.5％
U盘　5.5％

图 2-24　网上购买任何商品

注:此题为多选题,应答比例之和大于 100％。

数据来源:零点研究咨询集团于 2005 年 6 月采用多阶段随机抽样方式对北京、上海、广州、武汉、成都、沈阳、西安、大连、厦门和济南 10 个城市的 3243 名 18～60 岁的常住居民进行的入户问卷调查。

在电子商务迅猛发展的过程中,限制网上购物发展的瓶颈很多,但零点研究咨询集团的研究人员认为,市民对网络信赖程度偏低是一个非常重要的因素。研究者认为提高对网上购物乃至整个网络的信任程度,至少有两个方面需要予以提升:一是交易对象的明晰化;二是增加商品信息的透明度。这两方面在网络这个虚拟空间中的表现形式差强人意,与传统销售途径差异很大,在 C to C 的营业模式中表现尤为突出。这种差异无疑会强烈影响众多市民选择这种购物方式的可能性。虽说网上购物方式难以取代传统的上街购物方式,但伴随着"新生代"逐渐成为消费的主力军,网上购物模式的比重也会发生结构性的上扬。

案例分析

本调查详尽描述了网上购物的信息数据和运行环境,以严谨的内容、翔实的数据、直观的图表,从多个角度进行研究分析,可以帮助企业、相关投资公司及政府部门准确把握行业发展趋势,洞悉行业竞争格局,规避经营和投资风险,制定正确竞争和投资战略决策。

想一想 ?

(1)从以上案例分析,应该收集哪些网络信息?

(2)收集网络信息后如何整理?

2.3.2　知识点

1. 网络信息的收集与整理

1)网络商务信息收集

网络商务信息收集是指在网络上对商务信息的寻找和调取工作。这是一种有目的、有步骤地从各个网络站点查找和获取信息的行为。一个完整的企业网络商务信息收集系统包括先进的网络检索设备、科学的信息收集方法和精通业务的网络信息检索员。

(1)网络信息收集的困难。因特网信息资源多而分散,网络资源缺乏有效的管理,网络信息鱼目混珠,各种检索软件、检索方法不统一等。

（2）网络信息收集困难的解决办法。计算机专家和信息管理专家积极地探索和开发了一系列检索软件，并将其用于网络资源的管理和检索，取得了很大的进展。目前，全世界各个国家所开发的各类型检索软件已达数百种，对推动网络信息的使用和传输作出了重要贡献。为了得到更准确的内容，更加充分地利用这些检索软件，必须使用一定的技巧（如多个关键词和布尔检索技术等）来缩小检索范围，如明确检索目标、合理使用各种符号改善检索过程、充分利用索引检索引擎等方法。

2）网络商务信息的整理

商务信息的分析、整理是一个严格、程序、逻辑化的采样、统计、分析、研究流程，它的结论即"商情分析报告"，"商情分析报告"的特点是通过样本数据结论反映整体状况的现状和趋势。商情分析报告及数据本身，并不一定会直接地告诉企业如何确定市场营销谋略和采取何种产品促销措施，但它是预测未来市场发展趋势、保留原有市场、开拓新市场的重要客观依据，企业只有认真分析、研究、消化报告数据结论，并结合市场环境和企业实际情况，实施有效营销战略，才能取得预期效果。

（1）常用商情分析工具。要保证"商情分析报告"分析的正确性，必须正确选择商情分析工具。常用的商情分析工具有多种，主要可以分为6类，如表2-3所示。

表2-3　常用商情分析工具

分　类	具体方法	主 要 用 途
回归分析	一元回归分析	营销诊所
	二元回归分析	绩效评估设计
	多元回归分析	营销管理
判别分析	线性判别	目标客户群界定
	非线性判别	准客户与非准客户的区别
	距离判别	分销渠道研究
聚类分析	样品聚类法	市场细分
	系统聚类法	潜在市场景况
	模糊聚类法	客户分级管理、分销渠道研究
相关分析	积差相关	目标客户识别
	等级相关	市场细分
	质与量的相关	新产品定价
时间序列	随机时间序列	销售预测
	线性时间序列	市场季节波动性预测
	非线性时间序列	营销
描述性分析	数据的分组分析	竞争分析
	集中趋势分析	消费者研究
	离散程度分析	新产品上市研究
	相对程度分析	零售调查分销研究

（2）商务信息分析、整理的常用方法。在对收集来的商务信息进行分析、整理时经常使用以下几种方法。

① 对信息进行筛选和判别。收集的信息是没有经过加工的原始信息，其中难免有一些信息不符合需要，这就需要对原始信息进行筛选和判断鉴别。

② 对信息进行分类和排序。信息的分类是根据选定的分类表，把杂乱无章的原始信息进行分门别类。信息的排序是指在信息分类的基础上，按照一定规律前后排列成序。经过信息的分类排序，就可以使原本一团乱麻的信息堆积成为一个有组织、有条理、井然有序的信息体系，这样才能使信息集合便于存储、检索和使用。

③ 对信息进行计算和研究。信息的计算和研究是指对分类排序后的信息进行计算、分析、比较、研究，以便创造出更为系统、更为深刻的新信息的活动。

④ 对信息进行著录和标引。信息的著录是指按照一定的标准和格式，对原始信息的外表特征（名称、来源、加工者等）和物质特征（载体形式等）加以描述并记载下来的活动。信息的标引是指在著录后的信息载体上按照一定规律加注标识符号的活动。原始信息经过著录和标引，就正式成为二次信息。

⑤ 对信息进行编目和组织。信息的编目是指按照一定的规则将著录和标引的结果另外编制成简明的目录，提供给信息需求者作为查找信息工具的活动。

2. 撰写调查报告

调查报告是进行市场调查的人员与要求提交报告者之间进行信息交流的一种形式。市场调查报告是进行市场营销决策和行动的基础。

调查报告不是数据和资料的简单堆砌，而是市场调查成果的最终体现，是在对所获资料的分析基础上，对所调查的问题做出结论，并提出建设性的意见，供有关决策者参考。调查报告一般分为专门性报告和一般性报告。专门性报告是专供市场研究人员和市场营销人员使用的内容详尽具体的报告。一般性报告是供职能部门管理人员、企业领导使用的内容简明扼要而重点突出的报告。

（1）市场调查报告撰写的原则

① 客观真实。调查报告的内容力求客观真实地反映实际情况，为管理者或决策者提供可靠的调查资料。

② 表达简洁明了。在语言表达上要求文字简练，数字准确，能够尽量用图表说明问题。报告要便于阅读，不会令人误解。

③ 结构完整严密。报告的内容要求完整，包括所有有价值的信息。报告的内容应该统一，只涉及一个主题，而不应包括读者不需要的、与主体无关的内容。

（2）调查报告的格式和内容

市场调查报告内容的一般书写格式由题目、目录、概要、正文、结论和建议、附录等几部分组成。

① 题目。题目应该醒目，一般应打印在封面上，包括该项调查的标题，有的调查报告还采用正、副标题的形式，调查单位的名称、地址，调查报告的日期。

② 目录。如果调查报告的内容较多，为了方便读者阅读，应使用目录列出调查报告的

主要章节和附录部分。

③ 概要。概要部分是本项调查的简明介绍,在这部分应说明该项调查的目的和范围;简要介绍调查对象、调查内容、调查方法以及调查人员对这项调查的态度。

④ 正文。正文是市场调查报告的主要部分。这部分应包括调查目的的详细陈述、资料收集的具体过程,如资料收集所采用的方法、资料收集所采用的技术、调查的结果。

⑤ 结论和建议。结论是调查人员在仔细研究和分析所有资料后得出的判断。结论和建议是撰写调查报告的主要目的。在准备建议时,调查人员应有明确的态度,选择实事求是的观点,以调查结果为基础,不能受感情或预感所支配,应尽可能简洁、准确地提出建议,易于决策者理解,避免使用第一人称"我"。

⑥ 附录。附录是指对调查报告正文提及的重要资料与数据,分别说明其出处及计算方法,以证明其可靠性与准确性。附录是调查报告主体的补充项目。

(3)报告的撰写步骤

① 准备工作。主要是通过对直接调查和间接调查收集到的资料进行整理和统计分析。包括过去已有的调研资料、相关部门的调查结果、统计部门的有关资料(包括统计年鉴)、本次调查的辅助性材料和背景材料等。

② 报告的构思。通过资料的整理和分析,确立基本观点,列出主要论点、论据。确定主题后,对收集到的大量资料,经过分析研究,逐渐消化、吸收,形成概念,再通过判断、推理,把感性认识提高到理性认识。然后列出论点、论据,得出结论。

在此基础上,考虑报告正文的大致结构与内容,安排报告的层次段落。报告一般分为3个层次,即基本情况介绍、综合分析、结论与建议。

③ 选取数据资料。报告的撰写必须根据调查所得的数据资料进行分析,即介绍情况要用数据作依据,反映问题要用数据做定量分析,提建议、措施同样要用数据来论证其可行性与效益。恰当选材可以使分析报告主题突出、观点明确、论据有力。在写作时,要努力做到用资料说明观点,用观点论证主题,详略得当,主次分明,使观点与数据资料协调统一,以便更好地突出主题。

④ 撰写初稿。根据撰写提纲的要求,由单独一人或数人分工负责撰写,各部分的写作格式、文字数量、图表和数据要协调,统一控制。初稿完成后,就要对其进行修改,先看各部分内容和主题的连贯性,有无修改和增减,顺序安排是否得当;然后整理成完整的全文,提交审阅。

⑤ 定稿。写出初稿,征得各方意见并进行修改后,就可以定稿。在定稿阶段,一定要坚持实事求是,服从真理,不屈服于权力和金钱的态度,使最终报告较完善、较准确地反映市场活动的客观规律。

(4)网络营销商情分析报告范例

2001 年 1~4 月全国汽车市场产销分析

① 汽车产销量继续保持高速增长。2001 年 4 月,国内汽车工业继续保持高速增长的态势。4 月全国共生产汽车 23.60 万辆,比上年同月增长 15%;销售汽车 24.08 万辆,比上年同期增长 23.74%,销售量和增长幅度都明显大于生产量。当年 1~4 月累计生产汽车

78.72 万辆,比上年同期累计增长 20.69%;累计销售汽车 79.84 万辆,比上年同期累计增长 25.12%,销售量及增长幅度都明显大于生产量。2000 年及 2001 年 1~4 月汽车销售量比较情况,如图 2-25 所示。

2000—2001年1~4月汽车销售量比较图

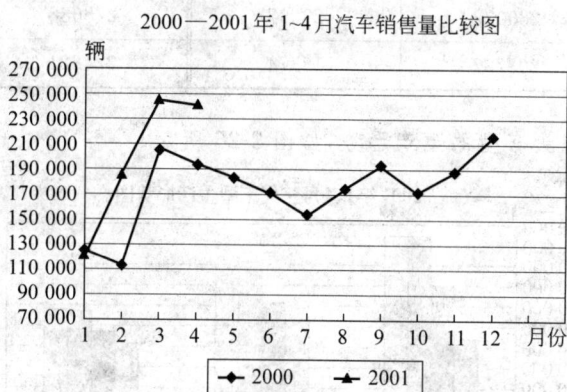

图 2-25　2000—2001 年 1~4 月汽车销售量比较

从月度销售量曲线看,2001 年汽车月销售量一路攀升,但是似乎到 4 月已经势头减弱,这同历年的销售量走势是非常相似的。从多年趋势看,3~4 月产销是全年的高峰,以后就开始缓慢下滑。同 2000 年相比,2001 年的月产水平都远远高于同期。

② 三大车型产量均衡增长,但销量增长幅度差异较大。从生产情况看,2001 年 1~4 月同比增长幅度最大的是客车,为 23.97%。客车各等级车型中增长最快的是中型客车,为 52.16%。东风公司在大中型客车生产上都出现了成倍地增长,4 月中型客车产量已经接近第一名的一汽集团,大型客车产量更是遥遥领先。

轻型和微型客车累计同比增长为 22% 多一点。金杯公司仍然高居轻客生产榜首,优势非常明显。福建东南、浙江豪情、江苏悦达、江淮、庆铃、东风等厂家增产幅度都很大。微型客车第一名是哈飞,排在第二名的昌河在产量上已经非常接近哈飞。五菱和一汽增长幅度较高,长安 1~4 月微型客车生产与去年同期相比下降了 13.02%,1~4 月货车产量增长 19.11%,在三大车型中居第二位。

货车生产中增长幅度最大的是重型货车,达到 88.69%。与去年同期相比,除个别厂家外,重型货车生产厂家生产形势一片大好,出现强劲的增长。一汽集团在重型货车的优势地位仍然非常明显,东风公司的产量规模仅有一汽集团的一半。但是东风和重型公司增长速度很快,分别同比增长 161.44% 和 293%。重型货车的增长得益于政府积极的财政政策,国债主要投向基础设施,带动了工程建设的兴旺;同时高速公路的快速增长也对运输车辆提出了更大、更快、更好的要求。中型货车 1~4 月产量同比增长 35.40%,是近年来少见的。中型货车的增长同超载现象越演越烈有关,而超载现象的出现是多种复杂因素共同作用的结果,如税费收取办法、道路乱收费、乱罚款;运输市场竞争激烈,运力大于需求,运价压低;虽然有相关的法规要求,但是执法力量不足,执法不力。

微型货车 1~4 月产量同比增长 21.17%,是近年来较好的成绩。

三大车型的产量和销量增长情况如表 2-4 所示。

表 2-4　三大车型的产量和销售增长情况

车　型	1～4月产量/辆	同比增长/%	1～4月销量/辆	同比增长/%
货车	303492	19.11	295544	17.20
客车	280022	23.97	278088	27.31
轿车	203727	18.74	224821	34.20

2001 年 1～4 月三大车型的生产形势,如图 2-26 所示。

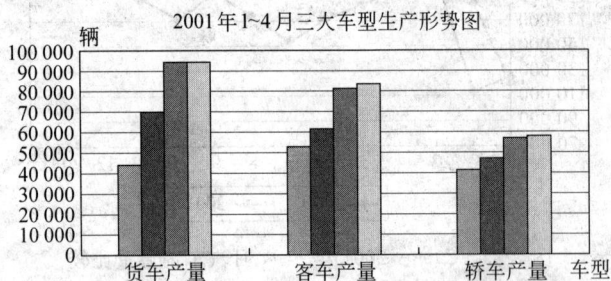

图 2-26　2001 年 1～4 月三大车型的生产形势

2001 年三大车型的生产形势中,轿车月产量增长幅度是最低的,但是轿车销售量增长幅度高达 34.20%,销售量比生产量多出 2 万多辆,这多出来的 2 万辆车基本上来自上海大众和天津汽车的库存,这两家多销了 1 万辆左右。主要轿车厂家 2001 年 1～4 月的产销情况如表 2-5 所示。

表 2-5　主要轿车厂家 2001 年 1～4 月的产销情况

厂　家	1～4月产量/辆	同比增长/%	1～4月销量/辆	同比增长/%
上海大众	72 135	18.60	82 842	45.25
一汽大众	42 414	44.52	37 337	28.09
长安汽车	17 655	1.58	18 027	9.65
神龙汽车	16 577	14.58	18 086	17.36
广州本田	16 416	148.43	16 426	148.16
天津汽车	15 830	−41.15	28 608	12.05
上海通用	9385	20.41	8816	15.73
一汽集团	6070	9.86	5218	−5.23

在轿车生产厂家中,产销增长幅度最高的是广州本田公司,高达 148%,一汽大众产量增长幅度、上海大众销量增长幅度分别达到了 44.52% 和 45.25%。产销增长幅度在 10%～20% 之间的有神龙公司、上海通用;长安汽车产量只有微弱的增长,但销售量增长接近 10%;一汽集团轿车产量增长近 10%,但是销量减少 5.23%;天津汽车产量减少了 41.15%,销售量增长却超过了 12%。

③ 主要轿车品牌的产量走势如图 2-27 所示。

中高级轿车月产量走势图

图 2-27　主要轿车品牌的月产量走势图

2.4　实现方法与步骤

2.4.1　市场需求调查

操作步骤如下。

第 1 步：在浏览器地址栏输入"http://www.cei.gov.cn/"，按 Enter 键，进入中国经济信息网站，了解国内、外的最新经济信息、经济动态，查看有关的经济分析和统计数据，如图 2-28 所示。

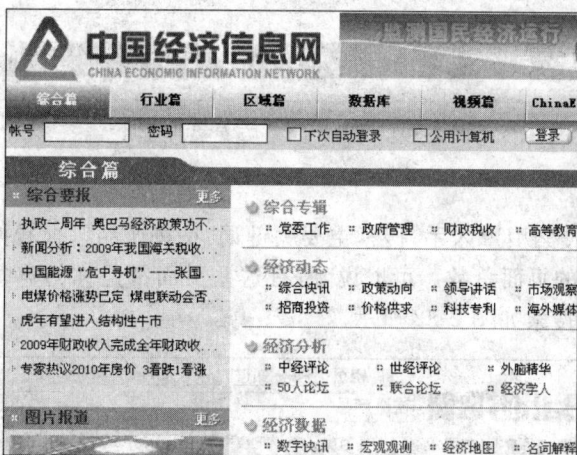

图 2-28　中国经济信息网首页

第 2 步：在浏览器地址栏输入"http://www.cca.org.cn/"，进入中国消费者协会网站主页，了解近期消费者对不合格产品的投诉情况、各年度杂志等内容，如图 2-29 所示。

第 3 步：利用搜索引擎搜索三星手机的官方网站，了解竞争对手品牌三星手机的类型、价格、促销等信息，如图 2-30 所示。

2.4.2　竞争对手调查

假如你公司新推出一款祛斑产品，现在你要调查竞争对手的情况。

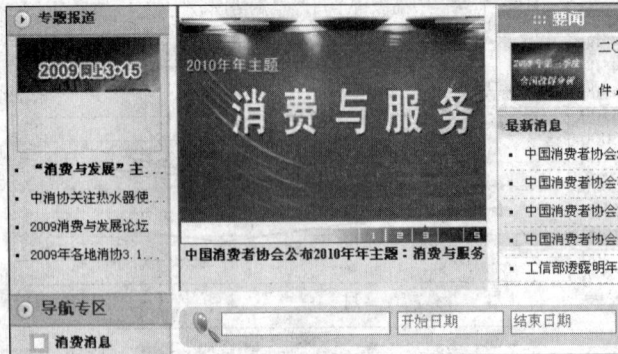

图 2-29　中国消费者协会网站主页

图 2-30　三星网上官方专卖店主页

操作步骤如下。

第1步：请你从搜索引擎入手，搜索主要关键词"祛斑产品"，查看搜索结果页面右上角显示的符合搜索条件的页面总数。可以说，所有这些页面都是你的竞争对手。百度搜索如图 2-31 所示，Google 搜索如图 2-32 所示。

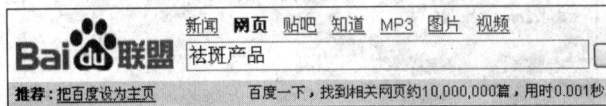

图 2-31　百度搜索"祛斑产品"结果

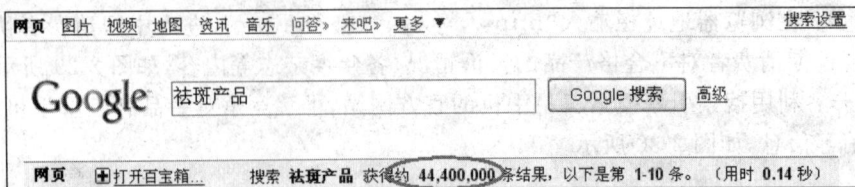

图 2-32　Google 搜索"祛斑产品"的结果

第 2 步：把主要竞争对手网站列出来，同时查一下这些网站基本情况。如网站首页 PR 值、搜索引擎快照新鲜度、网站年龄、搜索引擎收录数、社会化书签收录、外部链接、主要目录收录情况等。

第 3 步：直接访问对手网站，看看对方网站设计水平、易用性。

第 4 步：在 Google 和百度搜索关键词时，看出现的竞价排名广告商数量。

第 5 步：调查竞争对手网站流量情况，如运用 Alexa 网站流量排名工具或使用 Google 趋势显示网站的流量。

2.4.3　网络营销信息发布

以下操作以阿里巴巴网站为例，其他网站操作类似。

第 1 步：进入阿里巴巴网站。

在浏览器地址栏输入网址"http：//Alibaba.com 或 http：//Alibaba.com.cn"或"http：//china.Alibaba.com"，进入阿里巴巴网站，阿里巴巴中文网站的主页如图 2-33 所示。

图 2-33　阿里巴巴中文网站的主页

如果是第一次进入阿里巴巴网站，最好按照提示步骤进行会员登记。注册为会员可以拥有更多的服务，例如免费订阅所选择类别的商情特快信息，则相关信息将直接发到你的电子邮箱，而且信息处理也比非会员快。单击"免费注册会员"按钮，进入"注册会员"页面，按要求填写注册信息。填写完毕后，单击"同意服务条款，提交注册信息"按钮即可完成注册。

注册完成之后，可用会员的身份进行登录，然后根据网站的 30 个大类产品，选定你希望发布信息的类别，并进一步确定细分类别，单击"发布供求信息"按钮，然后根据表单中的各项内容认真填写，填好后单击"一切完成，我要发布"按钮便大功告成了。对于会员发布的信息，阿里巴巴网站会在 12 小时之内处理完成，可以查看确认你的信息是否出现在相关分类信息列表上。最重要的是，以后经常查看登记时所使用的 E-mail 信箱，如果有客户反馈信息，及时回复。

第 2 步：查询或发布求购信息。

如果需要求购某类商品,可以直接查询其他用户的供应信息。仍以阿里巴巴全球贸易网为例。如果你是一个进出口贸易公司,需要一些低价格的产品货源,不妨在库存产品类别中查询一番,说不定正好有你需要的产品呢。即使没有也没关系,与发布供应信息一样,发布一则征购信息,也许很快会有厂家与你联系。

只付出很少的上网费用,也许就能取得巨大的收益。这就是网络营销的魅力。除了阿里巴巴全球贸易网之外,可以发布产品供求信息的中文网站还有很多,不过各网站的信息反馈效果可能大不一样。结果如何,可以自己去体验一下。在多处发布信息,比较一下就会知道。

2.5 技 能 训 练

2.5.1 问卷调查

【训练目的】

通过在因特网上进行实际的网络调查,掌握网络调查的常用方法,了解网民的消费特点,学会写商情分析报告。

【训练内容】

(1) 注册中国青年报读者评估在线调研系统(http://duzhe.cyol.com/index.php)会员,参加问卷调查,获得积分或抽奖。

(2) 设计一份如何选择健康食品的网上调查问卷,登录 QQ,查看在线好友的资料,选择访问目标,最后通过 E-mail 方式将设计好的问卷发送给被调查者。

(3) 对网上花店的经营状况进行网络调查,并写商情分析报告。

【训练步骤】

(1) 登录中国青年报读者评估在线调查系统网站,注册后参加问卷调查。

(2) 利用 Word 设计一份调查问卷后保存。查找、选择访问目标后,利用 E-mail 将问卷发送给被调查者,进行调查。

(3) 在网上收集网上花店的经营状况信息,然后分析和整理,撰写商情分析报告。

2.5.2 竞争对手调查

【训练目的】

通过调查,发掘竞争对手的发展模式和发展策略,研究竞争对手的核心竞争力,分析对手与自身的相对竞争优势及劣势,制定市场发展策略。

【训练内容】

假如你公司新推出一款眼膜霜,请你调查一下竞争对手的情况。

【训练步骤】

利用搜索引擎百度或 Google,收集关于商品眼膜霜及其生产企业的情况,然后分析和整理各自的优势与劣势。

2.5.3　网络营销信息发布

【训练目的】

学会在网上发布商品供求信息。

【训练内容】

在阿里巴巴或淘宝网上发布商品供求信息。

【训练步骤】

(1) 登录淘宝网站,注册为会员。

(2) 在淘宝网上的"打听"发布有关的商品供求信息内容。

习　题　2

一、名词解释

网络市场调查　在线调查表　网络商务信息收集

二、判断题

1. 网络商务信息收集的经济性,就是要求收集的商务信息价格低廉。　　　　　(　　)

2. 信息加工处理是一个信息的再创造过程。　　　　　　　　　　　　　　　(　　)

3. 在线问卷法属于间接市场调查。　　　　　　　　　　　　　　　　　　　(　　)

4. 市场调查报告就是调查人员把大量的资料和数据汇总起来。　　　　　　　(　　)

5. 网络市场调查的结果要比传统的市场调查的结果可靠性更强。　　　　　　(　　)

6. 商情分析报告就是商情分析所形成的书面文本,而不是单纯应用于经济领域的"总结"形式的文本。　　　　　　　　　　　　　　　　　　　　　　　　　　(　　)

三、选择题

1. 对商务信息进行初步的整理所采用的方法为(　　)。

　　A. 收集归类　　　　B. 综合处理　　　　C. 归类与统计　　　　D. 统计与分析

2. (　　)是限定在网络中传递的商务信息。

　　A. 网络商务信息　　B. 网络数据　　　　C. 网络软件　　　　D. 网络页面

3. 不是网络市场调查的特点是(　　)。

　　A. 及时性和共享性　　　　　　　　　B. 便捷性和低成本

　　C. 交互性和充分性　　　　　　　　　D. 调查结果的可靠性和客观性

4. 网络商务信息采集的(　　),就是要求采集的商务信息能真实地反映客观事实,失真度小。

　　A. 准确性　　　　　B. 适度性　　　　　C. 及时性　　　　　D. 经济性

四、简答题

1. 网络市场调查有哪些特点?

2. 比较网络市场调查与传统市场调查的区别?

3. 网络市场调查的内容有哪些?

4. 商情分析报告的撰写有哪些步骤?

第3章

消费者网络购买行为分析

网络购买行为以网络消费者为主体。传统的商务活动中,消费者仅仅是商品和劳务的购买者,对于整个营销过程的影响往往只有在最后阶段才能显现出来,而且影响的范围较小,主要是在家庭、朋友中间产生。而在网络营销中,每一个消费者首先是一个活跃在不断变化的网络环境之中的"冲浪者",他一方面扮演着个人购买者的角色;另一方面,则扮演着社会消费者的角色,起着引导社会消费的作用。所以,网络消费者的行为是个人消费与社会消费交织在一起的复杂行为。

本章主要内容

网络市场的客户特征及消费者的需求特征;

网络消费者的购买动机;

网络消费者购买过程各个阶段的作用;

影响网络消费者购买决策的因素。

能力培养目标

培养学生对网络消费者进行调查,使其能够判断网络消费者的类型并分析其不同的购买心理。

3.1 网络消费者

营销发生变革的根本原因在于消费者。随着市场由卖方垄断向买方转化,消费者主导的时代已经来临。面对更为多样的商品选择,消费者心理呈现出新的特点和发展趋势,这些特点和趋势在网络营销中表现得更为突出。

3.1.1 案例导入与思考

案例导入

大宝公司的销售对策

在日益增长的国内化妆品市场上,大宝选择了普通工薪阶层为销售对象。既然是面向工薪阶层,销售的产品就一定要与他们的习惯和购买能力相吻合。

一般来说,工薪阶层的收入不高,很少选择价格较高的产品,但对质量的要求却较高,并喜欢使用固定的品牌。因此,大宝在注重质量的同时,坚持按普通工薪阶层能接受的价格定价。

在广告宣传上,大宝是可与外资化妆品广告相抗衡的国产品牌。大宝强调广告媒体的选择一定要恰到好处。对于广告媒体的选择,大宝煞费苦心,选择了价格便宜、播放密度较大的中央二台,用高密度、轰炸式的广告策略为大宝带来较高的知名度。

广告的成功还在于广告定位与目标市场相吻合。大宝曾经选用明星做广告,但是效果不好。经过重新为广告定位,改为选用那些普普通通的工薪阶层为广告代言人,向人们讲述了在生活和工作中的烦恼及用了大宝后的感觉,得到了目标客户的共鸣,产生了很好的效果。

案例分析

了解目标用户的需求和购买行为,是制定成功的营销策略的重要前提。企业应该对整体市场进行科学的细分,在此基础上,企业选择最有力的部分市场作为目标市场。

想一想 ?

大宝的成功在于何处?

3.1.2　知识点

1. 网络市场的客户特征

消费者主导市场的时代已经来临,网络用户作为推动网络营销的主要动力,在面对众多商品的选择时,表现出了与传统市场用户截然不同的特征。分析网络市场的客户特征,是做好网络营销的前提。网络市场的客户具有以下特征。

(1) 注重自我

由于目前网络用户多以年轻、高学历用户为主,他们拥有不同于他人的思想和喜好,有自己独立的见解,对自己的判断能力也比较自信,所以他们的具体要求越来越独特,而且变化多端,个性化越来越明显。因此,从事网络营销的企业应想办法满足其独特的需求,尊重用户的意见和建议,而不是用大众化的标准来寻找大批的消费者。

(2) 头脑冷静,擅长理性分析

由于网络用户是以大城市、高学历的年轻人为主,他们不会轻易受舆论左右,对各种产品宣传有较强的分析判断能力,因此从事网络营销的企业应该加强信息的组织和管理,加强企业自身文化的建设,以诚信待人。

(3) 喜好新鲜事物,有强烈的求知欲

这些网络用户爱好广泛,无论对新闻、股票市场还是网上娱乐都具有浓厚的兴趣,对未知领域报以永不疲倦的好奇心。

(4) 好胜,但缺乏耐心

因为网络用户以年轻人为主,因而比较缺乏耐心,当他们搜索信息时,比较注重搜索所花费的时间,如果链接、传输的速度比较慢,他们一般会马上离开这个站点。

网络市场客户的这些特征,对于企业进行网络营销的决策和实施过程都是十分重要的。营销商要想吸引顾客,保持持续的竞争力,就必须对本地区、本国以及全世界的网络用户情况进行分析,了解他们的特点,制定相应的对策。

每一个网络消费者有着自己独特的需求,不同的性别、不同的年龄、不同的收入、不同的职业都是影响他们网购行为差异的因素。中国因特网信息中心对我国 2009 年用户网购行为差异做出的分析显示,不同网络市场客户存在的网购行为差异数据图表,如图 3-1、图 3-2、图 3-3、图 3-4 所示。

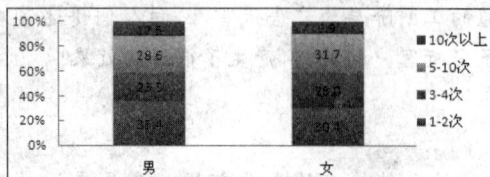

图 3-1　不同性别用户半年网购次数/%

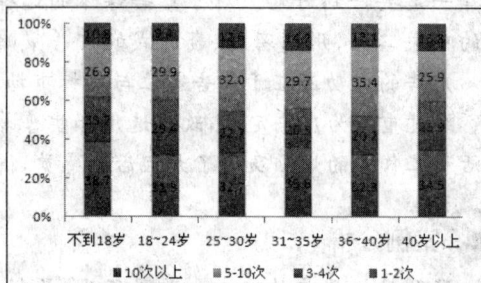

图 3-2　不同年龄用户半年网购次数/%

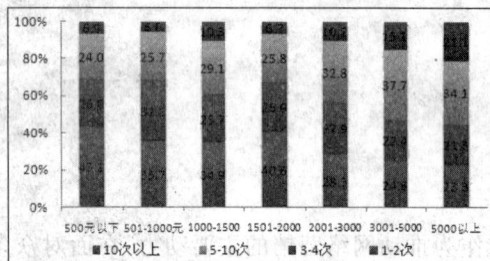

图 3-3　不同月收入用户半年网购次数/%

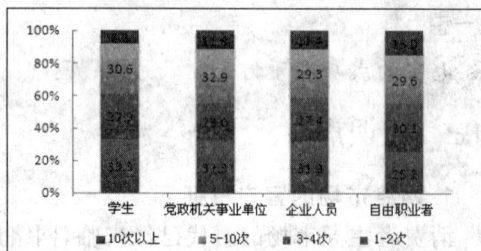

图 3-4　不同职业用户半年网购次数/%

不同性别用户在购物金额上的差别可能和选购的商品差异有关。男性在购买个人通信数码产品、计算机配件、家电以及运动设施上的比例高于女性,而这些物品单价相对较高。在充值卡、游戏点卡等虚拟卡的消费上,男性也远高于女性。这些物品的购买频率男性也相对高于女性,如图 3-5 所示。

虽然目前年轻网购用户比重较大,但从网购频率和金额看,30 岁以上的网民网络购物更为活跃。其半年购买的频率和金额都高于低龄群体,是网络购物用户中重要的组成部分。由于该群体职业较为稳定,经济更加宽裕,也是最有条件进行网购的人群,如图 3-6 所示。

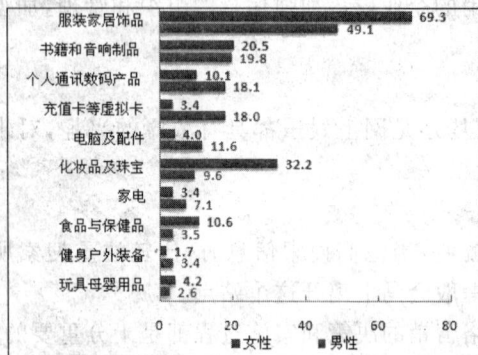

图 3-5　不同性别用户网购商品种类差异/%

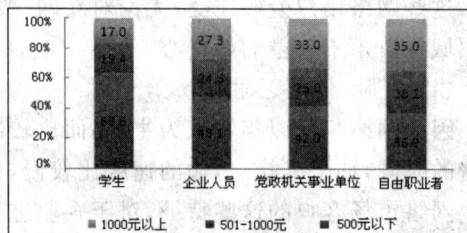

图 3-6　不同职业用户半年在首选网站网购金额/%

2. 网络消费者的需求特征

（1）注重价值导向

由于消费水平的提高，消费者不仅考虑产品或服务的功能，还追求其附加价值；同时，他们强调物有所值，不盲目地追求品牌和档次，其特征集中表现为"交叉购买"。

（2）信息索取趋于多、捷、便

因特网的运用和发展，正逐步减少和消除因信息不对称和高昂的信息成本给消费者带来的困扰和不便。消费者几乎足不出户便可以最快捷、最便宜的方式，获得所需的大量资料，消费者更追求消费过程的方便和享受。今天，现实消费过程出现了两种追求趋势：以方便性购买为目标，人们追求的是时间和劳动成本的尽量节省；由于劳动生产率的提高，自由支配时间增多，他们希望通过消费来寻找生活的乐趣。

（3）追求个性化、独特化

个性化、独特化已逐渐成为现代人性格的一大特征。目前，许多消费者已进入明显的个性化消费阶段，过去那种"忠诚度同质化"的状况正逐步淡化。消费者的个性消费使网络消费需求呈现出差异性。不同的网络消费者因其所处的时代环境不同，也会产生不同的需求。

从事网络营销的厂商，要从产品的构思、设计、制造、包装、运输、销售等方面认真思考这些差异性，并针对不同消费者的特点，采取相应的措施和方法。

（4）积极主动，并更加内行和自信

由于消费者能接触到更多的信息和有更多的选择机会，他们不再被动地接受他人的观点和信息，不再消极地购买和消费，而要求积极掌握主动权，需要被关注、被倾听。消费者选择商品趋于理性化，他们会利用在网上得到的信息对商品进行反复比较，以决定是否购买。

（5）价格仍是影响消费者心理的重要因素

从消费的角度来说，价格不是决定消费者购买商品的唯一因素，但却是消费者购买商品时肯定要考虑的因素。网上购物之所以具有生命力，重要的原因之一是因为网上销售的商品价格普遍低廉。尽管经营者都倾向于以各种差别化来减弱消费者对价格的敏感度，避免恶性竞争，但价格始终会对消费者的心理产生重要影响。由于消费者可以通过网络联合起来与厂商讨价还价，产品逐步由企业定价转变为消费者引导定价。

（6）消费的主动性增强

在社会化分工日益细化和专业化的趋势下，消费者消费的风险感随着选择的增多而上升。在许多大额或高档的消费中，消费者往往会主动通过各种可能的渠道获取与商品有关的信息并进行分析和比较。或许这种分析、比较不是很充分和合理，但消费者能从中得到心理的平衡以减轻购买前的风险感或恐惧感，避免购买后产生后悔感，增加对产品的信任度和心理上预期的满足感。消费主动性的增强来源于现代社会不确定性的增加和人类追求心理稳定和平衡的欲望。

3. 网络消费者的购买动机

所谓动机，是指推动人进行活动的内部原动力，即激励人行动的原因。人们的消费需要都是由购买动机而引起的。网络消费者的购买动机，是指在网络购买活动中，使网络消费者产生购买行为的某些内在的动力。只有了解消费者的购买动机，才能预测消费者的购买行为，以便采取相应的促销措施。由于网络促销是一种不见面的销售，消费者的购买行为不能直接观察到,因此对网络消费者购买动机的研究,就显得尤为重要。

网络消费者的购买动机基本上可以分为两大类:需求动机和心理动机。

(1) 需求动机

网络消费者的需求动机是指由需求而引起的购买动机。要研究消费者的购买行为,首先必须要研究网络消费者的需求动机。美国著名的心理学家马斯洛把人的需求划分为 5 个层次,即生理的需求、安全的需求、社会的需求、尊重的需求和自我实现的需求。需求理论对网络需求层次的分析,具有重要的指导作用。而网络技术的发展,使现在的市场变成了网络虚拟市场,但虚拟社会与现实社会毕竟有很大的差别,所以在虚拟社会中人们希望满足以下 3 个方面的基本需求。

① 兴趣。即人们出于好奇和能获得成功的满足感而对网络活动产生兴趣。

② 聚集。通过网络给相似经历的人提供了一个聚集的机会。

③ 交流。网络消费者可聚集在一起互相交流买卖的信息和经验。

(2) 心理动机

心理动机是由于人们的认识、感情、意志等心理过程而引起的购买动机。网络消费者购买行为的心理动机主要体现在理智动机、感情动机和惠顾动机 3 个方面。

① 理智动机。理智动机具有客观性、周密性和理性控制性等特点。这种购买动机是消费者在反复比较各在线商场的商品后才产生的。因此,这种购买动机比较理智、客观,而很少受外界气氛的影响。这种购买动机的产生主要出现在耐用消费品或价值较高的高档商品的购买。

② 感情动机。感情动机是由人们的情绪和感情所引起的购买动机。这种动机可分为两种类型:一是由于人们喜欢、满意、快乐、好奇而引起的购买动机,它具有冲动性、不稳定的特点;另一种是由于人们的道德感、美感、群体感而引起的购买动机,它具有稳定性和深刻性的特点。

③ 惠顾动机。惠顾动机是建立在理智经验和感情之上,对特定的网站、国际广告、商品产生特殊的信任与偏好而重复、习惯性地前往访问并购买的一种动机。由惠顾动机产生的购买行为,一般是网络消费者在做出购买决策时心目中已首先确定了购买目标,并在购买时克服和排除其他同类产品的吸引和干扰,按原计划确定的购买目标实施购买行动。具有惠顾动机的网络消费者,往往是某一站点忠实的浏览者。

3.2 网络消费者购买行为分析

消费者购买行为分析是经济学研究的重要内容,这方面的研究过去主要集中于传统的购物行为,而网上购物与传统的购物活动则有所区别。因此,网上销售商品应该多关注网上消费者的购买行为。

3.2.1 案例导入与思考

案例导入

认知对行为的影响

法国认知心理学博士 Nicolas Gueguen 做了如下一个实验,给学生放幻灯片,内容是学生们熟悉的商品(手表、电动咖啡机、计算器……)价格变化摇摆在 5～7 欧元之间。他告诉学生照片是商品打折时拍的,所以标签与众不同。一个价格被划去,标上一个新价。当然,在受试者看来,新价不是以"9"结尾就是整数定价。

以一个价格为 13 欧元的背包为例有两种标价方式。

13.00 欧元 现在 11.00 欧元	13.00 欧元 现在 10.99 欧元

学生们看完幻灯片后安排他们做一会儿其他毫无关联的工作,以便确保他们的思维被工作占据。然后,又给学生看一遍幻灯片,顺序不同,但不出现价格。告诉他们每个商品刚才都看见过它们打折时的降价。最后学生的任务就是试着回忆起每件商品的折扣大概是多少。

幻灯片上的商品,以"9"结尾的新价较之以整数结尾的新价,在实验主体的估计打折程度里,9/10 都要比整数结尾打折程度大。依照实验观察,如果购买,平均有约 15% 的利润增加。

实验结论表明,将商品从 13 欧元降价至 10.99 欧元,比起从 13 欧元降到 11 欧元,会让消费者更强烈地感受到打折的幅度。然而,客观来说,实际上的区别是微不足道的。以"9"结尾的价格,尾数似乎没有被考虑在内,因而当新价格以"9"结尾时,在实验主体的估计打折程度里,9/10 都比整数结尾的商品打折程度大。根据该实验观察,价格认知影响了消费者的判断和评价。

案例分析

从以上的实验研究可以看出,认知作为人类行为基础的心理机制,是决定人类行为的主要因素。消费者的行为会受到外界事物影响,具有情感性和可诱导性,当事物满足消费者的心理需求时,会对消费者的决策行为起到决定作用。

想一想 ？

该案例说明了有关消费者哪些方面的问题?

3.2.2　知识点

1. 网络消费者的购买过程

在社会生活中,每个个体为了满足个人生理及心理需要,都必须不断消费各种物质生活资料,由此购买行为成为人类社会中最具普遍性的一种行为活动。

所谓网络消费者的购买过程是指消费者通过网络发生的购买和使用商品的行为活动,它是由一系列的环节、要素构成的完整过程,是消费者需要、购买动机、购买行为和购后使用感受的综合和统一。一般网络消费者购买过程中所经历的一般步骤如图 3-7 所示。

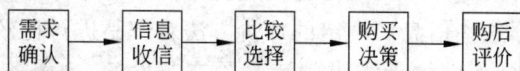

需求确认 → 信息收信 → 比较选择 → 购买决策 → 购后评价

图 3-7　网络消费者购买决策过程的 5 个阶段

需要指出的是，并非消费者的任何一次购买过程都会按次序经历这个过程的所有步骤，在有些情况下，消费者可能会跳过或颠倒其中某些阶段，尤其在低度介入产品的购买中更是如此。例如一位购买固定品牌牙膏的消费者会越过信息收集和比较选择阶段，直接进入对牙膏的购买决策阶段。同时，出于各方面因素的考虑，消费者在购买决策过程的任何阶段都有可能放弃购买，造成购买决策过程的提前终止。

（1）需求确认

唤起需求是指消费者确认自己的需要是什么。只有当消费者发现和意识到自己的某种需要，才有可能产生相应的购买动机和购买行为。消费者的需求是在内外因素的刺激下产生的。网络营销通过诱发需求，使消费者对市场中出现的某种商品或某种服务发生兴趣，进而可能产生购买欲望。这是消费者做出消费决定过程中所不可缺少的基本前提。如若不具备这一基本前提，消费者也就无从做出购买决定，因此可以说认识需要是消费者购买决策过程的起点。

对于网络营销来说，诱发需求的动因只能局限于视觉和听觉。文字的表述、图片的设计、声音的配置是网络营销诱发消费者购买的直接动因。从这方面讲，网络营销对消费者的吸引具有相当的难度。这要求从事网络营销的企业或中介注意了解与自己产品有关的实际需求和潜在需求，了解这些需求在不同时间的不同程度，了解这些需求是由哪些刺激因素诱发的，进而巧妙地设计促销手段去吸引更多的消费者浏览网页，诱导他们的需求欲望。

（2）收集信息

这一阶段主要是收集信息，以便完成从知晓到确信的程序。消费者为了满足消费需要，就要寻找需要的满足品（购买对象）的相关信息。在购买过程，收集信息的渠道主要有两个：内部渠道和外部渠道。内部渠道是指消费者个人所储存、保留的市场信息，包括购买商品的实际经验、对市场的观察以及个人购买活动的记忆等；外部渠道则是指消费者可以从外界收集信息的渠道，包括个人渠道、商业渠道和公共渠道等。其中个人渠道主要提供来自消费者的亲戚、朋友和同事的购买信息和体会。这种信息和体会在某种情况下对购买者的购买决策起着决定性的作用。网络营销绝不可忽视这一渠道的作用。商业渠道，如展览推销、上门推销、中介推销、各类广告宣传等，主要是通过厂商有意识的活动把商业信息传播给消费者。网络营销的信息传递主要依靠网络广告和检索系统中的产品介绍，包括在信息服务商网页上所做的广告、中介商检索系统上的条目，以及自己主页上的广告和产品介绍等。

一般说来，在传统的购买过程中，消费者对于信息的收集大都出于被动。与传统购买时信息的收集不同，网络购买的信息收集带有较大主动性。在网络购买过程中，商品信息的收集主要是通过因特网进行的。一方面，网上消费者可以根据已经了解的信息，通过因特网跟踪查询；另一方面，网上消费者又不断地在网上浏览，寻找新的购买机会。由于消费层次不同，网上消费者大都具有敏锐的购买意识，始终领导着消费潮流。

（3）比较选择

对收集到的信息进行比较评估，这是决策过程的决定性环节。消费者在获得广泛的、全面的信息之后，就会根据这些信息和一定的评价方法对产品进行比较和选择，确定对某产品和服务的态度及购买意向。消费者需求的满足是有条件的，这个条件就是实际支付能力。没有实际支付能力的购买欲望不可能导致实际的购买。为了使消费需求与自己的购买能力相匹配,比较选择是购买过程中必不可少的环节。消费者对各种渠道汇集而来的资料进行比较、分析、研究,了解各种商品的特点和性能,从中选择最满意的一种。一般说来,消费者的综合评价主要考虑产品的功能、可靠性、性能、样式、价格和售后服务等。

网络购物不直接接触实物,消费者对网上商品的比较依赖于厂商对商品的描述,包括文字的描述和图片的描述。网络营销商对自己的产品描述不充分,就不能吸引众多的顾客,而如果对产品的描述过分夸张,甚至带有虚假的成分,则可能永久地失去顾客。

(4) 购买决策

消费者经过产品评估后会形成一种购买意向,但是不一定导致实际购买,从购买意向到实际购买还有一些因素介入其中,如他人态度以及意外因素等。消费者购买决策的内容是多方面的,除了包括对购买商品品牌的决定之外,还包括对购买地点、购买时间、购买数量、购买方式、经销商选择等的决定。网络消费者在完成了对商品的比较选择之后,便进入到购买决策阶段。与传统的购买方式相比,网络购买者的购买决策有许多特点。首先,网络购买者理智动机所占比重较大,而感情动机的比重较小。其次,网络购买受外界影响较小,大部分的购买决策是自己做出的或是与家人商量后做出的。再次,网上购物的决策行为较之传统的购买决策要快得多。

网络消费者在决策购买某种商品时,一般必须具备 3 个条件:一是对厂商有信任感,这个时候用户的评论将起到很大的作用;二是对支付有安全感;三是对产品有好感。所以,树立企业形象,改进货款支付办法和商品邮寄办法,全面提高产品质量,是每一个参与网络营销的厂商必须重点抓好的三项工作。这三项工作抓好了,才能促使消费者毫不犹豫地做出购买决策。

(5) 购后评价

购后评价是消费者对已购商品通过自己使用或通过他人评价,对满足自己预期需要的反馈,重新考虑购买了这种商品是否正确,是否符合理想等,从而形成的感受。消费者购买商品后,往往通过使用,对自己的购买选择进行检验和反省,重新考虑这种购买是否正确,效用是否理想,以及服务是否周到等问题。这种评价(或感受)可以大致分为 3 种情况:很满意,即所购商品满足了自己的消费需求,这样会增强消费者对该品牌商品的爱好,坚定今后继续消费该商品的信心;基本满意,即所购买商品不能给买主以预期的满足,这样会使消费者重新修订对该商品的认识,甚至动摇今后消费对该商品的信心;不满意,即所购买商品没有达到买主的预期目的,使消费者产生严重的内心不协调状况。这种购后评价往往决定了消费者今后的购买动向。

大部分用户搜索到目标商品后,除了关注商品本身属性外,还会浏览用户评论等商品相关信息。有 41.1%的网民在购买每个商品前都看用户评论,26%的用户购买大多数商品前都会看。只有 17.9%的用户表示购物前不看用户评论。用户评论通过传递他人的直接经验,避免买家选购的失误,成为用户购买决策的重要助手,如图 3-8 所示。

用户评论是影响消费者进行购买决策最关键的因素,网上买家评论信息超过了亲人、朋友的意见,成为目前网购者购物前最关注的外部信息。有 43.3%的人表示网上买家评论是其购买决策前最看重的因素;其次是亲人、朋友的意见,占 34.7%,认同专家意见和知名网站评论作为最重要的决策参考的用户总和为 18.6%,如图 3-9 所示。

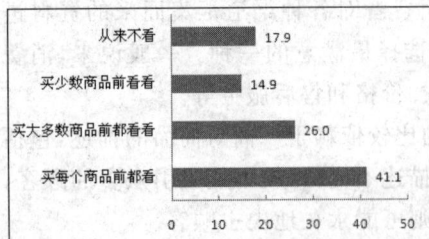

图 3-8　网购网民用户评论阅读情况/%

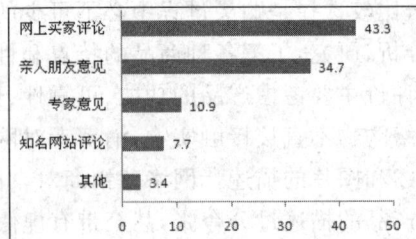

图 3-9　影响用户网络购买决策最关键外部因素/%

为了提高企业的竞争力,最大限度地占领市场,企业必须虚心倾听顾客反馈的意见和建议。因特网为网络营销者收集消费者购后评价提供了得天独厚的优势,方便、快捷、便宜的电子邮件紧紧连接着厂商和消费者。厂商可以在订单的后边附上一张意见表。消费者购买商品的同时,就可以同时填写自己对厂商、产品及整个销售过程的评价。厂商从网络上收集到这些评价之后,通过计算机的分析、归纳,可以迅速找出工作中的缺陷和不足,及时了解到消费者的意见和建议,随时改进自己的产品性能和售后服务。

2. 影响网络消费者购买决策的因素

消费者生活在复杂的社会之中,购买行为受到很多因素影响。要透彻地把握网络消费者的购买行为,有效地开展市场营销活动,就必须分析影响消费者购买行为的有关因素。虽然这些因素中有许多是企业无法控制的,但是企业可以通过对这些因素的分析,了解购买行为发生的各种原因,借以掌握消费者将来可能发生的购买意向和购买行为。就是说通过对影响购买决策的因素的研究和利用,把握购买行为的规律性,从而可以通过营销因素的组合制订出适当的营销策略,使得消费者的购买行为朝着有利于企业的方向发展。影响网络消费者购买行为的因素主要有下面几个。

(1) 产品的价格

从消费者的角度说,价格不是决定消费者购买的唯一因素,但却是消费者购买商品时肯定要考虑的因素,而且是一个非常重要的因素。对一般商品来讲,价格与需求量之间经常表现为反比关系,同样的商品,价格越低,销售量越大。网上购物之所以具有生命力,重要的原因之一是网上销售的商品价格普遍低廉。

根据《第一届艾瑞网民网络习惯及消费行为调查》的结果,艾瑞市场咨询(iReseldTeh)发现,最能影响中国网上购物用户购买决策的因素是产品的价格高低,其比例为 42.7%,然后是产品的内容介绍是否详细,占 26.5%,生产厂家和品牌对用户的影响为 12.8%。

消费者对于因特网有一个免费的价格心理预期,那就是即使网上商品是要花钱的,那么价格也应该比传统渠道的价格要低。这一方面是因为因特网的起步和发展都依托了免费策略,因此因特网的免费策略深入人心,而且免费策略也得到了成功的商业运作;另一方面,因特网作为新兴的网络市场,可以减少传统营销的中间费用和一些额外的信息费用,从而大大削减产品的成本和销售费用,这也是因特网商业应用的巨大增长潜力所在。

(2) 产品的特性

首先,由于网络市场不同于传统市场,网上消费者有着区别于传统市场的消费需求特征,因此并不是所有的产品都适合在网上销售和开展网上营销活动的。根据网上消费者的特征,网上销售的产品一般要考虑产品的新颖性(即产品是新产品或者是时尚类产品),这样比较能吸引人的注意。追求商品的时尚和新颖是许多消费者,特别是青年消费者重要的购买动机。

其次,要考虑产品的购买参与程度。有一些产品要求消费者参与程度比较高,消费者一般要现场购物体验,而且需要很多人提供参考意见,对于这类产品不太适合网上销售。但这类需要购买体验的产品,可以采用网络营销推广功能辅助传统营销活动进行,或者将网络营销与传统营销进行整合。也就是说,企业可以通过网络来宣传和展示产品,消费者在充分了解产品的性能后,可以到相关商场再进行选购。

(3) 产品的挑选范围

在网络购物中,商品挑选的余地大大扩展。一方面,网络为消费者提供了众多的检索途径,消费者可以通过网络,方便快速地搜寻全国乃至全世界相关的商品信息,挑选满意的厂商和满意的产品;另一方面,消费者也可以通过电子公告牌,告诉千万个商家自己所需求的产品,吸引商家与自己联系,从中筛选符合自己要求的商品或服务。在这样大的选择余地下,精明的消费者自然倾向于在网上选购价廉物美的商品了。

(4) 网络购物的便捷性

购物的便捷性是消费者购物的首要考虑因素之一。一方面是时间上的便捷性,即可以不受时间的限制并节省购物时间。传统的商店每天只能营业 10~14 个小时,而网络购物没有任何时间的限制,消费者可以在一天 24 小时中的任何时间上网订购自己所要的商品和服务并约定交货和付款的相关事宜,购物效率明显提高。另一方面是空间上的便捷性,消费者足不出户就可以在很大范围内选择商品,不论商品在世界的任何地方,只要网络销售的商品能够安全地配送,消费者就可以选购。

(5) 网络购物的安全性

影响消费者进行网络购物的另外一个重要因素是安全性和可靠性问题。由于在网上购物,消费者一般需要先付款后送货,这使过去购物时一手交钱,一手交货的现场购买方式发生了变化,不仅时空发生了分离,钱物也发生了分离,这些变化使消费者有很强的失控感,会影响到消费者的网络购物行为。因此,为降低网上购物的这种失控感,在网上购物各个环节必须加强安全和控制措施,保护消费者购物过程的信息传输安全和个人隐私,以及树立消费者对网站的信心。在网上商店进行购物时,消费者面对的是虚拟商店,对产品的了解只能通过网上介绍完成,交易时消费者需要将个人重要信息,如信用卡号、密码和个人身份信息,通过网上传送。由于因特网的开放性,网上信息存在被非法截取和非法利用的可能,存在一定的安全隐患。同时,在购买时消费者将个人身份信息传送给商家,可能被商家掌握并被非法利用,因此,网络交易还存在个人隐私被侵犯的危险。

中国因特网信息中心(CNNIC)2009 年发布的中国因特网络发展状况统计报告里指出,48%的网民对因特网的信任程度比电视更高。因特网点对点的传播结构,使信息的渗透速度和传播范围更广,这给信息真伪验证带来巨大挑战,如图 3-10 所示。

网民网络交易信任水平偏低,仅有 29.2%的网民认为网上交易是安全的,不到四成的网民愿意在网络上填写真实信息。虽然目前中国因特网商务类交易有了长足的发展,但是较低网络交易信任度成为商务类应用发展的障碍之一,如图 3-11 所示。

56

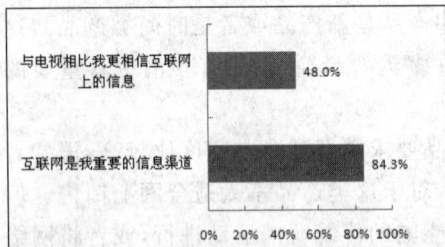

图 3-10　网民网络信息信任程度比较

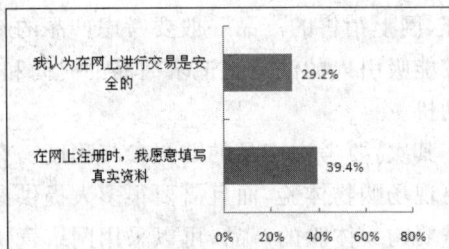

图 3-11　网民网络交易信任程度比较

深入分析发现,网龄越长、收入越高,因特网使用越频繁、网民对网络交易的信任度越高。但是,对学历的分析发现,虽然学历越高越相信网络交易的安全性,但是大专及以上学历的网民和低学历网民相比,更不愿意填写真实的注册信息。

从网民的网络信息信任程度和网民的网络交易信任程度可以看出,不论是网上信息还是网上商务应用,网络安全与诚信一直是让网民担忧的因素。网络安全成为日前各界十分关注的问题,根据调查,半年内有 57.6% 的网民在使用因特网过程中遇到过病毒或木马攻击,如图 3-12 所示。

同时,有 1.1 亿网民在过去半年内遇到过账号或密码被盗的问题,占总体网民的31.5%,网络安全不容小视,安全隐患有可能制约电子商务、网上支付等交易类应用的发展,如图 3-13 所示。

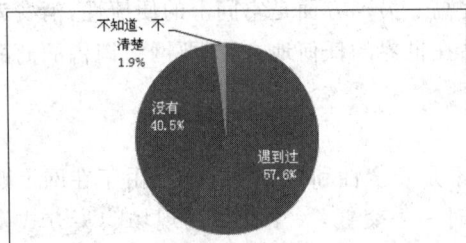

图 3-12　半年内是否遇到病毒或木马攻击

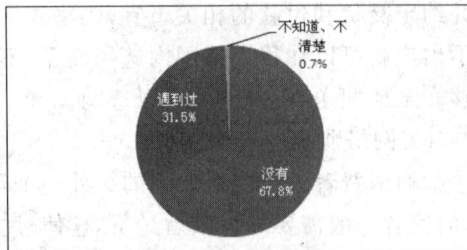

图 3-13　半年内是否遇到账号或密码被盗

万事达卡国际组织所做的美国消费者调查显示,安全性的提高是促进消费者通过零售商网站进行在线购物的关键因素。网络安全性是所有消费群体广泛关注的问题,73% 的被调查者认同安全性的提高将影响他们在未来 3 个月是否会网上购物,70% 的被调查者对安全和欺诈问题表示关注,61% 的被调查者担心他们的信用卡号码会被黑客截获。调查还显示,以下方法应该能够大大减轻消费者对在线交易的安全性的担忧,从而鼓励他们进行更多的网上购物,这些方法如确保网上购物者的个人隐私,确保网上购物者不会收到垃圾邮件,为在线交易提供额外的安全保障措施,提供在线安全认证等。

除此之外,社会文化环境、收入状况、生活方式等也能够影响网络消费者的购买行为。

3.3　实现方法与步骤: 网络消费者行为的调查

第 1 步:进入中国因特网络信息中心网站。双击 IE 图标,在地址栏输入"http://www.cnnic.cn/",然后按 Enter 键,进入 CNNIC 网站,如图 3-14 所示。

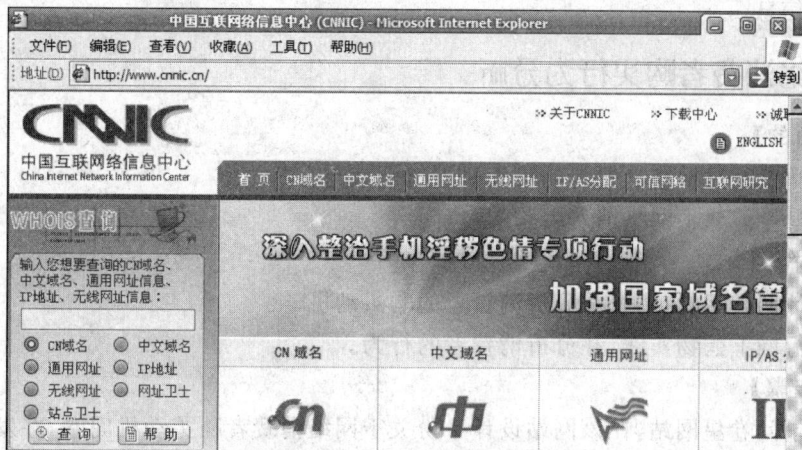

图 3-14　CNNIC 网站首页

第 2 步：单击 CNNIC 网站首页右侧的"因特网研究"选项，进入查看"权威发布"的最新调查统计报告，如图 3-15 所示。

图 3-15　"权威发布"的最新调查统计报告

第 3 步：了解国内网民的规模和结构特征的最新信息，查看有关网民主要网络应用的分析和统计数据。

3.4　技　能　训　练

3.4.1　分析网络用户上网情况

【训练目的】

了解我国最新的上网用户情况，分析用户的变化对企业网络营销的影响。

【训练内容】

（1）浏览中国因特网信息中心（CNNIC）网站。

（2）查看中国因特网发展状况统计报告并分析用户的变化对企业网络营销的影响。

【训练步骤】

（1）登录，进行阅读浏览。

（2）在中国因特网信息中心网站，单击、阅读中国因特网发展状况统计报告，然后分析和整理商情信息。

3.4.2 网络消费者购买行为分析

【训练目的】

(1) 使学生能对网络消费者购买动机进行调查与分析。

(2) 使学生能熟悉网络消费者购买过程。

【训练内容】

(1) 设计调查问卷,调查并分析消费者的购买动机。

(2) 进行网上购物实践,并分析消费者的行为。

【训练步骤】

(1) 登录问卷星网站,在该网站设计一份关于网络消费者购买动机问卷,并发布。

(2) 在淘宝网上注册后进行购物,并根据自己的购物行为分析网络购物的行为。

习 题 3

一、判断题

1. 网络购买过程的起点是搜集信息。　　　　　　　　　　　　　　　　(　)

2. 网上购物的安全性是网络营销的关键问题。　　　　　　　　　　　　(　)

3. 网络市场的客户特征与传统市场客户特征截然不同。　　　　　　　　(　)

4. 网络消费者的主动性被削弱。　　　　　　　　　　　　　　　　　　(　)

二、选择题

1. 网络购买过程的起点是(　)。

　 A. 诱发需求　　　 B. 收集信息　　　 C. 比较选择　　　 D. 购买决策

2. 以下(　)不是网络市场客户的特征。

　 A. 注重自我　　　　　　　　　　 B. 缺乏耐心

　 C. 文化水准较低　　　　　　　　 D. 喜好新鲜事物,有强烈的求知欲

3. 网络消费者的购买动机基本上可以分为两大类:(　)和(　)。

　 A. 需求动机　　　 B. 心理动机　　　 C. 感情动机　　　 D. 惠顾动机

4. 网络消费者在决策购买某种商品时,应具备的条件是(　)。

　 A. 对厂商有信任感　　　　　　　 B. 对产品有好感

　 C. 对支付有安全感　　　　　　　 D. 通过网络对不同的产品进行了比较

5. (　)不是网络营销的销售服务。

　 A. 售后服务　　　 B. 物流配送服务　　 C. 售前服务　　 D. 售中服务

三、简答题

1. 网络市场的客户特征是什么?

2. 如何理解网络消费者的购买的动机?

3. 网络消费者购买过程中所经历的一般步骤是什么?

4. 影响网络消费者购买决策的因素有哪些?

第 4 章

网络市场细分与定位

在对现代营销学之父菲利普·科特勒博士的访问中,有记者问道:"您认为成功的营销战略包括哪些内容?"他的回答是"只存在一种成功的战略,那就是仔细地定位目标市场,并且直接向该目标市场提供一流的产品或服务。产品或服务在一个或几个方面的独特表现必须是一流的。例如更好的质量、更多的特色、更低的价格或者物超所值。不然,企业的产品或服务就只能是对他人产品或服务的简单模仿,缺乏吸引消费者的独创的特质。"

本章主要内容

网络市场细分的含义、原则;

网络市场细分的标准,并掌握网络市场定位的策略;

网络市场定位的概念和方法;

区分 3 种网络目标市场营销策略;

网络市场定位的思路。

能力培养目标

培养学生具备进行网络市场分析的初步能力;具备市场细分、选择目标市场、进行市场定位的初步能力;具备制定市场营销策略的初步能力。

4.1　网络市场细分

网络营销中的市场分析是企业进行网络营销时一个不可缺少的过程,它主要解决企业在网络市场中"满足谁的需要"、"向谁提供产品和服务"的问题。因为对于企业,只有在网络市场中选准了"为谁服务"这一目标,才能有效地制定网络营销策略。而这又是以网络市场细分、网络目标市场及市场定位为基础和前提的。

4.1.1 案例导入与思考

案例导入

800buy 珠宝新天地

如今的电子商务市场的细分市场寻求更加稳定的个性化需求,从小处着眼,成为如今电子商务发展的一大看点,现在的电子商务企业已经开始走向了更加理智和成熟的道路。

北京八佰拜(800buy)互动技术有限公司不失时机地进入了电子商务市场的高端领域,开通了中国首家在网上专业销售以名牌钻石、翡翠和铂金等顶级珠宝饰品为主的电子商务网站——800buy 珠宝新天地(www.800buy.com),如图 4-1 所示。而他们的目标人群就是20~35 岁之间比较成功的年轻人士。在众多电子商务网站大搞"一元起拍"的今天,800buy珠宝新天地为什么会想到逆流而上,在网上销售名贵珠宝和手表呢?"在我看来,中国的市场非常大,只要有自己的特色就能取得一定的地位",八佰拜 CEO 张毅女士解释道,"在中国的因特网发展过程当中,一些先行用户是以学生为主体的,伴随着最近5~7 年因特网的发展以及经济的发展,这部分人群已经进入了他们收入的鼎盛时期。这部分中产阶级的快速成长,说明中国电子商务的高端消费时代已经到来"。

图 4-1   800buy 珠宝新天地首页

据了解,800buy 珠宝新天地在推出 1 个月来,运营得非常好,每月的营业额在 1000 万元以上,仅仅在网站开通 15 天内就产生了一次消费达到 3.2 万元的消费用户。这在 B to C (Business to Consumer ,企业对消费者)网站纯粹个人消费历史上尚属首例。

案例分析

客户是企业生存和发展的基础,谁拥有客户,并与客户保持一种长期的、良好的合作关系,赢得客户的信任,为客户提供周到、满意的服务,谁就能在市场竞争中获胜。在网络市场大搞低价政策的时候,800buy 珠宝新天地逆流而上,对网络目标市场进行精确定位,尤其是对精品、品位这方面的着重点,使 800buy 赢得了网络市场。

想一想 ?

(1) 八佰拜市场细分的依据是什么? 选定的目标市场是什么? 八佰拜的市场定位是

什么？

（2）设想你作为八佰拜的 CEO，下一步将采取何种营销策略？

4.1.2　知识点

1. 网络市场细分的概述

（1）网络市场细分的定义

网络市场细分是指企业在调查研究的基础上，依据网络消费者的需求、购买动机、习惯和爱好等差异性，把网络市场中不同类型的消费群体进行划分，每个消费群体就构成了企业的一个细分市场。这样，网络市场可以分成若干个细分市场，每个细分市场都是由需求和愿望大体相同的消费者组成。在同一细分市场内部，消费者的需求大致相同，不同细分市场之间，则存在着明显的差异性。

2009 年 3 月，赛迪顾问与电子商务咨询中心在 2009 年中国因特网市场年会上发布《2008—2009 年中国因特网与电子商务市场发展现状与趋势》研究报告，全面而翔实地分析了因特网各领域的发展现状与趋势。报告显示，2008 年，尽管受到金融危机的影响，但是中国因特网市场依然保持了 20% 以上的增长速度，市场规模达到 1390 亿元，如图 4-2 所示。

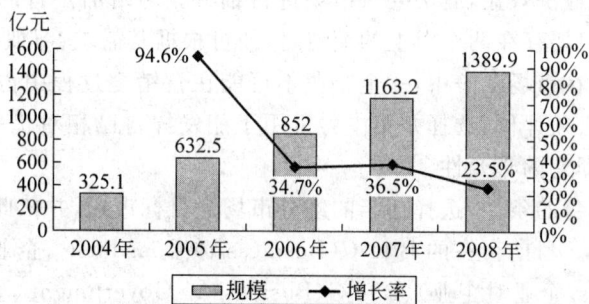

图 4-2　2004—2008 年中国因特网市场规模

数据来源：赛迪顾问 2009.01

2008 年，在奥运会等重大活动的刺激下，中国因特网营销规模达到 197.3 亿元，实现 53.0% 的增长。可以看出，随着因特网普及率的进一步提升，因特网营销已经得到越来越多广告主的重视。因此，市场规模在最近两年保持了快速的增长，如图 4-3 所示。

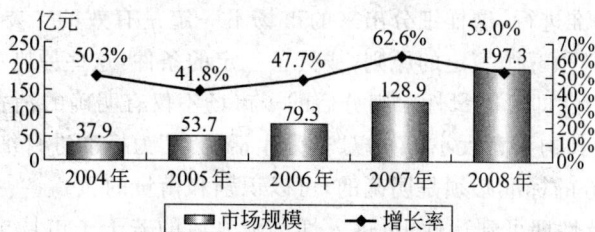

图 4-3　2004—2008 年中国网络营销市场规模

数据来源：赛迪顾问 2009.01

2008年,中国网络营销市场中,包含品牌图形广告、固定文字链广告、分类广告、富媒体广告等在内的网络广告达到106亿元,占据超过一半的市场份额。搜索引擎以25.5%的比例占据市场第二的份额,如图4-4所示。

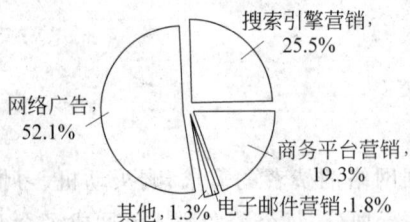

图4-4　2008年中国网络营销市场结构

数据来源:赛迪顾问 2009.01

我国是一个拥有1.37亿网民的大市场,网民们有着各自的心理需要、生活方式和行为特点。网民对工业品与民用品的购买心态有很大的差异。就我国敏感行业来说,仅从用户对各种敏感元件及传感器的需求来看,差异就很大。如用户购买传感器芯体,有要国产的,有要进口原装的;有的不惜品质的可用、够用、实用性,一味追求高价格;有的为了追求低价格,而不顾产品的使用性。再以民用品服装来说,从消费者对服装的需求来看,差异性就很大,有的为了追求时髦,不惜高价购买时尚服装;有的为了显示自己的身份和社会地位而购买高价、高质且雅致的服装;有的是由于收入低或追求朴素,购买大众化的服装。企业面对消费者千差万别的需求,由于人力、物力及财力的限制,不可能生产各种不同的产品来满足所有顾客的不同需求,也不可能生产各种产品来满足消费者的所有需求。

为了提高企业的经济效益,有必要对市场进行细分。网络消费者的需求差异是网络市场细分的内在依据,只要存在两个以上的消费者,便可根据其需求、习惯和购买行为的不同,进行市场细分。况且在市场竞争中,一个企业不可能在营销全过程中占绝对优势。为了进行有效的竞争,企业必须评价、选择并集中力量用于能发挥自己相对优势的市场,这便是市场细分的外在强制,即它的必要性。

企业可以根据自身的条件,选择适当的细分市场为目标市场,并依此拟订本企业的最佳网络营销方案和策略。目前存在的B to C(Business to Consumer,企业对消费者)、B to B(Business to Business,企业对企业)、B to G(Business to Government,企业对政府)、C to C(Customer to Customer,消费者对消费者)等电子商务模式就是市场细分的结果。在此基础上,随着网络营销的发展,必然会出现各种不同的细分结果,如B to E(Business to Employee,企业内部员工之间)等。同时,这些商务模式也会出现更细的划分,如网上商店中的各种类型的专卖店。

(2) 网络市场细分的原则

实现网络市场细分并不是简单地把消费者视为需求相同或不同,也不能仅仅按照适合于自己企业特点的标准进行,这样细分出来的市场不一定是有效的。要使细分后的网络市场能为企业所用,就必须遵循一定的原则,或具备一定的条件,这些原则有以下几点。

① 可测性。可测性即可度量性。细分后的子市场不仅有明确的消费者群体,而且还能估量该市场的规模及其购买力大小。如以"热爱生活的人"为标准进行细分,不好把握,难以测算。因此,市场细分的标准必须是明确的,可以识别和衡量的。

② 可及性。可及性即可到达性、可进入性。细分后的若干子市场中,哪些可以作为企业潜在的目标市场呢?这就需要结合企业自身的营销力量和营销要素组合来综合考虑企业能否到达或进入某个或某些子市场。只有企业自身的营销力量和营销要素组合能够顺利到达或进入的子市场才可以作为企业选择的潜在目标市场。

③ 有偿性。有偿性即可回报性。满足可及性的潜在目标市场,依然不能直接作为企业营销的真正目标市场。因为有些潜在的目标市场企业可以轻易进入,但这些潜在的目标市场可能规模并不足够大或者竞争过于残酷,企业如果进入几乎不能从这些潜在的目标市场中获得持续发展的利润。因此,企业选择目标市场还需要考虑的另一个因素就是有偿性,只要企业能够从潜在目标市场获得足够的利润,就可以考虑该市场的可持续发展,同时,也可以避免有投入、无产出的网络"烧钱"现象。

④ 可行性。可行性即可操作性。满足可测、可及、有偿性的潜在目标市场好像就是企业要选择的真正目标市场。但仔细审视,发现还需要综合考虑匹配性问题,即企业的营销以及技术力量等是否与该市场上的竞争性需求相匹配。

⑤ 反应率。反应率指不同细分市场对企业采用不同营销策略组合所具有的不同反应程度。投其所好才能获得网络用户的支持,并使其成为稳定的客户群。

⑥ 稳定性。稳定性指网络细分市场必须在一定时期内保持相对稳定。按照二八原则(企业 80% 的销售额来自 20% 的顾客,或 20% 的顾客创造了 80% 的利润),稳定的客户群是网络营销成功的市场基础。

只有综合考虑以上因素,细分后的市场才是符合要求的目标市场。

2. 网络市场细分的标准

网民的社会结构特征呈多元化,不同的社会群体需求各异。他们只对自己想要的和喜欢的感兴趣,上网通常只关注自己喜欢的网络界面。也就是说,网民对自己常用的门户网站具有永久的忠实度,他们常常在固定的网页寻求他们需要的服务或进行休闲娱乐。通过对网民的调查显示,网民上网最主要的目的是获取信息和休闲娱乐,其次是学习。因此,网络营销者可以按不同使用者的需求编排内容,吸引不同的使用群体,满足他们的需要,建立起对自身网站的忠实度。

网络市场细分要依据一定的标准进行,细分的依据应把焦点放在顾客的期望上,即用户的心理因素。网络营销市场细分的依据有两种情况。

1)消费品市场的细分标准

在现代社会,影响和造成消费品市场需求差异性的因素是非常复杂和烦琐的。因此,细分消费品市场的标准和方法就没有一个固定不变的模式,各个行业、各个企业均可采取不同的标准和方法来细分消费品市场,以寻求最佳的营销机会。

一般而言,影响消费品市场需求的主要因素有地理因素、人口因素、心理因素和行为因素等。因此,消费品市场也根据这些因素进行细分。

可以通过"网络消费品市场细分指标"来具体说明,见表 4-1。

(1)根据地理因素细分网络市场。按地理因素细分就是按消费者所在的地理位置、自然环境等因素来细分市场。地理因素之所以作为市场细分的依据,因为处在不同地理环境下的消费者,对于同一类产品往往有不同的需要和偏好,他们对企业采取的营销策略与措施有不同的反应。例如,空调在炎热的华南、华东和华中等地区有很大的需求,而在气温较低的东北、西北等地区却销售不畅。又如,由于居住环境的差异,城市消费者与农村消费者在室内装饰用品的需求上大相径庭。地理因素还可以进一步细分为地理位置、城市规模、地形和气候等标准。

表 4-1　网络消费品市场细分指标

一级变量	二级变量	划分标准
地理因素	地理位置	东北、华北、华东、华南、华中、北京、上海、广州等
	城市规模	特大型、大型、中型、小型等
	地形	平原、丘陵、山区、沙漠等
	气候	热带、亚热带、温带、寒带等
	经济发达程度	发达、较发达、一般、落后等
人口因素	年龄	青年、中年、老年
	性别	男、女
	民族	汉族等
	家庭生命周期	单身阶段、新婚阶段、满巢阶段、空巢阶段和独孤阶段
	家庭收入	低收入、中等收入、高收入等
	职业	公务员、职员、学生等
	受教育程度	小学及小学以下、初中、高中、中专、大专、本科等
	宗教	不信教、佛教、基督教、伊斯兰教等
心理因素	社会阶层	下、中、上等
	生活方式	简朴型、时尚型、豪华型等
	个性	被动、主动等
行为因素	购买时机	季节性购买、反季节性购买
	追求的利益	质量、服务、经济、时尚等
	购买者状况	潜在购买、初次购买、经常购买等
	购买数量	大量、一般、少量等
	品牌忠诚度	无、一般、较强、非常强烈等
	对产品态度	热情、积极、关心、漠然、否定、敌视等

　　① 地理位置。可以按行政区进行细分。如在我国,可以划分为东北、华北、华中、华南、西北、西南等几个地区,也可以划分为直辖市、省、自治州等,不同地区消费者的需求存在很大的差异。

　　② 城市规模。可以划分为特大型城市、大型城市、中型城市、小型城市和乡镇等。处于不同城市规模的消费者,在消费结构方面存在着很大差异。

　　③ 地形和气候。按地形可以划分为平原、丘陵、山区、沙漠地带等地形;按气候可以分为热带、亚热带、温带、寒带等。如冷暖两用空调,虽然长江以北的冬季十分寒冷,但由于暖气的使用,故长江以北基本上不存在冷暖两用空调的需求;而在华东地区,冷暖两用空调的需求量很大。

　　(2) 根据人口因素细分网络市场。人口因素包括年龄、性别、民族、家庭生命周期、家庭收入、职业、受教育程度、宗教、国籍等。消费者需求、偏好和使用频率等与人口因素有着很密切的关系,且人口因素较其他因素更容易测量和获取,因此网络市场细分时常使用此因素,同时借此因素来表达人口因素。

① 年龄。不同年龄段的消费者,由于生理、性格、爱好、经济状况的不同,对消费品的需求往往存在很大的差异。因此,可以按年龄段将市场划分为各具特色的消费者群体,如儿童市场、青年市场、中年市场和老年市场等。如生产奶粉的企业,针对不同年龄段推出不同配方的奶粉以适应不同的消费者市场的需求。

② 性别。由于生理上的差别,男性和女性不仅在产品需求和偏好上存在着很大的差异,而且在购买行为、购买动机上,男性和女性之间也存在着很大的差别。因此,可以将市场划分为男性市场和女性市场。如生产移动通信设备的企业,专门研发设计了适合于女性使用的移动通信设备,以适合女性消费者市场的需求。

③ 民族。世界上的大多数国家拥有多种民族,我国更拥有多达 56 个民族,各民族各有其自己的风俗习惯,从而表现出不同的商品需求。因此,按民族来划分市场,既可以满足各族人民的不同需要,也可以进一步扩大企业的市场。

④ 家庭生命周期。一个家庭按年龄、婚姻和子女状况,可以划分为 5 个阶段:单身阶段、新婚阶段、满巢阶段、空巢阶段和独孤阶段。在不同阶段,家庭购买力、家庭成员对商品的兴趣与偏好会有很大的差别。

⑤ 家庭收入。家庭收入水平将直接影响消费者的消费水平和需求欲望,其差别是很大的。正因为家庭收入是引起需求差别的一个直接且重要的因素,故在很多领域,如汽车、服装、化妆品、旅游、房地产等,一般按家庭收入这一因素来细分市场。

⑥ 职业。不同职业的消费者,由于工作条件、生活方式、思想认识等诸多方面存在不同,其消费需求往往存在较大差异。

⑦ 受教育程度。消费者受教育程度不同,其兴趣爱好、生活方式、价值观念等都会有很大的不同,因而会影响其消费习惯和消费行为。

⑧ 宗教。消费者因宗教信仰不同,其行为模式、生活方式、价值观念等都会有很大的不同,因而会影响其消费习惯和消费行为。

(3) 根据心理因素细分网络市场。消费者的心理状态直接影响到他们的购买倾向和选择,特别是现在的消费者购买商品已经不限于满足基本的生活需要,因此,心理因素将左右消费者的购买行为。心理因素包括社会阶层、生活方式和个性等。以此细分市场,则可以得到不同市场中消费者所具有的不同的心理层面。但以心理因素细分市场的作用不如其他因素,原因有两点,一是它们难以进行衡量;二是它们和需求之间的关系常常不是那么明显。

① 社会阶层。社会阶层是指在某一社会中具有相对同质性和持久性的群体。显然,处于同一阶层的成员具有类似的价值观、兴趣爱好和行为方式,不同阶层的成员则在上述方面存在较大的差异。因此,识别不同社会阶层的消费者所具有的不同特点,将对市场细分提供重要依据。

② 生活方式。生活方式是指一个人怎样生活。人们追求的生活方式不同,其消费需求和消费结构也各不相同,这就为企业进行细分市场提供了依据。

③ 个性。个性是指一个人比较稳定的心理倾向和心理特征,它会导致一个人对其所处环境做出相对一致和持续不断的反应。通常,个性会通过自信、自主、支配、顺从、保守、适应等性格特征表现出来。因此,可以按这些性格特征进行分类,从而为企业细分市场提供了

依据。

（4）根据行为因素细分网络市场。行为因素主要根据消费者的购买及使用时追求的利益、使用者的状况、使用频率、忠诚度、准备购买的阶段、对产品的态度及购买时机等进行市场细分。很多人认为，行为因素更能直接地反映消费者的需求差异，因而是市场细分的最佳起点。

① 购买时机。许多商品的消费具有时令性，因此，企业可根据消费者提出的需求、购买和使用商品的不同时机来细分市场。

② 追求的利益。消费者购买商品是为了解决某类问题，满足某种需要，由于消费者的生活水平、生活方式、个性、职业等不同，其消费需求有很大差异；即使对同一种商品所追求的利益也存在很大的差异。因此，以消费者所追求的利益来细分市场，也就是依照消费者从特定商品中可能得到的利益来细分市场，是十分可行的，也是十分必要的。这也是现代营销中取得最大进展的一种细分标准。

③ 购买者状况。根据消费者是否使用和使用程度进行市场细分。通常可分为经常购买者、首次购买者、潜在购买者和非购买者等多个细分市场。

④ 购买数量。根据消费者的购买数量进行市场细分。通常可分为大量购买者、一般购买者和少量购买者等多个细分市场。大量购买者只占消费者数量的小部分，但却买走了产品的大部分，显然，企业应该以大量购买者为营销对象。

⑤ 品牌忠诚度。企业根据消费者对产品品牌的忠诚度，可把消费者市场细分为专一品牌的忠诚者、多种品牌的忠诚者、转移的忠诚者、非品牌的忠诚者等多个细分市场。专一品牌的忠诚者只忠诚于某种品牌的产品；多种品牌的忠诚者同时忠诚于几个品牌的产品；转移的忠诚者是从忠诚于本品牌转移到忠诚于其他品牌的消费者；非品牌的忠诚者对任何品牌都不偏爱，购买时求新或购买降价产品。

⑥ 对产品的态度。企业根据市场上消费者对产品的热心程度来细分市场。有的消费者持肯定态度，有的消费者持否定态度，还有的则处于既不肯定又不否定的无所谓态度。

2）生产资料市场的细分标准

细分消费品市场的标准很多也适合于生产资料市场的细分。但由于生产资料市场细分的对象是企业，所以生产资料市场有其自身的特点。所以，还需要用其他一些标准来细分生产资料市场。

可以通过"生产资料市场细分指标"具体说明，见表4-2。

① 按最终用户细分网络市场。最终用户的需求是细分生产资料市场最常用的标准。购买生产资料或是为了满足不同的生产需要，或是为了再出售。因此，不同的最终用户对同一产品往往有不同的要求。因此，企业应根据不同用户的要求提供不同的商品，制定不同的营销策略组合，以满足最终用户的需求差异。如汽车生产厂商与造船厂相比，对所需的钢材规格、型号以及质量等多方面有很多差异。

表 4-2　生产资料市场细分指标

细分标准	具体细分项目
最终用户	不同行业
地理位置	国家、地区
经营规模	产业和企业规模、产业链特点

② 按地理位置细分网络市场。由于自然条件、交通运输、通信、气候、经济发展以及历史传统等原因,不同国家和地区形成不同的工业区域,这就决定了生产资料市场往往比消费品市场在区域上更为集中,因此,地理位置就成为细分生产资料市场的重要标准。企业按地理位置细分生产资料市场,选择最终用户较为集中的地区作为目标市场可以节约营销资源,降低营销成本,取得最佳的营销效果。以我国为例,工业区域集中在东北、华北和东南沿海一带。

③ 按经营规模细分网络市场。最终用户的经营规模决定了其购买能力的大小以及购买数量的多少。按最终用户的经营规模,可以将生产资料市场划分为大用户、中用户和小用户。一般而言,大用户数量虽少,但购买力大,购买数量多;如果失去一个大用户往往会给企业带来重大损失。因此,企业应按最终用户的经营规模制定相应的营销策略。

3. 网络目标市场营销策略

1) 网络目标市场营销策略应思考的问题

企业在对细分市场进行评估和分析、确定网络目标市场模式前,应思考这是不是一个可定位、可营销的目标市场。

(1) 目标市场在不在网上。首先确定用户选择的目标市场是不是在网上,目标市场内的人群有没有上网。目标市场的定位再精确,对产品再需要,如果对应的人群都不上网,也没办法通过网络营销手段把产品卖给他们。

CNNIC 经常发布的因特网使用报告包含很多中国上网人群统计资料。比如 2008 年 7 月发布的报告在网民结构特征部分就指出以下几点。

① 中国网民构成男女比例已经相对均衡,男性占 53.6%,女性占 46.4%,女性上网者已经比前些年有很大提高。

② 从网民年龄上看,上网人群主体是年轻人,30 岁及以下的年轻群体占所有网民的 68.6%,50 岁以上的只占 3.9%。

③ 从学历构成看,高中学历网民占 39%,初中占 23.8%。可见上网者学历已经与总人口的自然结构基本靠拢,上网已经不是高学历的人独有的活动。

④ 从网民身份上看,学生比例最大,达到 30%,企事业单位中的工作人员占 25.5%。报告中没有明确提及农民上网的比例,大概应该归于其他类,其他类所占比例只是 4.8%。

这种上网人群结构就限制了某些市场不是好的、可达到可营销的目标市场。比如占国内人口数众多的农民很少上网,网站可能提供农民很需要的产品,如种子、化肥、农药、杀虫剂等,但是最终用户根本不上网,供应方无法通过网络营销对这个目标市场的最终用户进行销售。但可以做 B to B,因为面对的是另一个目标市场。

再比如,50 岁以上的老年人上网的比例也很小。有一些老年人需要的产品和服务,而且通常不是由年轻人代买的产品和服务,也就很难通过网络进行营销。如老年人交友婚介服务,这个目标市场其实相当明确,就是丧偶的老年人。他们对夕阳恋、老年婚介服务也有需求,虽然目标用户本人不一定承认,也不一定积极寻求。这是一个可以线下开拓的市场,却无法在网上成为像年轻人交友婚介服务那么热门,因为 50 岁以上的老年人几乎不上网。当然这只是目前情况,随着现在的年轻人、中年人年龄增长,当他们成为老年人时,情况也许就不一样了。

这些例子比较明显，通过网民人群构成就可以判断出目标市场是否在网上。有的时候却并不能从调查统计中看出来。比如你卖的是退烧药、止痛药，目标市场很明确，就是在发烧的人。但问题是这个目标市场的人不上网，正在发烧的人就不可能到网上搜索购买退烧药。这样的产品就不能直接在网上销售给最终用户目标市场，而必须把目标放在药方和医院的采购人员，以及对采购行为有建议和影响作用的医生人群。

（2）目标市场是否可以被集中定位。目标市场中的人群是否在网上有聚集扎堆的地方？他们聚集的地方也就是你可以充分发挥网络营销手段、直接或间接向他们传达营销信息的地方。

如果目标市场人群在网上没有明显聚集的场所，就没办法有效传达信息。虽然也有可能传达信息，但效率不高。然而效率决定着这种聚集目标人群的地方才是有实际意义的目标市场。

你所找到的目标市场人群是否经常聚集在某些论坛、社会化网站、博客、贴吧，还是新闻网站？如果是，这就是一个可营销的目标市场。没有这种目标人群聚集的网站就意味着网络营销人员必须全方位、铺天盖地地进行营销活动，类似于全国规模的电视广告。而这种没有方向性的营销活动，目标不明确、效率不高，不是网络营销的最佳方式。

比如你的产品是牙膏，显然目标市场人群在网上，你的产品也可能很有特点，目标市场也需要。但问题是很少有关心牙膏的普通消费者会聚集在一个网站上讨论关于牙膏的问题，只有少数牙膏种类有可能，比如专治龋齿、美白牙膏等。牙齿已经有问题的人群，可能在牙病和牙齿护理网站聚集，你也可以有效地向这个目标人群传达信息。但绝大部分普通人当牙齿还没有坏时很少会研究怎样保护牙齿，更不会关注某个网站上讨论牙齿和牙膏的问题。

很多日常用品都是如此，比如油、盐、酱、醋，虽然大家每天都需要用，但很少有消费者会研究和讨论。购买这些产品大多是因为购买习惯所导致，用惯了哪个牌子，除非有特殊原因，否则还将会继续使用下去。对这种产品做有效的网络营销非常困难，通常只能通过全方位广告和实践营销在用户头脑中建立印象，并不停地轰炸加深印象，形成思维定势进而购买。

确定目标市场后，还要思考是否能比较精确地在网上找到目标市场人群，集中地向他们传达营销信息，影响他们的购买行为。网络营销人员在实施网站设计之前就应该自己在网上搜索，看看是否有目标市场人群大量聚集且活跃的社区、论坛、电子杂志、权威博客等。除非是大公司，不然最好不要寄希望于针对所有网上用户大规模做广告。

（3）这个目标市场是否真是你的可能客户或者说付费用户？这里所说的客户并不是产品和服务最终的使用人，而是会花钱购买产品和服务的人。

如前面所说，目标市场是否在网上，是首要考虑的。儿童和婴儿都不在网上，但母婴产品、儿童服装在网上卖得很好，因为买这些产品的不是婴儿本身，而是他们的父母。所以你的客户并不是产品最终使用者，你所关注的是他们的父母。三四十岁的父母在网上有很多聚集的地方，比如儿童教育、母婴知识方面的论坛等。

有的时候看似不错的目标市场，但其实并不是你最好的目标用户群。有人曾经发明了一种不冒烟的烟，这是一个颇有革命性的产品。不管对环境、抽烟人本身，还是对周围其他人都有好处。它既具有烟的功能，又不危害大家的健康。但问题就在于这个产品最强的诉求目标却是不买烟的人，觉得这种不冒烟的烟是好产品的都是不抽烟的人。真正抽烟的人会觉得不冒烟的烟根本就不是烟，没什么意思。这是一个挺好的点子，但是却搞错了目标人群。

2）选择网络目标市场营销策略

企业确定了目标市场在网上，且目标市场可以被集中定位，这个目标市场有可能是现实客户，就要及时确定采取何种网络目标市场策略。一般而言，有 3 种网络目标市场营销策略可供选择，即无差异营销策略、差异营销策略和集中营销策略。

（1）无差异市场营销策略。无差异市场营销是指企业在市场细分之后，不考虑各子市场的特性，而只注重子市场的共性，决定只推出单一产品，运用单一的市场营销组合，力求在一定程度上适合尽可能多的顾客需求，如图 4-5 所示。

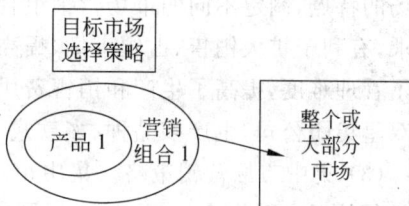

美国可口可乐公司从 1886 年问世以来，一直采用无差异市场策略，生产一种口味、一种配方、一种

图 4-5　无差异市场营销策略

包装的产品满足世界 156 个国家和地区的需要，称作"世界性的清凉饮料"。由于百事可乐等饮料的竞争，1985 年 4 月，可口可乐公司宣布要改变配方的决定，不料在美国市场掀起轩然大波，许多电话打到公司，对公司改变可口可乐的配方表示不满和反对，不得不继续大批量生产传统配方的可口可乐。可见，采用无差异市场策略，产品在质量和外在形体上必须有独特风格，才能得到多数消费者的认可，从而保持相对的稳定性。这种策略的优点是产品单一，容易保证质量，能大批量生产，降低生产和销售成本。但如果同类企业也采用这种策略时，必然要形成激烈竞争。闻名世界的肯德基炸鸡，在全世界有 800 多个分公司，都是同样的烹饪方法、同样的制作程序、同样的质量指标、同样的服务水平，采取无差异策略，生意很红火。1992 年，肯德基在上海开业不久，上海荣华鸡快餐店开业，且把分店开到肯德基对面，形成"斗鸡"场面。因荣华鸡快餐把原来洋人用面包作主食改为蛋炒饭为主食，西式沙拉土豆改成酸辣菜、西葫芦条，更取悦于中国消费者。所以，面对竞争强手时，无差异策略也有其局限性。

（2）差异市场营销策略。差异市场营销策略是指企业决定同时为几个子市场服务，设计不同的产品，并在渠道、促销和定价方面都做相应的改变，以适应各个子市场的需要。有些企业曾实行了"超细分战略"，即许多市场被过分地细化，而导致产品价格不断上涨，影响产销数量和利润。于是，一种叫做"反市场细分"的战略应运而生。反市场细分战略并不反对市场细分，而是将许多过于狭小的子市场组合起来，以便能以较低的价格去满足这一市场的需求，如图 4-6 所示。

如美国有的服装企业，按生活方式把妇女分成 3 种类型：时髦型、男子气型、朴素型。时髦型妇女喜欢把自己打扮得华贵艳丽，引人注目；男子气型妇女喜欢打扮得超凡脱俗，卓尔不群；朴素型妇女购买服装讲求经济实惠，价格适中。公司根据不同类妇女的不同偏好，有针对性地设计出不同风格的服装，使产品对各类消费者更具有吸引力。又如某自行车企业，根据地理位置、年龄、性别细分为几个子市场：农村市场，因常运输货物，要求牢固耐用，载重量大；城市男青年，要求快速、样式好；城市女青年，要求轻便、漂亮、闸灵。针对每个子

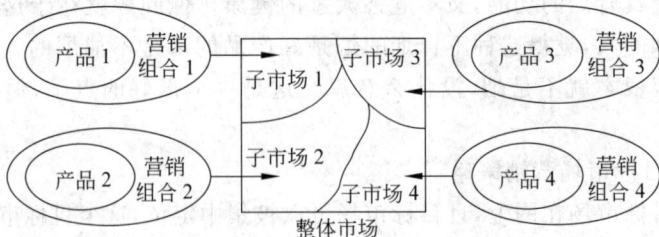

图 4-6 差异市场营销策略

市场的特点,制定不同的市场营销组合策略。这种策略的优点是能满足不同消费者的不同要求,有利于扩大销售、占领市场、提高企业声誉。其缺点是由于产品、促销方式差异化,增加了管理难度,提高了生产和销售费用。目前只有力量雄厚的大公司采用这种策略。如青岛双星集团公司,生产多品种、多款式、多型号的鞋,满足国内外市场的多种需求。

（3）集中市场营销策略。集中市场营销是指企业集中所有力量,以一个或少数几个性质相似的子市场作为目标市场,试图在较少的子市场上拥有较大的市场占有率,如图 4-7 所示。

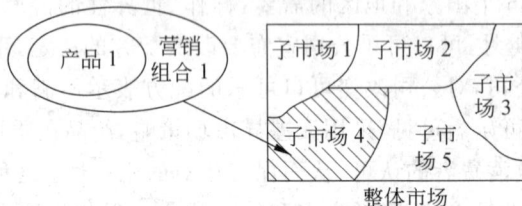

图 4-7 集中市场营销策略

采用这种策略的企业对目标市场有较深的了解,这是大部分中小型企业应当采用的策略。日本尼西奇起初是一个生产雨衣、尿布、游泳帽、卫生带等多种橡胶制品的小厂,由于订货不足,面临破产。总经理多川博在一个偶然的机会,从一份人口普查表中发现,日本每年约出生 250 万个婴儿,如果每个婴儿用两条尿布,一年需要 500 万条。于是,他们决定放弃尿布以外的产品,实行尿布专业化生产。一炮打响后,又不断研制新材料、开发新品种,不仅垄断了日本尿布市场,还远销世界 70 多个国家和地区,成为闻名于世的"尿布大王"。采用集中性市场策略,能集中优势力量,有利于产品适销对路,降低成本,提高企业和产品的知名度,但有较大的经营风险,因为它的目标市场范围小,品种单一。如果目标市场的消费者需求和爱好发生变化,企业就可能因应变不及时而陷入困境。同时,当强有力的竞争者打入目标市场时,企业就要受到严重影响。因此,许多中小企业为了分散风险,仍应选择一定数量的细分市场作为自己的目标市场。

以上 3 种目标市场营销策略各有利弊,企业在选择时需要综合考虑以下因素:企业资源:如果企业资源丰富,可以考虑实行差异市场营销策略,否则,最好实行无差异市场营销策略或集中市场营销策略;产品同质性:对于同质产品或需求共性较大的产品,一般宜实行无差异市场营销策略,对于异质产品,则应实行差异市场营销策略或集中市场营销策略;市场同质性:同质市场宜实行无差异市场营销策略,异质市场,宜采用差异市场营销策略或集中市场营销策略;产品生命周期:处在介绍期或成长期的新产品,市场营销重点是启发和巩固消费者的偏好,最好实行无差异市场营销策略或针对某一特定子市场实行集中市场营销策略,当产品进入成熟期时,市场竞争激烈,消费者需求日益多样化,可改用差异市场营销策略以开拓新市场、满足新需求、延长产品生命周期。

4.2　网络市场定位

网络市场经过细分之后,使企业面临许多不同细分市场的机会,接着要进一步做好两方面的工作:评估细分市场与选择细分市场。企业必须进行市场定位,为本企业以及产品在市场上树立一定的特色,塑造"核心竞争力"和预定的形象,并争取目标顾客的认同。它需要向目标市场说明本企业与现有的及潜在的竞争者有什么区别。

4.2.1　案例导入与思考

📖 案例导入

携程旅行网的市场定位

网络市场是一个巨大的市场,企业不可能满足市场的所有需求,必须通过市场的细分,进行合理的市场定位。

携程旅行网(www.ctrip.com)在创业初期,就给自己的服务做了 3 个定位:中国人在国内的旅游、中国人在国外的旅游和外国人在中国的旅游。具体来说,携程将其网站综合定义为 4 种角色,即一站、一社、一区和一部,从而在此基础上建立了携程独具特色的旅游网站模式。

一站:即携程旅行网站,携程旅行网站一方面立足国内,是"中国人的旅行网站",为国人出行的首选网站;另一方面,服务于来华外国旅客,成为"中国的旅行网站"。

一社:作为大型电子商务网站,携程旅行网试图建立一个虚拟的网上旅行社,在网上提供吃、住、行、游、购、娱 6 个方面全方位的产品,网民可以方便快捷、省心省力地在携程旅行网上订票、订房、订餐、定制旅游路线。

一区:携程旅行网的旅游社区为用户发表点评、相互交流提供场所。网友交流包括新发现与推荐、结伴同游、聘请导游、旅行投诉、游记发表、有问必答等栏目。点评包括景区点评、宾馆点评、餐馆点评、娱乐场所点评等内容。另外还有携程广场、旅游俱乐部、申请和招聘等栏目。在社区里上网者可以共享彼此了解的信息,交流在旅程中的种种酸甜苦辣,对各个景点、宾馆发表自己的意见和看法,甚至可以在网上发表旅游信息,联系素不相识的网友一同出游。

一部:携程旅行网网友俱乐部,这里将成为旅行爱好者的沙龙、旅行发烧友的寄居处,俱乐部不断推出各项活动,领导旅游时尚,让网友们在网上网下都能感受到携程旅行网带来的快乐。

📚 案例分析

携程旅行网的经营理念是"行业和企业的准确定位"。

携程旅行网认为,旅游是 21 世纪的朝阳产业,21 世纪的中国将成为全球最大的旅游市场。在充分认清旅游行业发展态势的同时，携程旅行网努力争取本行业主导地位，并及时调整自己的经营业务，将原来"订房、订票、订线路"三头并举的业务状况调整为以订房为"主、订票订线路为辅"的业务战略，将公司资源汇集于最有效果的一点上。在从 1999 年 5 月后短短的两年时间里，携程旅行网从无到有，迅速建立了中国最大的旅行网站，并一举成为中国最大的订房中心。

利用网络优势建立经济型酒店联盟是携程旅行网对未来发展的重要规划。携程旅行网想凭借自己已有的销售网络和行业优势整合传统的经济型酒店资源，建立一个在中国处于主导地位的酒店业连锁品牌。

想一想？

分析携程旅行网的市场定位。

4.2.2 知识点

1. 网络市场定位的概述

网络市场定位是指勾画企业产品在网络目标市场即网络目标消费者心目中的形象，使企业提供的产品具有一定的特色，适应一定的消费者的需求和偏好，并与竞争对手的产品有所区别。简单地说就是要找出产品的独特卖点。

在同一网络市场上，有许多同类的产品存在，品牌繁多，各有特色，消费者都有着自己的价值取向和认同标准，企业要想在网络目标市场上取得竞争优势和效益，就必须综合考虑市场和消费者的需要、竞争状况、营销环境等有关因素，结合本企业的任务、目标、经营管理能力等条件，确定本企业与竞争对手相比较而在未来网络市场上所处的位置。当然，这种形象和特色可以是实物方面的，也可以是心理方面的，或两者兼而有之。质优、价廉、技术、名牌、服务周到、为消费者创造价值等方面都可以作为市场定位的侧重点。

一个企业在不同的网络目标市场上可以有不同的市场定位。但不论哪一种市场定位，对企业而言，都要建立符合企业长远发展目标，对各个细分网络市场消费者有吸引力的竞争优势。你必须寻找到一个说法，这个说法是你独有的，别人那里都得不到的，用户才能把你从众多卖家中区分出来，留下印象。

多美乐比萨，创建于 20 世纪 60 年代，当时在快餐行业中面对麦当劳、必胜客、肯德基等对手，多美乐选择了一个在当时从没出现过的口号：30 分钟之内，热腾腾可口多汁的比萨就会送到您手上，否则免费。比萨这种食物本身其实可以称为独特的地方几乎没有，而且食物是否合口味也挺具有主观性，脆一点好还是软一点好，辣一点好还是甜一点好，不同的人爱好不一样。所以从食物本身很难找到独特卖点。多美乐就从配送下手，提出 30 分钟之内到货，若没到就不收钱。这是当初非常独特的营销手段，其他快餐公司都没这么做过。所以一经推出就很快受到消费者的注意和欢迎，也成了多美乐区别于其他所有竞争对手而有差异化的标志。又如腾讯公司的 QQ(www.qq.com)服务，是定位在为广大青年消费群体提供免费服务，通过这种服务以提高 QQ 的用户量，再利用这一平台为其他企业的产品做网络广告及其他服务。另外与移动和联通进行合作，推出新的捆绑式收费移动 QQ 服务，也是定位在广大青年消费群体。再如，百度和 Google 的竞争始于搜索引擎，然后百度发展了贴吧、知道、百科，直至百度空间，把百度定位成一个中国人的社区；而 Google 非常明确地定位在数据营销,也就是说,今后 Google 可能成为数据库的代名词了。

2. 网络市场定位的策略与方法

(1) 网络市场定位策略

企业进行市场定位,就是要大力宣传那些可能对目标市场产生重大影响的差异,以确保企业在目标消费者群体心目中的独特地位。企业可以根据能够提供给目标市场的产品、自身拥有的资源、目标市场的消费者、竞争对手的状况等因素进行市场定位,以便在目标消费者心目中形成明显不同于竞争对手的差异。

① 网络营销的对象定位。网络市场定位是根据目标市场的竞争者现有产品的情况和企业自身情况,为虚拟市场上的产品创造一定的形象,塑造一定的产品特色,使产品在竞争中占有一定的优势。网络虚拟市场是一个特殊的市场,有着自己的特性。因此,企业进行网络市场定位时,还要针对上网用户的情况选择适合网络销售的产品。

依据网民对象可分为男性消费者市场、中青年消费者市场、具有较高文化水准的职业层市场、不愿面对售货员的顾客市场等。因此产品定位就有针对男性消费者市场的耐用消费品,如汽车、摩托车、房屋等来吸引男性公民;针对中青年消费者市场的唱片、游戏软件、体育用品等;针对具有较高文化水准的职业层市场的图书、计算机操作软件等产品;针对不愿面对售货员的顾客市场的有关隐私的产品。例如,携程旅行网致力于向旅行者提供包括酒店预订、机票预订、度假预订、商旅管理以及旅游资讯在内的全方位在线旅行服务,它的目标顾客群主要锁定网上的商旅客户。因此,携程旅行网所有的服务都会围绕商旅客户的需求展开,这样的定位决定了携程旅行网可以最终成为商务旅行方面最优秀的网络服务专家。

② 网络营销的商品定位。网络营销商品可分为有形商品和无形商品两种。企业针对有形商品可销售民用品、工业品、农业品类。针对无形商品可提供资讯服务和软件销售,即销售资料库检索、电子新闻、电子图书、电子报刊、研究报告、论文类和电子游戏、套装软件;针对服务商品中的情报服务可销售法律查询、医药咨询、股票行情分析、金融咨询服务;针对服务商品中的互动式服务可销售网络交友、计算机游戏、远程医疗、法律救助;针对服务商品中的网络预约服务可销售火车票、电影票、入场券和预约饭店。

③ "填空补缺式"定位。"填空补缺式"定位是指企业寻找市场上尚无人重视或未被竞争对手控制的位置,使自己推出的产品能适应这一潜在目标市场需要的策略。腾讯公司推出的"移动 QQ"服务,就开创了移动通信与因特网的合作新领域。通常在两种情况下适用这种策略:一是这部分潜在市场即营销机会没有被发现,在这种情况下,企业容易取得成功;二是许多企业发现了这部分潜在市场,但无力去占领,这时需要有足够的实力才能取得成功。

④ "另辟蹊径式"定位。当企业意识到自己无力与强大的竞争者相抗衡来获得绝对优势地位时,可以根据自己的条件取得相对优势,即突出宣传自己与众不同的特色,在某些有价值的产品和服务上取得领先地位,与竞争者划清界限。如美国的七喜汽水,之所以能成为美国第三大饮料,就是由于采用了这种策略,宣称自己是"非可乐"型饮料,是代替可口可乐和百事可乐的消暑解渴饮料,突出其与两"乐"的区别,因而吸引了相当部分的两"乐"品牌转移者。

⑤ 比附定位。比附定位就是比拟名牌、攀附名牌来给自己的产品定位,借名牌之光使自己的品牌生辉。采取比附定位主要有 3 种办法:一是甘居"第二",就是明确承认本门类

中另有最负盛名的品牌,自己只不过是第二而已。这种策略会使人们对企业产生谦虚诚恳的印象,相信企业所说的是真实可靠的,这样自然而然地就使消费者能记住这个通常不易进入人们心中的品牌。二是攀龙附凤,就是承认同一门类中已卓有成就的名牌,本品牌虽自愧不如,但在某地区,或在某一方面还可与这些最受顾客欢迎和信赖的品牌并驾齐驱、平分秋色。内蒙古的宁城老窖,以"宁城老窖——塞外茅台"的广告诉求来定位,就是一个较好的例子。三是奉行"高级俱乐部策略",就是企业如果不能取得第一名,或攀附第二名,便借助群体的声望和模糊数学的手法,打出入会限制严格的俱乐部式的高级团体牌子,强调自己是这一高级团体中的一员,从而提高自己的地位形象。如可宣称自己是某行业的三大企业之一、50 家大企业之一、10 家驰名商标之一等。

(2) 网络目标市场定位的方法

① 以产品特性来定位。特别是新产品,产品的某些特性往往是竞争对手无法比拟的。这种定位往往容易收到良好的效果。

② 根据产品用途定位。如果使老产品找到一种新用途,也是为该产品创造定位的好方法。

③ 根据产品使用者定位。企业常常试图把某些产品指引给恰当的使用者或者某个细分市场,以便根据细分市场的特点建立恰当的形象。

④ 根据产品档次定位。产品可以定位为特定的产品档次,或者强调与其同档次产品相比具有的某些方面的差异特点。

⑤ 对抗另一产品的定位。可以在暗示另一产品的不利特点的基础上进行定位。如一家饮料厂以生产无色饮料来定位,暗示有色饮料的色素对人体健康不利。

3. 网络市场定位思路

(1) 根据公司营销现状定位

网上营销定位同网下营销定位密切相关,通过分析公司的营销现状进行网络市场定位,是一种重要的定位思路。

① 自己的公司销售什么。列出所有自己公司销售的产品和服务,然后,用一个短语来表明你的产品或服务的主要内容。例如,典型的回答是音像制品、计算机软件。这个短语告诉你需要将最初的定位活动指向你所能提供的产品或服务。

② 自己公司的顾客是哪些人。列出自己公司拥有的主要的顾客群体。公司的顾客可能包括专业人员、家庭主妇、中小企业经理或足球迷、游戏迷等。确认在自己公司的顾客群体中哪些是最有可能上网的人群。

③ 自己的公司在哪些方面与其他公司有所不同。不要轻易说公司"快捷",除非用某种可测量的方式证明自己的公司是最快捷的,或者正在朝这个方向努力;不要说自己的公司是"顾客至上",除非自己的公司拥有顾客的反馈或顾客服务奖证明在所属的行业中是这类公司之一。确认自己公司的优势找到一两个与其他公司有所不同的地方。

如果公司没有任何强项,那可是个危险信号。当竞争对手真正形成了他们自己的特色时,自己的公司的末日就快到了,现在抓紧分析还来得及。

例如,苹果电脑公司成立不久,该公司的个人电脑、二代苹果机极为畅销。当IBM 个人电脑也具有二代苹果机的特征时,苹果公司又推出了最容易操作的个人电脑 Macintosh(麦金托什)。但是当微软使个人电脑更容易操作后,Macintosh 的特征便荡然无存。

④ 正确评价公司的现有营销状况。将公司的徽标、文具、新闻工具、目录、新闻稿、印刷广告、电视和无线电商业广告、年度报告、公司官员的讲话、网页等收集到一起,再回想一些其他熟悉的公司徽标,可以是当地的银行、最近的快餐店、电脑公司、汽车制造商或公司的竞争者等(他们中许多人近年来更换了徽标,以更新他们的市场形象)。分析不同的徽标给了人们哪种印象。最有可能的是银行的徽标相当正式并且简单,给人的印象是银行是一种可靠、安全并且正直的企业。汽车制造商则想展示出它生产的汽车类型的某些特征。如卡迪拉克使用的是一种纹章,以示其王者之风和豪华之气。而法拉利则使用一匹前腿腾空的马以炫耀其强健的肌肉和速度。回过头来再看看自己公司的徽标,是否能够支撑起公司的定位形象。如果可以,将其用在网上;如若不能,考虑重新设计,推出新的徽标作为公司重新定位的营销策略,然后在网上广泛宣传。

⑤ 不必极力在网上频繁重塑公司的形象。因特网世界作为一种社会势力还是一种新生事物,而且只有某些群体的人们上网。当然,适度的网上展示可以为公司重新设置一个标杆,使公司看上去是如何在技术上走在时代的最前列。除此之外,不要走得太远。比如,公司的网上营销宣传工作不可以将一个持重的公司形象一夜之间变得面目全非,使网民误解、反感。理解公司传统的网络营销形象,会使公司网上营销定位富于成效,公司的形象在网民心目中持续、鲜明且良好。

(2) 根据网上消费行为特征进行

① 使用 E-mail 进行网上营销,需要谨慎而有礼节地进行。多数上网者使用 E-mail。E-mail 是网上最具影响力的应用方法,企业进行定位宣传的时候可以使用 E-mail,但需要谨慎而有礼节地进行。

② 不要过多地使用新闻组。据统计,在网络上仅有一半用户使用网上新闻组,因此,新闻组并不是对每个人都适用宣传的营销定位手段,但也不能忽略它们。企业进行定位宣传的时候可以使用新闻组,但不要过多地使用。

③ 将产品的相关信息公布在网络上以吸引更多的用户。Web 的最大用途是查阅。调查表明,用户上网的主要用途是查阅信息。企业进行定位宣传的时候要根据网上消费行为的这一特征,尽可能多地将产品的相关信息公布在网络上以吸引更多的用户关注到自己的企业。

④ 务必使搜索引擎及其他站点指向自己的站点。多数用户上网访问是支付费用的,为了快速找到具体的站点,更多的网络顾客使用搜索引擎和链接来找到其他的消息来源。为此,企业进行定位宣传的时候要根据网上消费行为的这一特征,务必使搜索引擎及其他站点与自己企业的站点相链接。

(3) 根据顾客群体的情况进行

将公司的顾客的大致情况与上网人群相比较,可能会发现一些顾客是公司网站早期发展阶段的更好的候选人。如果公司的顾客是低收入人群、在户外工作者、手工业者或者是不可能拥有或使用计算机的人,那么公司进行网上营销的需要就比较小。如果正式或非正式询问过公司的顾客中的某些人上了因特网,而得到的回应很少,那么公司可以将建立网站的速度放慢。如果公司所在地区在网络运用上的技术相对落后,那么可以放慢网上推销的步伐,但不能放弃,要坚持网上工作。因为网络市场是市场经济发展的必然趋势,基本顾客群体是发展的。

① 注意各类上网访问者。几乎任何一种行业的市场都会有一些新闻记者、分析家、投资者及有影响力的人去关注。他们的频繁上网为建立网上定位展示提供了宣传机会。如果公司不能给这些人看到公司最新资讯的、简明的、完整的网上定位展示，那么这些人对公司的印象会很糟糕，这不利于公司良好形象的定位。因此，进行网络市场定位宣传的企业要注意各类上网的访问者，及时向广大的上网访问者展示自己企业的良好形象。

② 注意潜在顾客。目前大量上网的限制因素不可能长久持续下去。根据调查，因特网使用者的人数在不断增加，同时，低成本计算机和宽带系统正吸引更多的人使用因特网。这会使每一个从事网络市场营销的企业增加更多的潜在顾客。企业进行网络市场定位时，千万不能忽视随时有可能上网的潜在顾客。试想作为公司刚刚上网的潜在的顾客，你不想让他们第一次的网络空间经历因为公司在网上很难搜寻，或网页显示超时，甚至完全找不到而留下一个坏的定位印象。

通常市场营销具有不可预测性，尤其是在因特网上的网络市场营销。做好和做不好的不确定性因素同时存在。许多公司未能达到他们的因特网上的目标，而另一些公司则成功地实现了他们宏伟的网络市场目标，但是要始终保持热情、积极、迅速、新颖，使公司增加获得成功的可能性。

（4）根据竞争对手状况进行

① 关注竞争对手。网上市场营销定位的一个关键策略就是对竞争对手的网上形象进行关注。可以通过几种不同的方式关注竞争对手的网上形象：访问其站点、看他们发布的广告、新闻稿、商用明信片及其他营销资料；从公司的顾客及同事那里了解竞争对手在网上采取了什么行动。

② 与竞争对手比较优势和劣势。在关注竞争对手进行调查和搜集信息的基础上，将竞争对手的网上形象和公司的网上形象进行对照比较，找出竞争对手和公司的优势和劣势。可以用创建对照图表的方法将其限制在量化的方面：由"是"或"不是"的回答；或者一个数字或一个简短的语句。不必使用定性判断，如"糟糕"、"缓慢"或"漂亮"这样的词。网上形象最重要的部分，也是开发成本最高的部分当然就是网站本身。因此对竞争对手的网站需要仔细分析对比。分别描述网站的不同方面，如网址、页数、用于接收反馈信息的地址、所列举的销售地址、网上销售、图表利用、多媒体利用等。在表中列出其网站的主要方面，如公司介绍、产品、新闻、技术支持及信息反馈等。

总之，企业在进行网络市场定位时，一方面，要了解竞争对手具有何种特色；另一方面，要研究顾客对网络各种属性的重视程度，然后根据这两方面进行分析，再选定本企业的特色和独特形象。至此，就可以塑造出一种用户喜爱的定位形象。

4.3 实现方法与步骤

4.3.1 分析网络市场定位

第 1 步：在浏览器地址栏中输入"http://www.sohu.com"，进入搜狐网首页，如图 4-8 所示，了解其功能与风格，分析其市场定位。

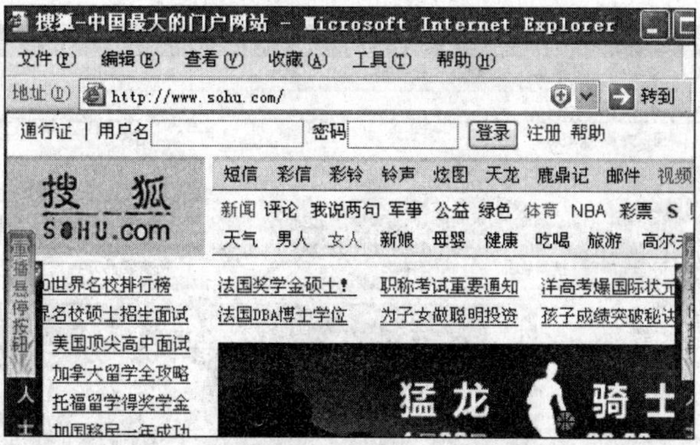

图 4-8　搜狐网首页

第 2 步：在浏览器地址栏中输入"http://www.mengniu.com.cn"，进入蒙牛网站首页，如图 4-9 所示，了解其功能与风格，分析其市场定位。

图 4-9　蒙牛首页

第 3 步：在浏览器地址栏中输入"http://www.stats.gov.cn"，进入国家统计局首页，如图 4-10 所示，了解其功能与定位。

图 4-10　国家统计局首页

第 4 步：在浏览器地址栏中输入"http://www.eachnet.com"，进入易趣首页，如图 4-11 所示，了解其功能与风格，分析其市场定位。

第 5 步：在浏览器地址栏中输入"http://www.chemm.cn"，进入中国化工机械网首页，如图 4-12 所示，了解其功能与风格，分析其市场定位。

图 4-11 易趣首页

图 4-12 中国化工机械网首页

4.3.2 网络市场独特卖点的提炼和展现

要想吸引用户的目光,就得想出一个与别人不一样的思路,也就是独特的卖点。这个特殊点可能很微小,但必须做到别人没有。可以考虑的方向包括以下几个方面。

1. 市场上的第一个

任何事情的第一名都最吸引目光。大家都会记住奥运金牌得主,银牌、铜牌得主哪怕成绩与金牌只差一点点,被记住的可能性却不大。第一名就是资历,就是别人夺不走的独特之处。

雅虎是第一个分类目录网站,登录雅虎目录每年都要收取 299 美元的网站审核费用(只是审核费用,不保证收录)。很多网站都是心甘情愿交这笔费用的。其实网上目录多如牛毛,大部分都是免费收录网站的,就算要收费也很少。但没有一个能超越雅虎,实际上连接近的都只是一两个而已。亚马逊书店,作为第一个网上书店,一出现就已经给其他要进入这个行业的网站设下了较高的门槛。

2. 创造和拥有新的产品特性

在所有产品都趋于同质化时,任何一个新的产品特性都会使公司的产品与其他竞争产品区别开来。比如印象最深的是海飞丝洗发水,当所有洗发水在人们的印象中都已经定型,功能没什么区别时,海飞丝把自己标志为去头屑洗发水,这是一个崭新的产品功能。虽然这个特殊性陆续被其他厂家和产品模仿和抄袭,但是最先提出这一功能的还是会在用户头脑中留下最深刻的印象。

日用品比较容易在产品特性和功能上有创新,牙膏是另外一个例子。本来牙膏的功能比较单一,无非就是清洁牙齿。但是当一个品牌的牙膏提出新特性时,就足以与其他品牌相区别。诸如抗过敏牙膏、杀菌牙膏、防龋齿牙膏、美白牙膏等。现在这些概念都已经很大众化,但每一种功能刚提出来时,都曾经是其他牙膏不具备的特殊卖点。

3. 历史传统

有些产品和品牌具有深厚的历史传统,这是时间和金钱堆积出来的,很难被其他产品所替代。而拥有这种传统历史的品牌也应该不断加强这种传承,把它塑造成竞争对手永远无法具备的独特卖点。可口可乐与百事可乐一直是一对冤家,但可口可乐一直强调自己是The Real Thing,即是原本的那个可乐。这个观念的不断加深,使很多消费者认为可乐类饮料指的就应该是可口可乐。

可口可乐也曾经尝试推出新可乐,希望占据更多青年人市场。但事与愿违,所谓新可乐看不出有什么新的地方,却削弱了可乐的历史传统。新可乐的推出使可口可乐的品牌弱化,逼迫可口可乐公司又回到强调The Real Thing的道路上。相对的,百事可乐则一直强调自己的年轻时尚特征。

苹果电脑也是一个具有历史传承的品牌。苹果电脑就意味着时尚、新潮,这一概念已经在用户思想中形成定势。苹果无论是推出iMac、iPod,还是iPhone,都有苹果爱好者追捧。

4. 专门化

如果目标市场规模比较大,网站还可以专注于垂直领域,加强专门化的形象。

比如国内已经有很多社会化网络,诸如豆瓣网(图4-13)、开心网(图4-14)、人人网、海内网、一起网、蚂蚁网等,社会化网络已经成为一种潮流。IT界的领袖人物之一洪波和刘韧创建5Gme.com网站,没有试图与这些社会化网站竞争,而是把自己定位于IT界的社会化网站。这样的定位使用户有更强的归属感,在网站上所看到的都是IT界同仁,很多是名人,用户参与度也更高。

图 4-13　豆瓣网

图 4-14　开心网

5. 市场领先地位

有的时候"市场份额第一"本身就是个很好的卖点。比如百度,在搜索引擎市场百度不是第一个,产品质量上百度也谈不上是最好,搜索领域本身的创新也很少由百度开始,但是百度有一个所有竞争对手都没有的独特性,那就是超过一半的市场占有率。当百度开始进入市场时,需要综合运用多种推广手法。如今已经占领大部分市场份额的百度,只要强调自己的市场份额,就已经使很多用户不得不选择百度。用户都害怕做出错误选择,所以常常会选择那些市场份额领先的品牌。如果一个品牌告诉用户,每三个人当中有两个是用我们的产品,这对用户就是个强大的心理暗示,不选择这个产品就可能意味着做了错误的选择,自己成为不明智的少数分子。虽然这种逻辑很多时候并不成立,但害怕做出错误选择是人的共性。

6. 产品制作过程

现在很多产品都是大规模工业化生产,制作过程相差不多。这就使得某类手工制作或家庭作坊产品的独特制作过程有可能成为别人不具备的卖点。人们都知道瑞士手表价格高,其中重要的原因之一就是标榜手工制作。从手表的实用功能上来看,是手工制作还是大规模生产,对计时准确性有什么影响吗?应该没有。但手工制作就是一个不一样的地方。

4.4　技 能 训 练

4.4.1　分析目标市场

【训练目的】

了解 3 种即时通信工具的区别。

【训练内容】

比较 MSN、QQ 和 Aliww 这 3 种即时通信工具的使用人群,并分析它们的优势和劣势。

【训练步骤】

(1) 下载安装并注册 MSN。

(2) 下载安装并注册 QQ。

(3) 下载安装并注册 Aliww。

4.4.2　分析网络市场定位的特色

【训练目的】

理解并掌握网络市场定位的思路。

【训练内容】

分析携程旅行网与世界经理人网的市场定位。

【训练步骤】

(1) 从百度查找携程旅行网的网址,进入携程旅行网网站,体会携程旅行网网络市场定位的效果,并描绘出携程旅行网的目标市场。

(2) 从百度查找世界经理人网的网址,进入世界经理人网网站,体会世界经理人网网络市场定位的效果,并描绘出世界经理人网的目标市场。

习　题　4

一、名词解释

网络市场细分　无差异市场营销　差异市场营销　集中市场营销　网络市场定位

二、判断题

1. 网络市场细分就是对不同的产品进行分类。　　　　　　　　　　　　　(　　)

2. 在同一细分市场内部,消费者的需求大致相同;不同细分市场之间,则存在着明显的差异性。　　　　　　　　　　　　　　　　　　　　　　　　　　　　　(　　)

3. 细分市场只要满足可测性、可及性、有偿性、可行性中的一条就可以了。　(　　)

4. 目前存在的 B to C、B to B、B to G、C to C 等电子商务模式就是市场细分的结果。
　　　　　　　　　　　　　　　　　　　　　　　　　　　　　　　　　(　　)

5. 不同的最终用户对同一产品往往有不同的要求。　　　　　　　　　　　(　　)

6. 差异性目标市场策略比无差异性策略能更好地满足不同消费者的需要。　(　　)

7. 网上营销定位可以和网下营销定位不同。　　　　　　　　　　　　　　(　　)

三、单选题

1. 网络市场可以分成若干个细分市场,每个细分市场都是由需求和愿望大体相同的(　　)组成。

　　A. 企业　　　　　　　B. 产品　　　　　　　C. 市场　　　　　　　D. 消费者

2. 空调在炎热的华南、华东和华中等地区有很大的需求,而在气温较低的东北、西北等地区却销售不畅。这是受到了消费品市场需求中(　　)的影响。

　　A. 地理标准　　　B. 人口标准　　　　C. 行为标准　　　　D. 心理标准

3. 生产奶粉的企业,针对不同年龄段推出不同配方的奶粉以适应不同的消费者市场的需求。这是受到了消费品市场需求中(　　)的影响。

　　A. 地理标准　　　　B. 人口标准　　　　　C. 行为标准　　　　D. 心理标准

4. 汽车生产厂商与造船厂相比,对所需的钢材规格、型号以及质量等多方面有很多差异。这应该考虑生产资料市场细分标准中的(　　)。

A. 最终用户   B. 地理位置   C. 经营规模

5. 青岛双星集团公司,生产多品种、多款式、多型号的鞋,满足国内外市场的多种需求。该公司采取的是( )目标市场营销策略。

    A. 无差异   B. 差异   C. 集中   D. 综合

6. 适合中小企业采用的是( )目标市场营销策略。

    A. 无差异   B. 差异   C. 综合

7. 处在介绍期或成长期的新产品,最好采用( )目标市场营销策略。

    A. 无差异   B. 差异   C. 综合

四、简答题

1. 网络市场细分的原则是什么?

2. 简述网络市场定位策略。

3. 简述网络市场定位思路。

第 5 章

网络营销的基本方法

网络营销的方法是网络营销战略的核心，了解网络营销基本方法的特点和优势，有利于在网络营销策划中选择最适合企业实际的网络营销方法。本章介绍了电子邮件营销、搜索引擎营销、病毒式营销等网络营销基本方法。

本章主要内容

网络营销基本方法的概念、特点和优势；

在网络营销过程中常用的方法；

在网络营销过程中的基本营销方法；

电子邮件营销与搜索引擎营销的营销方法与技巧。

能力培养目标

培养学生熟练掌握在网络营销过程中能灵活使用相应的营销方法，通过技能训练验证有关内容，提高开展网络营销的能力，会将所学的知识运用在网店经营中。

5.1 电子邮件营销

E-mail 营销是网络营销中信息传递的重要手段之一，与其他网络营销体系相辅相成又自成体系。E-mail 营销在发达国家已经成为一个成熟的网络营销应用行业；在国内，尽管 E-mail 营销这个概念已经不太陌生，但无论在理论上还是操作上都还处于启蒙阶段。因此，有必要从认识上和方法上加深对它的了解，进一步促进我国 E-mail 营销的发展。

5.1.1 案例导入与思考

案例导入

"新江南"公司的 E-mail 营销

"新江南"旅游公司为了在"五一黄金周"之前进行公司旅游项目促销，公司营销人员计划将 E-mail 营销作为重点策略之一。公司在网络营销方面并没有多少经验，因此这次活动计划将上海作为试点城市,仅选择部分满足营销定位的用户发送 E-mail 广告。目前暂时没有条件开展网上预订活动,主要是品牌宣传。

"新江南"公司网站的功能比较简单,主要是公司介绍、旅游线路介绍、景点介绍等。网站上有一个会员注册区,有用户 1000 多人,但是由于疏于管理,已经有半年多没有向会员发送过信息。公司内部的营销资源非常有限,还需要借助于专业服务来发送 E-mail 广告。在服务的选择上,花费了比较多的时间,因为首先要对服务的邮件列表定位程度、报价和提供的服务等方面进行比较分析,"新江南"最终选择了新浪上海网站,该网站有一份关于上海市白领生活的电子周刊,订户数量超过 300 000 份,这份电子刊物将作为本次 E-mail 营销的主要信息传递载体。

为了确保此次活动取得理想的效果,公司将从 2004 年 3 月 26 日开始连续 4 周投放 E-mail 营销信息,发送时间定为每周三,前两次以企业形象宣传为主,后两次针对公司新增旅游路线进行推广。接下来公司市场人员的主要任务是设计 E-mail 广告的内容,针对内部列表和外部列表分别制作,并且每个星期的内容都有所不同。

E-mail 营销活动结束后,网络营销人员吃惊地发现,在进行 E-mail 营销期间,公司网站的日平均访问量比上个月增加了 3 倍多。

案例分析

"新江南"旅游公司在激烈的市场竞争中,选择 E-mail 营销作为营销策略。采用 E-mail 形式进行广告宣传,打造旅游行业品牌,其成功的案例值得借鉴。

(1) E-mail 营销目标清晰

"新江南"旅游公司选择新浪上海网站的电子周刊作为信息传递载体,将营销目标定位在上海市的白领阶层,避免毫无目的的 E-mail 营销,提高营销效益。

(2) 制定 E-mail 发送方案,有计划地进行 E-mail 营销

"新江南"旅游公司前期的 E-mail 营销以形象宣传为主,后期以公司旅游业务为主,争取每期营销的内容不同,避免过于频繁的邮件"轰炸",从而实现营销目标。

想一想 ?

(1) 试分析"新江南"公司 E-mail 营销成功的原因。

(2) 公司开展 E-mail 营销应该注意哪些事项?

5.1.2 知识点

1. 电子邮件的概念

电子邮件(Electronic mail, E-mail)是因特网上使用最广泛的一种服务。电子邮件是以文件方式存放在计算机中,称为报文(Message)。计算机网络传送报文的方式与普通邮电系统传递信件的方式类似,采用的是存储转发方式。就如信件从源地到达目的地要经过许多邮局转发一样,报文从源节点出发后,也要经过若干网络节点的接收和转发,最后到达目的节点,而且接收方收到电子报文阅读后,还可以以文件的方式保存下来,供今后查阅。由于报文是经过计算机网络传送的,其速度要比普通邮政快得多,收费也相对低廉,因而为人们提供了一种人际通信的良好手段。电子邮件报文中除了包含文字信息外,还可以包含声

音、图形和图像等多媒体形式的信息。

2. 电子邮件的基本原理

电子邮件与普通邮件有类似的地方,发信者注明收件人的姓名与地址(即邮件地址),发送方服务器把邮件传到收件方服务器,收件方服务器再把邮件发到收件人的邮箱中,如图 5-1 所示。

发件人 → 发送服务器 → 接收服务器 → 收件人

图 5-1　电子邮件的基本原理

目前使用的 SMTP(简单邮件传输协议)是存储转发协议,意味着它允许邮件通过一系列的服务器发送到最终目的地。服务器在一个队列中存储到达的邮件,等待发送到下一个目的地。

3. 邮件列表

邮件列表(Mailing List)是 E-mail 营销的基本手段之一,在 E-mail 营销中具有重要作用。邮件列表的起源可以追溯到 1975 年,是因特网上最早的社区形式之一,也是 Internet 上的一种重要工具,用于各种群体之间的信息交流和信息发布。早期的邮件列表是一个小组成员通过电子邮件讨论某一特定话题,一般通称为讨论组,讨论组很快就发展演变出另一种形式,即有管理者管制的讨论组——也就是现在通常所说的邮件列表,或者叫狭义的邮件列表。

讨论组和邮件列表都是在一组人之间对某一话题通过电子邮件共享信息,但二者之间有一个根本的区别,讨论组中的每个成员都可以向其他成员同时发送邮件,而对于现在通常的邮件列表来说,是由管理者发送信息,邮件列表列出的用户只能接收信息。因此也可以理解为,邮件列表有如下两种基本形式。

(1) 公告型:即邮件列表,通常由一个管理者向小组中的所有成员发送信息,如电子杂志、新闻邮件等。

(2) 讨论型:即讨论组,所有的成员都可以向组内的其他成员发送信息,其操作过程简单来说就是发一个邮件到小组的公共电子邮件,通过系统处理后,将这封邮件分发给组内所有成员。

4. 电子邮件营销概述

(1) 电子邮件营销发展潜力大

据美国一家销售和营销研究公司公布的一项调查报告显示,在网络商业营销方面,电子邮件营销方式成本只有直邮的 1/5,只有网上招牌广告的 1/20,回报率也相当可观。

由于电子邮件营销成本低廉,而且效果好,美国许多大公司已将其列为今后一年内的头号营销策略。据美国的合众国际社曾委托某调研公司对因特网网民进行的调查显示,80％的计算机用户相信,未来 5 年因特网将不断"侵蚀"报业,因特网将成为重要的新闻和信息来源。21 世纪的厂商会将自己的产品广告通过电子邮件送到千家万户,从而使电子邮件营销成为一个发展潜力巨大的市场。

（2）电子邮件营销的优点

① 便捷。电子邮件根本不用制作印刷品,也不用雇用人力投递。

② 成本低廉。电子邮件制作成本和发送成本都比传统邮件低得多,企业每发送一份电子邮件的成本仅为几分钱。

③ 反馈率高。电子邮件本身具有定向性,其使用的便捷性也会导致更高的反馈率。与电话推销、邮寄推销信等传统的营销方法相比,现代网络化工具——电子邮件已逐渐开始体现出其优势。由于其具有方便、快捷、成本低等特点,这种营销方式正如雨后春笋般地成长。

5. 电子邮件营销的基本方式及技巧

说起电子邮件营销,很多人都会联想到垃圾邮件,利用一些群发工具盲目地乱发,而这里说的是一种许可式的电子邮件营销,而绝非 SPAM(垃圾邮件)行为。这里以国外英文网站来举例。

（1）如何获得用户的电子邮件地址

对于一些外贸企业进行网络营销来说,网站是一个良好且有效的途径,一些网站在规划和建设中都有一个留言或者说是有储存的功能,可设计几个必填项让用户填写,如电话、电子邮件地址等,方便及时联系,加强沟通,促进对公司以及产品的进一步地了解,最大限度地将其转化为客户。另外就是提供注册功能,通过注册信息里填写的电子邮件地址,来获取有效的电子邮件地址。取得用户电子邮件地址为以后提醒他们提供便利。

（2）如何吸引用户留下电子邮件地址

在提供询盘功能的网站,客户有一定意向消费时自然就会留下邮件地址。而通过注册方式如何来吸引用户呢? 一定要给用户一个理由让他主动来注册,如产品最新报价、行业最新资讯、注册会员优惠等,而且注册所填项不要过于复杂,留个姓名、电话以及 E-mail 就够了,如果太多可能引起反感,使得注册失败。同时把注册功能或者按钮放在一个醒目的位置,这些都是基于用户体验度来考虑的。

（3）电子邮件营销的优势

正如前面所说的,如果用户来到你的网站没买东西就离开了,以后再一次来你的网站的几率也非常低。那么如何让他们记住你的网站呢? 这时候电子邮件就起作用了,你可以通过获取的电子邮件地址列表来给这些潜在客户定期发邮件,让他们无论身处何处,都知道有你的存在。

（4）电子邮件的内容

电子邮件列表获取到了,电子邮件营销的思路也已出来,而下一步就是写邮件、发邮件。那么电子邮件的内容应该从哪些方面着手写呢? 在取得用户最新信息的时候,发一些最新的产品信息报表之类的东西,如连续发 7～10 封最新产品信息的报表。然后定期地给用户发送一些电子邮件,内容包括新产品上市的时间或者是优惠活动的时间。需要注意的是,这些内容必须有实际内容,否则很容易将这些意向客户丢失掉。到目前为止,这种许可式电子邮件营销还是十分有效的。但是请记住:许可式的电子邮件营销与发垃圾邮件是两回事。

6. 电子邮件营销的注意事项

如果你想有效地发挥 E-mail 营销的功能,请留意"E-mail 营销十忌"。

（1）滥发邮件

有专家建议，对于未经许可的电子邮件，有两条恒定的规则：一是不要发送；二是如果你打算只做一次，请参阅第一条执行。使用电子邮件营销工具，你只能发给那些事先经过许可的人。

（2）邮件没有主题或主题不明确

电子邮件的主题是收件人最早可以看到的信息，邮件内容是否能引人注意，主题起到相当重要的作用。邮件主题应言简意赅，以便收件人决定是否继续阅读邮件内容。

（3）隐藏发件人姓名

这种邮件给人的感觉是发件人在做什么见不得人的事情，否则，正常的商务活动为什么害怕露出自己的真面目呢？开展网上营销活动，还是要以诚信为本。

（4）邮件内容繁杂

电子邮件宣传不同于报纸、杂志等印刷品广告，篇幅越大越能显示出企业的实力和气魄。电子邮件应力求内容简洁，用最简单的内容表达出你的诉求点，否则，内容再多也没有价值，只能引起收件人的反感，而且对于那些免费邮箱的使用者来说，因为有空间容量限制，太大的邮件肯定是被删除的首选对象。根据经验，每封邮件不宜超过 7KB。

（5）邮件内容采用附件形式

有些发件人图省事，将一个甚至多个不同格式的文件作为附件插入邮件内容，自己省事了，却给收件人带来很大麻烦。由于每个人所用的操作系统、应用软件有所不同，附件内容未必可以被收件人打开。所以，最好采用纯文本格式的文档，把内容尽量安排在邮件的正文部分，除非插入图片、声音等资料，否则不要使用附件。

（6）发送频率过于频繁

研究表明，同样内容的邮件，每个月发送 2～3 次为宜。不要错误地认为，发送频率越高，收件人的印象就越深。过于频繁的邮件"轰炸"，只会让人厌烦。

（7）没有目标定位

也许你的邮件地址是从网上收集的，也许是从他人手中买来的，或者是根据某种规律推断出来的。总之，得到这些资源后，只是不加区分地发送垃圾邮件，这样的营销是没有效果的。

（8）邮件格式混乱

虽然说电子邮件没有统一的格式，但作为一封商业函件，至少应该参考普通商务信件的格式，包括对收件人的称呼、邮件正文、发件人签名等内容。

（9）不及时回复邮件

评价 E-mail 营销成效的标志之一是顾客反应率，有客户回应，理应及时回复发件人，然而并非每个公司都能做到这一点。

（10）对主动来信的顾客抬高价格

如果你认为顾客一定会选用你的产品，可以对其索要高价，那就大错特错了。因为在因特网这个开放的大市场里，同类产品的供应者总是很多。所以，为顾客提供最优质的产品、最低廉的价格才是取得成功的唯一法宝。

5.1.3　实现方法与步骤：电子邮件营销

第 1 步：确定目标顾客群。

首先考虑是建立自己的邮件列表,还是利用第三方提供的邮件列表服务。这两种方式都可以实现 E-mail 营销的目的,但各有优缺点。利用第三方提供的邮件列表服务,费用较高,很难了解潜在客户的资料,事先很难判断定位的程度如何,还可能受到发送时间、发送频率等因素的制约。由于用户资料是重要资产和营销资源,因而许多公司都希望拥有自己的用户资料,并将建立自己的邮件列表作为一项重要的网络营销策略。

第 2 步：制定发送方案。

应尽可能与专业人员一起确定目标市场,找出潜在的用户,确定发送的频率。发送 E-mail 的频率应该与顾客的预期和需要相结合,这种频率预期因时、因地、因产品而异,从每小时更新到每季度的促销诱导。还应注意电子邮件应该有明确的主题。

第 3 步：发送 E-mail,收集反馈信息,及时回复。

可以选定群发邮件,也可针对某些顾客进行单独发送。开展营销活动应该获得特定计划的总体反应率(例如点击率和转化率)并跟踪顾客的反应,从而根据顾客过去的反应行为作为将来的细分依据。当你接到业务问询时,你应及时做出回复,最好在 24 小时以内,给对方受重视的感觉,还传达出你希望赢得这笔业务的诚意。

第 4 步：更新邮件列表。

根据从顾客得到的信息进行整理,更新邮件列表,创建一个与产品和服务相关的客户数据库,增加回应率,同时了解许可的水平。通过这些信息,加深个性化服务,增强顾客的忠诚度。

第 5 步：提供 E-mail 营销服务。

① 在接到订单时要及时确认,明确发货时间。及时做出确认,是一项基本的商业礼节。顾客都有这样的需求。

② 提供个人信息保护。据调查,大约有 77% 的因特网用户会因为需登记个人信息而离开网站,因此,网站要保证客户资料的安全。

③ 开展提醒服务。据统计,半数以上营销人员已经进行过提醒服务和定制提醒计划的实验,包括时间提醒(如生日)、补充(如替换、升级)和服务备忘录(如预定维护)。提醒服务专注于顾客需求并塑造了将来顾客的购买行为。

④ 对忠实顾客提供更多的优惠服务。获得一个新的顾客比留住一个现有顾客代价要大得多,这是基本常识。

5.1.4　技能训练

【训练目的】

了解许可 E-mail 营销的基本原理和步骤。

【训练内容】

(1) 制订许可 E-mail 营销计划,掌握邮件列表内容的设计。

(2) 自动邮址收集软件、邮址整理软件、群发邮件软件的下载安装和使用。

【训练步骤】

（1）在你的网站上设置会员注册区，收集会员邮件列表。

（2）搜索自动邮址收集软件和邮址整理软件，下载并安装，掌握自动邮址收集软件和邮址整理软件的使用。

（3）搜索群发邮件软件，下载并安装，学会群发邮件。

（4）登录某网站，注册会员并订阅数码类邮件列表服务，创办一个杂志。

5.2　搜索引擎营销

搜索引擎营销是网络营销方法体系的重要内容之一，已成为中小企业网站推广的首要方法。搜索引擎营销是一种网络营销的模式，其目的在于推广网站，增加知名度，通过搜索引擎返回的结果，来获得更好的销售或者推广渠道。根据客户使用搜索引擎的习惯，利用客户检索信息的机会，尽可能地将营销信息传递给目标受众。

5.2.1　案例导入与思考

案例导入

搜索引擎助龙行网跻身国内行业五强

龙行网（www.long369.com）主要提供酒店、机票打折预订、城市信息搜索、人脉搜索、个人主页等服务，龙行网主页如图 5-2 所示。龙行网于 2004 年年底正式开通，半年后便脱颖而出，跻身国内行业五强。

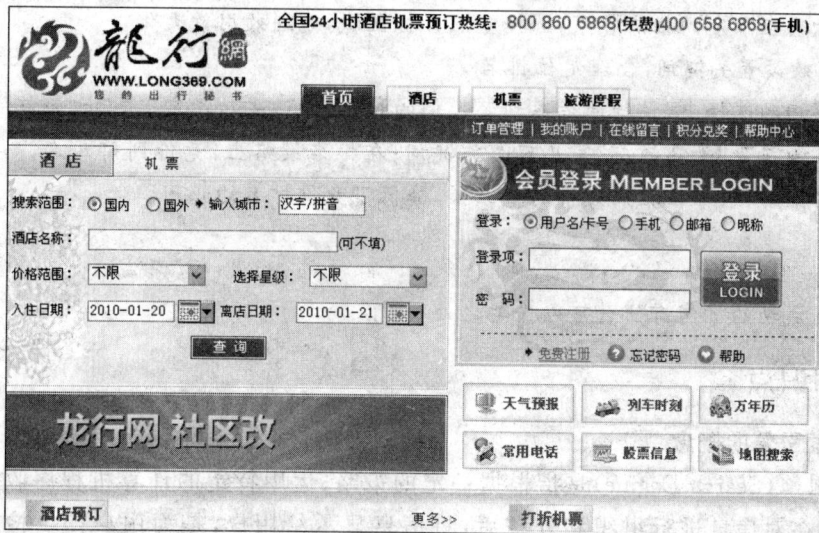

图 5-2　龙行网主页

以打造"城市消费第一门户"、"出行秘书"为目标的龙行网，在为消费者提供出行服务、消费指南的基础上，推出了电子打折券新服务，这是行业内的一个创新。但是，如何把龙行网的特色和增值服务传递给更多的目标消费者呢？龙行网改变了传统的宣传方式，将宣传重点转移到因特网上,选择在百度上做搜索引擎竞价排名。先后设定了"预订酒店"、"预订机票"和"北京酒店"、"青岛酒店"等几百个关键词,并竞价到前几名。

启用竞价排名当天,龙行网的访问量就增加了3倍,由原来的每天3万上升至10多万,网络推广所带来的订单也呈几何级递增。1年后,公司每天的电话打到1000多个,订单额也从每天5万元增至30万元,其中,网络推广带来的线上交易量占总交易量的60%以上。

案例分析

旅游业电子商务的竞争无疑是激烈的。要想在激烈的竞争中脱颖而出,不仅要"服务制胜",充分利用资源优势,打造特色服务,扩大增值服务项目,还要"广为人知"。如果龙行网"养在闺中无人知",那么服务再好、特色再明显,也不会有目标消费者关注,更不会带来效益。龙行网采取在百度上做竞价排名推广的方法,可以说将自己的服务优势准确、快速地传递给了目标消费者,值得借鉴。

(1) 迎合了目标消费者获取信息的习惯

随着因特网的日益普及,越来越多的消费者习惯于从网上获取旅游、出行的相关信息,一方面,网络更加便捷;另一方面,信息容量更大,可以让消费者全方位进行比较。搜索引擎强大的功能,使得众多的消费者依赖于通过搜索来获取需要的相关信息。因此哪个网站如果能在搜索结果中名列前茅,则锁定潜在客户的机会较其竞争对手无疑要大得多。

(2) 有针对性地选择搜索引擎

龙行网在众多的搜索引擎中选择百度,可以说比较好地契合了其目标消费群。百度74.5%的市场份额,无疑覆盖了更广泛的目标群体。此外,百度按区域投放关键词的策略,可以使龙行网在限定的推广费下,选择重点目标区域,达到效用最大化。

(3) 有效设置关键词,合理定位排名

在关键词的选择上,龙行网考虑到了人们的搜索习惯,先后设定了"预订酒店"、"预订机票"和"北京酒店"、"青岛酒店"等几百个关键词;在排名策略上,竞价到前几名,而不是片面地追求排名第一,在保证推广效果的基础上,降低了竞价排名的费用。

想一想?

龙行网成功的案例有什么可以借鉴之处?

5.2.2 知识点

1. 搜索引擎的概念

搜索引擎(Search Engine)是指根据一定的策略、运用特定的计算机程序收集因特网上的信息,在对信息进行组织和处理后,将信息显示给用户,是为用户提供检索服务的系统。

2. 搜索引擎的基本原理

搜索引擎先将网站收录至其服务器,以备随时被用户查询,这是前提条件。用户需要相关信息时,便会使用计算机通过网络,将需要查询的信息的关键词或词语输入至搜索引擎中,向搜索引擎查询。搜索引擎服务器在接收到用户的查询要求后,便会将用户输入的关键词或词语与服务器里收录的网站进行对比。如果查询到有相应的网站上有与关键词匹配的信息,便将这些网站返回给用户,并以在搜索引擎搜索页显示的方式展示给用户。搜索引擎的基本原理如图 5-3 所示。

3. 搜索引擎营销的主要模式

所谓搜索引擎营销,就是根据用户使用搜索引擎的方式,利用用户检索信息的机会尽可能将营销信息传递给目标用户。或者说,企业利用这种被用户检索的机会实现信息传递的目的,就是搜索引擎营销。

搜索引擎营销已经历了 4 个发展阶段,但是每一阶段的搜索引擎营销方式并非是完全排斥的,通常是在保持前一阶段有效方法的基础上,出现新的搜索引擎营销模式。搜索引擎有以下几种常见的主要营销模式。

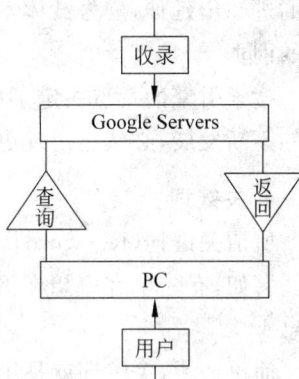

图 5-3　搜索引擎的基本原理

(1) 免费登录分类目录

这是最传统的网站推广手段,方法是企业登录搜索引擎网站,将自己企业网站的信息在搜索引擎中免费注册,由搜索引擎将企业网站的信息添加到分类目录中(如中文搜狐网站引擎免费登录注册的方法)。现在,免费登录分类目录的方式已经越来越不适应实际的需求,将逐步退出网络营销的舞台。

(2) 搜索引擎优化

搜索引擎优化(Search Engine Optimization,SEO)也叫网站优化,是通过对网站本身的优化使其更符合搜索引擎的搜索习惯,更符合用户的搜索习惯,从而获得比较好的搜索引擎排名。通过搜索引擎优化不仅要使网站获得好的搜索引擎排名,更应该使网站获得较多的业务机会和效益。

(3) 收费登录分类目录

收费登录分类目录与免费登录方法非常相似,仅是需要付出一定的费用才能够实现的一种搜索引擎营销方法。

(4) 关键词广告

关键词广告也是付费搜索引擎营销的一种形式,或称为搜索引擎广告、付费搜索引擎关键词广告等。当用户利用某一关键词进行检索,在检索结果页面中,会出现与该关键词相关的广告内容。由于关键词广告具有较高的定位,其效果比一般网络广告形式要好,因而获得快速发展。

(5) 关键词竞价排名

竞价排名是一种按效果付费的网络推广方式,由百度在国内率先推出。企业在购买该项服务后,通过注册一定数量的关键词,其推广信息就会率先出现在网民相应的搜索结果中。竞价排名属于许可式营销,它让客户主动找上门来,只有需要的用户才会看到竞价排名的推广信息,因此竞价排名的推广效果具有很强的针对性;其次,竞价排名按照效果付费,根据给企业带来的潜在客户访问数量计费,没有客户访问不计费,企业可以灵活控制推广力度和资金投入,投资回报率高。

(6) 网页内容定位广告

网页内容定位广告是基于网页内容定位的网络广告,也是关键词广告搜索引擎营销模式的进一步延伸,广告载体不仅仅是搜索引擎搜索结果的网页,也延伸到这种服务的合作伙伴的网页。

搜索引擎的特点决定了搜索引擎营销是网络营销最重要的一种应用。随着搜索引擎技术的不断发展,必然会出现更多新的搜索引擎营销的方式和方法。

4. 关键词

所谓关键词(Keyword),就是希望访问者了解的产品、服务或者公司等内容名称的用语。譬如,有一个客户想在网上买鲜花,他将会在搜索框中输入关键词"鲜花",寻找相关信息。

简单地说,关键词就是用户在使用搜索引擎时输入的、能够最大限度概括用户所要查找的信息内容的字或者词,是信息的概括化和集中化。比如上面例子中的"鲜花"。在搜索引擎优化(SEO)行业中,谈到的关键词,往往是指网页的核心和主要内容。

5. 搜索引擎优化方法

搜索引擎优化是可以给网站带来巨大流量的最有效的方法。充分利用 SEO 带来的有利结果,能够为你的商业活动带来巨大的收益。但是,要想把几个搜索关键词排名做好是件非常繁杂的工作,并且专业搜索引擎优化公司提供的这项服务收费也很高。

下面介绍一下搜索引擎优化方法。

(1) 实行交换链接

通过跟其他网站交换链接,可以很大程度上增加你网站的知名度,这一点对排名来说是非常重要的有机组成部分。

(2) 撰写并在文章目录中提交文章

这是获得返回链接的一种非常有效的方法。在你写的每一篇文章中都要放上返回链接,在 URL 中的链接锚文本记得要把你想要优化的关键词包含进去。你的文章提交到目录中之后,网站站主可能会选用你的这些文章,然后在他们的网站上重新发布。

(3) 注册一个经过优化的关键词域名

比如你的网站是销售高尔夫设备用品的,并且想要优化与高尔夫有关的关键词。那么在域名里面加入"golf"这个关键词是非常明智的。当别人搜索与高尔夫有关的搜索词时,在搜索引擎看来,你的域名看起来很适合这样的搜索。你的域名与高尔夫越相关,你的网站获得好的排名机会就越大。

(4) 保持网站结构简单

保持你的网站结构简单,网站的浏览者就可以很容易地从一个页面跳到另一个页面。同时,你的网站对搜索引擎越友好,搜索引擎蜘蛛就越容易抓取你的网站内容。

(5) 收藏你的网站

一些平台例如 Digg、Reddit、StumbleUpon 以及 Squidoo 等都是很好的可以获得高质量返回链接的平台。但是不要有兜售信息的企图,否则网站会被列入黑名单。

6. 典型搜索引擎产品

目前主流的搜索引擎主要有 Google、百度、Yahoo!等。

(1) Google

Google 是目前全球规模最大的搜索引擎,它提供了简单易用的搜索服务,如图 5-4 所示。

图 5-4 Google 搜索引擎

PageRank(网页级别)技术简称 PR,是 Google 排名的核心技术。有关 Google 的 SEO 主要是围绕如何提高网站的 PR 值展开的。

PR 将从源网页指向目标网页的链接解释为由源网页对目标网页所投的一票,这样,PR 会根据目标网页所收到的投票数以及源网页的 PR 值来评估目标网页的重要性。PR 值较高的网页在搜索结果的列表中排名比较靠前。

(2)百度

百度是全球最大的中文搜索引擎,如图 5-5 所示。

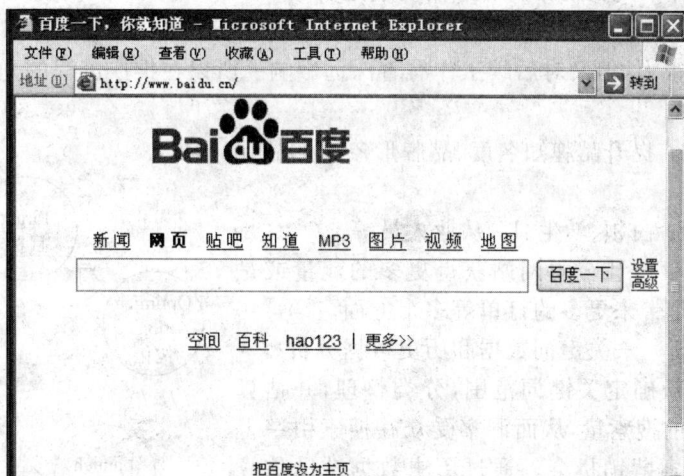

图 5-5 百度搜索引擎

百度的排名核心技术是不透明的,且有人工干预的因素,但影响百度排名的因素可以总结为网页被收录的数量、指向网页的外部链接、网页的点击率、网页的更新频率等。

（3）Yahoo!

Yahoo!是世界第二大搜索引擎,如图 5-6 所示。Yahoo!最早是从分类目录搜索做起,目前还采用了自己研发的 YST 技术,提供全文搜索服务。

图 5-6　Yahoo! 搜索引擎

YST 是 Yahoo!搜索技术（Yahoo! Search Technology）的简称。YST 同样关注链接的质量、关键词密度以及网站的建立时间等因素。

5.2.3　实现方法与步骤：搜索引擎的流程操作

搜索引擎的流程图如图 5-7 所示。

操作步骤如下。

第 1 步：目标——营销目的和策略的确定。

受到行业差异、市场地位、竞争态势、产品生命周期、消费人群特性等因素的影响,营销目的和策略差异很大,但又对后续工作有着深远影响。所以在推广流程的开始,需要明确以下信息。

- 推广定位：提升品牌知名度、品牌形象或产品促销等。
- 目标受众：白领、学生、IT 从业人员等。
- 推广策略：要让公司网站获得更多的流量或是注册,还是带来更多的订单等多个方面。

第 2 步：分析——关键词数据和历史数据分析。

根据目标受众确定关键词范围,分类整理,并估算不同类型关键词的搜索量,从而洞察受众在搜索引擎上的特性并判定搜索营销机会。通过历史数据辅助估算消费效果和趋势。

第 3 步：计划——关键词表与网站的确定并制定合理目标。

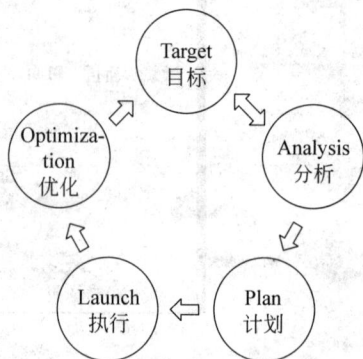

图 5-7　搜索引擎的流程图

确定费用、时间、资源等限定因素,基于营销目的和策略,选定最佳推广组合方案,确定投放使用的关键词表。通过营销方案和关键词流量、费用、效果预估,配合历史数据,为推广活动设置合理的效果基准点,即关键词。例如总体访问量、平均点击费用、平均访问停留时间等。如果是较长时间的投放,则需要将推广标准与推广相关各方达成共识。根据之前对目标受众搜索兴趣点完成网站的设计和制作,撰写相关创意,设定并测试效果监测系统。

第 4 步:执行——实施及监测。

协调各方及时在营销平台上开通账户,上传方案并按时开通上线。实施每日投放数据和效果数据的紧密监测和细微调整,保持稳定的投放,避免大幅波动。

第 5 步:优化——数据分析与优化。

每周、每月、每季度或在指定时间跨度进行数据汇总,生成报告,陈述当前形势,进行趋势和效果的数据分析,与推广标准进行对比,指出取得的成绩与不足。

基于历史数据、投放数据、效果数据分析及对市场认识的更新,有步骤地调整关键词、创意、账户结构、网站构架和内容、运营流程等不同层级,以达到或超越之前制定的推广标准。如有不可控因素存在,或预期与实际情况差异较大,需要回到目标制定步骤进行基准点的调整并与各方达成共识。基于数据报告和分析得到的结论,制定优化方案,取得各方确认后实施。需要注意的是,优化不仅仅是对最初计划的裁剪,还需要基于新的数据分析和市场洞察来设计新的尝试方向,使整个推广活动进入吐故纳新的正向循环,充分挖掘市场的潜力。

5.2.4　技能训练

【训练目的】

掌握搜索引擎的类型及工作原理。

【训练内容】

(1) 搜索引擎营销。

(2) 搜索引擎自动注册软件(网站登录专家和网站推广专家)的下载、安装和使用。

(3) 搜索引擎优化的注册登记。

【训练步骤】

(1) 搜索引擎的手工注册。

(2) 搜索引擎自动注册软件(网站登录专家和网站推广专家)的下载、安装和使用。

(3) 进行搜索引擎优化。

5.3　博　客　营　销

自 2002 年博客(BLOG)概念在国内出现后,以博客为代表的 Web 2.0 网站获得快速发展,不仅带动 Web 2.0 的概念被广泛传播,同时 Web 2.0 技术已经被应用于企业营销活动中,尤其是博客营销在网络营销中获得更快的发展,对博客营销的研究成为网络营销中的前沿领域之一。

5.3.1 案例导入与思考

📖 案例导入

石头也疯狂，300 万的生意做成了千余万元

《疯狂的石头》是一部现代喜剧，故事由一块在厕所里发现的价值不菲的翡翠而起。重庆某濒临倒闭的工艺品厂在推翻旧厂房时，发现了一块价值连城的翡翠。为改变工厂几个月发不出工资的局面，厂里特意举办了一个展览，希望能卖出天价。不料，国际大盗麦克与本地以道哥为首的小偷都盯上了翡翠，通过各自不同的"专业技能"，一步一步地向翡翠逼近。他们在相互拆台的同时，又要共同面对工艺品厂保卫科长包世宏这一最大的障碍。在经过一系列明争暗斗的较量以及真假翡翠的交换之后，两拨贼被彻底地黑色幽默了一把。

《疯狂的石头》制作成本仅 300 万元，行销费用也非常少，却赢得了众人的关注。"300 万的生意被你做成了 1000 万！"《疯狂的石头》中这句出自冯董之口的牢骚话，变成了现实。上映 17 天，该影片的总票房就突破千万，首批 30 万套 DVD 也全部脱销。疯狂的票房走势带动"石头"的身价持续上涨，网络播映权、电视台播映权都卖出了国产小成本影片的天价。

据相关调查数据显示，50％的观众走进电影院看《疯狂的石头》是因为亲友、同事的推荐，30％则出自于"石头"网上的超人气。"石头"的疯狂也在此彰显了网络口碑传播的强大威力。优秀的影片内容，再加上口口相传的传播方式——博客、BBS 等，为"石头"赢得了高票房。

疯狂的石头新浪博客页面如图 5-8 所示。

图 5-8　疯狂的石头新浪博客页面

📚 案例分析

纵观《疯狂的石头》行销宣传，不难发现，制片方没有选择烧钱式的、狂轰滥炸的广告攻势，而是选择了口口相传的口碑营销，取得了显著的效果。

对其他企业的启示有以下几个方面。

(1) 公映之前,"石头"就在制造口碑上下足了功夫

通过上海电影节上的宣传活动和影评人放映专场,先行在影评人和媒体中进行了预热,紧接着又推出了 5 个城市的免费放映,最直接地创造了口碑,提高了影片人气。在影片正式公映前两周,就已经持续不断地传出了好评。

(2) 在传播渠道上,"石头"选择了博客、BBS 等形式

博客、BBS 等渠道正是目标群体获取电影信息的重要途径。公映之前首先吸引了这部分人,"一传十,十传百",呈几何级数地传递"石头"信息。当时有关《疯狂的石头》博客信息,仅从 Google 搜索,就有 129 万条之多。此外,BlogCN(中国博客网)还在首页做了一期《疯狂的石头》的热点话题,一天的访问量就达 122 万之多。博客的"疯狂"传播,让"石头"也"疯狂"。

想一想？

(1) 《疯狂的石头》成功的案例有什么借鉴之处?

(2) 博客营销的价值在哪里?

5.3.2　知识点

1. 博客的概念

关于博客的概念在媒体上介绍得非常多,对博客概念的描述也是大同小异,简单来说,博客就是网络日志(网络日记),英文单词为 BLOG(WEBLOG 的缩写)。

博客这种网络日记的内容通常是公开的,可以发表自己的网络日记,也可以阅读别人的网络日记,因此可以理解为一种个人思想、观点、知识等在因特网上的共享。由此可见,博客具有知识性、自主性、共享性等基本特征,正是博客这种性质决定了博客营销是一种基于个人知识资源(包括思想、体验等表现形式)的网络信息传递形式。因此,开展博客营销的基础问题是对某个领域知识的掌握、学习和有效利用,并通过对知识的传播达到营销信息传递的目的。

2. 博客营销概述

博客营销是利用博客这种网络应用形式开展网络营销的工具,是公司、企业或者个人利用博客这种网络交互性平台发布并更新企业、公司或个人的相关概况及信息,并且密切关注并及时回复平台上客户对于企业或个人的相关疑问以及咨询,通过较强的博客平台帮助企业或公司零成本获得搜索引擎的较前排名,以达到宣传目的的营销手段。博客营销的价值只有通过企业博客所发布的博客文章体现出来,而且可能需要一个长期的资源积累过程,因此发挥博客营销价值的基本策略是:锁定目标,专注重复;速度第一,完美第二。

博客营销应用于不同企业,模式和方法是不一样的,但是思想是相通的,博客营销基本的模式可以作为参考,当今时代营销取胜的概念是创新。

博客营销主要表现为 3 种基本形式。

(1) 利用第三方博客平台的博客文章发布功能开展的网络营销活动。

(2) 企业网站自建博客频道,鼓励公司内部有写作能力的人员发布博客文章以吸引更多的潜在用户。

(3) 有能力运营维护独立博客网站的个人,可以通过个人博客网站及博客推广达到博

客营销的目的。

下面主要介绍利用第三方平台的博客营销模式。利用第三方博客平台的博客营销可以归纳为下面 5 个基本步骤。

(1) 选择博客托管网站,开设博客账号。即选择适合本企业的博客营销平台,并获得发布博客文章的资格。一般来说,应选择访问量比较大以及知名度较高的博客托管网站。对于某一领域的专业博客网站,则应在考虑其访问量的同时还要考虑其在该领域的影响力,影响力较高的网站,其博客内容的可信度也相应较高。

(2) 制订一个中长期博客营销计划。这一计划的主要内容包括从事博客写作的人员计划、每个人的写作领域选择、博客文章的发布周期等。由于博客写作内容有较大的灵活性和随意性,因此博客营销计划实际上并不是一个严格的企业营销文章发布时刻表,而是从一个较长时期来评价博客营销工作的一个参考。

(3) 筹建合适的博客环境,坚持博客写作。无论一个人还是一个博客团队,要保证发挥博客营销的长期价值,就需要坚持不懈地写作,一个企业的一两个博客偶尔发表几篇企业新闻或者博客文章是不足以达到博客营销的目的的。

(4) 博客营销并非独立的,只是企业营销活动的一个组成部分,要综合利用博客资源与其他营销资源。比如将博客文章内容与企业网站的内容策略和其他媒体资源相结合,使博客营销的资源可以合理利用。因此对于博客内容资源的合理利用也就成为博客营销不可缺少的工作内容。

(5) 博客营销与其他营销一样,要进行评估。对博客营销的效果也有必要进行跟踪评价,如果营销计划不完善必须即时改进和补充,让博客营销在企业营销战略体系中发挥应有的作用。

5.3.3 实现方法与步骤:博客营销的流程操作

第 1 步:博客定位。

博客名称定位:博客的取名,一定要主题突出。比如企业是做网络营销策划的,则做宣传的名称应该是"网络营销策划研究"。

博客内容定位:一个博客如果想吸引忠实的用户,最重要的就是内容要有特点。

第 2 步:博客注册。

博客营销要效果好,就需要宣传的面广,那么门店一定要多,所以如果想要把博客营销的效果最大化,可以采用以下策略。

在一些知名博客网站同时开设博客。以下列出的是最知名的部分博客网站。

- 新浪博客:http://blog.sina.com.cn/
- 搜狐博客:http://blog.sohu.com/
- 博客网:http://www.bokee.com/
- 斗牛士:http://www.donews.net/
- 赛迪博客:http://blog.ccidnet.com/
- 和讯博客:http://blog.hexun.com/
- 百度空间:http://hi.baidu.com/
- MSN 博客:http://spaces.live.com/

- Blogbus：http://www.blogbus.com/
- Tom 博客：http://blog.tom.com/
- 天涯博客：http://www.tianyablog.com/
- 网易博客：http://blog.163.com/
- 凤凰博客：http://blog.phoenixtv.com/
- 中国博客网：http://www.blogcn.com/
- Google 博客：http://www.blogger.com/
- 天极博客：http://blog.yesky.com/
- 歪酷博客：http://www.yculblog.com/
- 博客天下：http://blog.com.cn/
- 博客园：http://www.cnblogs.com/
- 中华网博客：http://blog.china.com/
- 网商博客：http://blog.china.alibaba.com/

第 3 步：博客撰写和更新。

博客的更新非常关键，最好每天都能够更新，这样才能吸引读者天天看你的博客。博客的撰写有许多技巧。

（1）多用口语化的写作手法。

（2）博客内容排版一定要错落有致。

（3）博客文章结尾上标注"版权所有，欢迎大家转摘，转摘请注明作者和出处！"。

第 4 步：博客推广。

博客的推广很关键，除了第 3 步提示网友转摘的方法外，还有以下几种常用的博客推广方法。

（1）交换链接。这是博客的主要推广方法之一。

（2）关系推广。

（3）SEO 推广。不过 SEO 技巧需要学习，对网络有些基础的朋友可以到下面网址学习：www.seo.net.cn。

第 5 步：博客营销管理。

用博客进行推广的效果如何，需进行博客营销效果的检测。目前各大博客网站都提供简单的计数器功能，这样可以简单地统计到博客的流量。但是若要更加详细的流量数据怎么办呢？非常简单，使用其他网站提供的专业流量统计分析服务。比如：中国站长统计网站（www.cnzz.com）和阿江 51 拉流量统计网站（www.51.la），可在这两个网站中的任一个申请账号后，把统计代码插入到你的博客的模板中，然后就可以统计你的博客的详细流量信息，包括这些流量是从什么国家或地区来的、通过哪些推广方式来到你的博客上的、浏览了哪些页面等，都可以一目了然。

5.3.4　技能训练

【训练目的】

（1）掌握博客的使用方法。

（2）体验博客的主要特点。

(3) 掌握博客的使用技巧。

【训练内容】

创建并完善自己的博客。

【训练步骤】

(1) 建立自己的博客,选择模板并修改。

(2) 上传图片。

(3) 撰写博文。

(4) 加入博客圈,添加友情链接。

(5) 共建一个专业博客。

5.4 移动营销

移动营销是基于一定网络平台实现的,这个网络平台既可以是移动通信网络,也可以是无线局域网络,而对应的接入手段或设备包括手机、个人数字助理、便携式电脑或其他专用接入设备等。移动通信设备的功能早已超越了单纯的通信工具,发展成为可以随时随地使用网络的新手段。

5.4.1 案例导入与思考

📖 案例导入

比亚迪汽车短信营销方案

比亚迪汽车推出"F6"彩信推广。手机用户收到一个 F6 车型 360° 旋转的彩信动画,并配有优美的背景音乐。

2007 年 3 月 24 日,比亚迪开始启动"F6"彩信推广计划,并且只要买车就可以得到 1000 元现金奖励。

此活动从 2007 年 3 月 24 日到 4 月 20 日,凡是由 F3 老客户介绍的新客户均可在购车时享受 1000 元的现金优惠。同时,老客户也可享受与此等值的售后服务。

比亚迪在 2007 年 3 月提高现有客户满意度之外还推出"五心暖春"活动,现在又推出"有 F 同享"计划。比亚迪 1 月成功推出 2007 新款 F3,并创下月销售万辆的纪录之后,很快崭露锋芒,转而以"关爱服务"等软性营销手段深层挖掘现有客户价值。

📚 案例分析

比亚迪汽车采用移动营销方式作为营销策略,不仅吸引大量新客户,同时也提高了对老客户的售后服务。采用低成本的彩信形式,将公司的新信息告知客户,其成功案例值得借鉴。

想一想 ❓

比亚迪汽车短信营销方案可行吗?

5.4.2　知识点

1. 移动营销概述

移动营销又称无线营销，是一个既涉及无线通信，又与市场营销有关的跨领域交叉学科。移动营销也可以理解成是网络营销的一个技术性延伸，而网络营销已经是一个为大众所熟悉的领域，无论是以 Internet 为平台的电子商务网站（B to B 或 B to C），还是通过电子邮件开展的邮件推广，或者是企业网站宣传，它们的理论基础都是市场营销。

（1）移动营销的应用领域

移动营销的应用领域如表 5-1 所示。

表 5-1　移动营销的应用领域

应　　用	为企业带来的利益	为用户带来的利益
提供信息咨询服务	随时随地处理公司业务	随时随地与外界保持联系
推广和宣传产品或服务	随时随地与员工保持联系	随时随地获得新闻和咨询
收集市场信息和用户数据	随时随地掌握市场动态	随时随地了解市场行情
网络营销无线化	随时随地了解客户需求	随时随地掌握新产品信息
移动办公	随时随地为客户提供服务	随时随地得到相关的服务
无线 CRM（客户关系管理）	随时随地向客户销售	随时随地购买所需产品

移动营销从形式上分为移动定向营销和移动互动营销。

移动定向营销往往运用于企业成立之初或者是推出新产品、需要提高消费者对企业的认知度、开拓新市场、增强产品曝光度、吸引消费者眼球的时候。

移动互动营销的最大特点就是互动性，企业在销售过程中更关注消费者的参与度。而由于手机随身携带，信息可随时随地送达接收人，因此应该加强与消费者"一对一"的营销。这样可以产生一种密切的、即时的效果，是一种真正个人化、互动交流导向的营销方式。在通过移动媒体参与的同时，再结合传统营销模式，能给市场活动增添色彩，提高消费者的参与乐趣，增强互动效果，从而带动消费者体验以形成购买行为。

（2）基于信息名址平台的移动营销

从营销角度来说，企业营销工作不外乎以下几个层面：品牌认知、互动营销、终端促销、即时信息以及品牌传播。而信息名址是手机上的网络地址，简单地说，就是一种以短信方式为手机用户提供服务的技术。

企业可以通过信息名址技术搭建自己的移动信息化平台，而且此平台集合了自动回复、留言、产品防伪、竞猜、群发、定时发送等功能的企业营销软件。这些功能完全可以支持移动营销的多个层面。

① 品牌认知。SONY 公司的新品大屏幕高清晰度电视 SONY BRAVIA 推出之时，为了让 BRAVIA 这个概念更加深入人心，索尼公司结合了短信参与活动的方式，缩短了用户与活动的互动距离，短信平台所回复的产品信息有效地留存在目标客户的手机上，同时也让客户深深地记住了索尼大屏幕高清晰度电视 BRAVIA 的产品名。

② 互动营销。雀巢花心筒推出之时，成功策划了"吃雀巢花心筒，赢积分，拍大奖"活

动,消费者在购买到雀巢花心筒的同时还可以参与"积分竞拍"活动。新颖的活动方式以及每天 3 个大奖的推出大大地刺激了消费者的参与。短短 3 个月的活动时间,日访问量上万人次,而"积分竞拍"活动,也从最开始的几分、几百分就能竞拍到一部风尚手机,到活动后期需要上万分才能得到一个奖品。

③ 终端促销。三星公司推出新品光雕刻录机时,与信息名址很好地结合策划了"短信寻宝"活动赢取三星数码产品,并且印有互动方式的海报等大量的宣传品在全国各销售网点、数码卖场、专卖店全面铺开,广大的消费者被这种新颖的终端促销方式所吸引,纷纷拿出手机编辑短信参与夺宝互动。

④ 即时信息。苏州百事通随时随地知晓苏州百事。通过与苏州电视台 965 频道结合,打造一个手机移动生活服务类品牌。苏州市民可以通过发送短信查天气、查公交、查航班、查股票等,同时还将结合 965 频道的特点,推出查车价、查房价、查餐馆等服务。

⑤ 品牌传播。在"中国自主创新品牌高层论坛暨中国品牌经济城市峰会"上,泉州荣获"中国品牌城市"称号。在"品牌泉州"公众印象奖推荐活动中,成功结合信息名址,通过手机短信投票方式和 WAP(无线接入协议)投票的方式为自己喜爱的品牌加油。

2. 移动营销案例

案例一:雀巢花心筒为何供不应求?

雀巢公司在全国最新推出"吃雀巢花心筒,赢积分,拍大奖"活动。

消费者只需购买一个雀巢花心桶,在品尝美味的同时还能获得一张积分奖券。根据奖券上的积分密码,随机获得 3 个档次的积分,以此积分,即可参与竞拍活动,每天 3 个大奖(MOTO 风尚手机、SONY 数码相机、Ipod MP3)等你拿。据数据显示,通过访问信息名址NEST 积分密码到 12114,获取积分,获得大奖,从活动推出就吸引了全国广大用户的参与,仅一个月时间里,日访问量达到上万人次。随着竞拍激烈程度大增,从最初几百积分就能拍到一部风尚手机,到活动中期甚至需要几万的积分才能竞拍到一个奖品。活动期有的消费者积分累计达到 3 万以上,消费者个人消费的雀巢花心筒如此之多,确实有些不可思议。商家和企业通过这种精准的营销模式,不仅便捷,节省宣传成本,快速准确地收集客户信息资料,拉近与客户间的互动距离,体现服务的多样性,吸引更多的用户关注和参与,还能及时根据营销活动对各城市大众参与度、人数比例和用户的需求进行深入分析,帮助活动组织者调整活动方向及宣传策略,为提升企业及产品竞争力提供核心依据。

积分获取:发送短信"NEST(空格)积分密码"到 12114,获取积分,获得大奖。如发送NEST 1234567890 至 12114。

竞拍:发短信"NEST(空格)奖品代码+参与竞拍分"到 12114,参与无底价竞拍。

每天将有 3 个大奖,奖品由当日竞拍积分最高者获得。中奖短信发出后 10 日内客服中心会与中奖者联系,安排兑奖事宜。

案例二:结婚登记信息查询系统。

随着"80 后"一代的成熟,越来越多的 80 后年轻人逐渐成为社会的主力军。买车、买房、成家、立业也逐渐成为这一代人的头等大事。无论从事什么行业,利用因特网和手机进行商业信息沟通、情感联系都早已融入这一代人的日常生活。

2008 年 8 月 8 日是北京奥运会开幕的日子,而许许多多对将要步入婚姻殿堂的新人也不约而同地选择了在这一天登记结婚。信息名址结婚登记系统为新人们提供了便利的民政局登记机关查询途径。用户只要编辑短信"婚姻登记"发送到 12114，就可以查询北京市现有的民政局婚姻登记处。用户选择自己要查询的区县后，系统用一条短信回复用户要查的民政局婚姻登记处的实用信息。比如用户户口属于朝阳区劲松，该用户可通过手机编辑短信"结婚登记"发送到 12114，手机会收到回复信息："请选择您要查询的地区编号　一、东城区　二、崇文区　三、宣武区　四、西城区　五、朝阳区　六、丰台区　七、石景山区　八、海淀区　九、北京郊区"，用户编辑"五"或"5"回复此条信息，会收到朝阳区民政局婚姻登记处地址及联系电话："朝阳区民政局婚姻登记处　1.87719802 朝阳区劲松中街四区 405 楼 2.65539543 朝外大街社区服务中心吉庆里 3 号楼"，用户编辑"一"或"1"回复此条信息，会收到办公时间及公交乘车路线："1. 周一至周五，上午 8:30～11:30，下午 1:30～5:00　劲松桥西　公交 352 路、37 路"。

信息名址结婚登记系统不仅为想要登记结婚的新人提供了便利的查询平台，不久还会增加预约登记、预约结果查询等方便又实用的功能，使社会大众享受到更丰富更准确的信息服务。

案例三：北京国际音乐节 30 场演出信息一手掌握。

近年来，高雅音乐普及教育活动在我国尤其是北京开展得十分红火，人们逐渐认识到高雅音乐对一个国家的音乐素质和整体文明水平的提高具有重要意义。北京国际音乐节 10 年来提高了北京的城市文化和文明水平，扩大了北京在世界的知名度，为北京打开了一个对外文化交流的窗口。

历年来，广大的音乐爱好者通过报纸、电视、网站等媒介了解活动的信息，获取信息的效率一般。从今年起，北京国际音乐节信息查询系统为北京广大的音乐爱好者提供了一个更方便快捷的实时信息查询方式，北京的音乐迷只要通过手机，就可以实时查询到音乐节所有的演出日程、场次介绍；还可以通过此方式及时获取公益音乐会的信息，免费领取演出票。这个平台具有信息全面、互动显益等优势，还可以在不同阶段开展与观众的不同形式的互动。

北京国际音乐节信息查询系统是信息产业部电信研究院 12114 信息名址平台的又一大型应用项目。平台针对观众喜欢节目类型分类提供信息，根据手机用户的查询请求，自动回复演出的相关信息。查询方式：手机用户编辑短信"北京国际音乐节"发送至 12114，用户只需根据爱好进行选择查询即可，操作十分简便。

5.4.3　实现方法与步骤：制定移动营销策略的方法

操作步骤如下。

第 1 步：确定你的目标消费者。

确定目标消费者对于任何市场宣传活动都是非常重要的。但是手机广告目标消费者的确定却会有一些略微的差异。因为广告主或者营销机构不能完全依照整体所制定的消费者群体而进行分析判断。手机 WAP 用户群体具有其特殊性。一方面，在年龄结构上，手机用户的年龄整体偏年轻。另一方面，手机用户访问媒体往往采用时间碎片，和传统的电视、因特网的访问模式有很大差异。

在这种情况下，手机 WAP 媒体广告往往不可能完全接触所有的目标消费者。而只是接触整体消费者中最年轻、对新鲜事物更愿意尝试的那一群人。

当然,你依然可以用整体的沟通方式通过手机媒体与消费者沟通,你还可以为这些更有特色消费群体对沟通方式进行适当的调整。用他们的话语、他们所关注的内容进行沟通,这样会获得超过常规的广告效果。所以,在目标消费者的确定过程中,不但要考虑产品和服务本身所设计的目标消费者,更要在这些消费者中再进行细分,找到和手机媒体受众最匹配的那一群,并进行有针对性的宣传。

第 2 步:确定一个宣传目标。

在广告策划开始之前,确定一个宣传目标将有助于明确地制订营销计划。一个明确的宣传目标可能是提高产品或服务的知名度,或者深入地阐述产品信息以让用户了解产品,或者是某个数字化的指标,比如广告点击成本/用户注册数等。

在移动广告中,如果以知名度为营销目标,它也许并不是一个最好的做法。因为移动媒体整体所能接触的消费者群体尚不足 2 亿,相对电视或者因特网还有一定的差距。同时移动广告的形式相对单调,表现力不强,不容易像电视广告那样让消费者产生足够深刻的印象。所以,在移动广告过程中,虽然提高知名度一定是目标的一部分,但是它应该被视作传统广告的一定补充。其更大的价值是和电视、报纸、杂志、网络、广播、地面宣传、店头促销、软性公关共同组成并实施有效的整合营销。以接触点理论来阐述这个观点,其实手机媒体是和其他的媒体一起在每个接触点与消费者进行沟通的。所以,以往手机广告会被认为不适合单独承担提高产品或服务知名度的责任。不过由于手机上网的用户正在不断飞速地提高,在未来一段时间里,这种情况也许会发生根本性的改变。

关于其他的目标确定。比如以手机广告点击成本为目标,需要对该类的产品推广数据有一定的数据积累,才能进行有效的判断。通常在 IT 数码消费品类中,点击成本在 0.2～0.6 元会视为比较成功的项目。在个别的项目中,曾经出现过低于 0.1 元的点击成本。这通常是由于足够吸引人的活动策划,或者强有力的奖品。

从众多的目标中,可以将手机广告的目标定为提高产品或品牌的活跃度,或增加整体营销的消费者体验。因为这部分所能实施的工作是手机媒体的一大特色,其他营销方式往往不能超越或者取代。移动营销包含了丰富的手段,除了 WAP 广告,还包括技术层面的二维码、蓝牙,包括通信沟通手段,如 SMS(短信息业务)或者 MMS(多路报文业务)等。它们能够让消费者主动的沟通。

总之,无论市场营销目标是哪一个,都要在策划过程中有一个明确的目标。这样,在活动后期的实施过程中才可以确保主要目标得以最大化地实现。

第 3 步:制定预算。

预算的制定虽然只是一些数字的分配,但却是最具有难度的部分。因为到现在为止,依然没有一个明确的预算分配的依据。更多的时候,市场营销人员根据自己的经验进行判断。

在过去,人们普遍认为一个费用充足的广告营销活动,需要有 10%～20% 的网络广告预算给予支持。但这也依然是一个经验值。

那么在手机广告的经验值上,按一个月时间来计算,可以进行如下分配。

0～5 万元:只适合单一媒体的应用,简单的广告尝试。

5 万～15 万元:尝试性广告投放,可以根据实际情况,给予适当的媒体组合建议,并达到一定的效果。

15 万～30 万元：手机广告已经具有一定的力度,可以辅助整体传播展开一些有趣的活动,或者丰富传统活动的参与方式或沟通方式。

30 万～50 万元：可以针对手机媒体的特性、消费者特性,有针对地设计专门的营销活动,即使没有传统广告的支持,也可以获得不错的推广效果。

50 万元以上：需要详细的市场策划,深入分析调研。即使是完全以手机为核心,展开广告宣传和推广活动也绝对可行。

第 4 步：产生广告内容。

手机广告与其他广告最大的不同在于消费者通常使用时间碎片进行访问,访问的速度也不是足够好。所以用户能够在单位时间内,接收到的信息也比因特网广告少。这就要求手机广告必须拥有一个或者两个广告内容作为核心。所有的内容都围绕这一两个点进行阐述。像因特网那样,一个用户一次浏览完所有的广告信息的情况,在手机广告方面要少得多。所以,很多时候,建议将广告信息拆散成多个散块,并且在多个位置重复最重要的广告信息,这样才能适应手机用户的访问习惯,有效地进行传播。

另外,在创造适合手机广告的内容时,需要考虑手机用户的特性。那些早人一步使用手机上网的用户,通常都比同龄人更愿意尝试新的事物。所以,不能光以年龄来看待和区分这个人群。他们更活跃,更有参与感觉,对未知的事物更想去探索。所以在创造手机广告内容时,除了传递原汁原味的广告信息外,最好能考虑手机上网用户的那些特性。在信息传递上,增加一些他们喜欢的细节,如趣味、互动、参与、新鲜、未知、轻松、愉悦等。

不要忘记一些手机独有的内容,如彩信杂志、手机软件客户端等。或者利用一些手机特有的互动,比如短信、彩信以及蓝牙等。

第 5 步：也就是最后一个步骤,就是将广告投放出去,并时刻关注其效果,并做出最终分析。

手机广告投放之后,和因特网广告一样,需要时刻关注。另外,要关注手机广告的一些特有的数据,它们会带来其他广告数据所没有的信息。比如访问者所使用的手机类型,手机的类型往往代表用户的细分类别。另外,手机号所在的地区也是一个非常重要的数据。以往,手机用户都普遍集中在广东等地,但是通过对历史数据进行对比,通过变化来对广告效果进行深入的评估。

5.4.4 技能训练

【训练目的】

体验移动营销的方法与特点。

【训练内容】

(1) 掌握手机短信在营销上的应用。

(2) 体验手机短信传播的主要特点。

【训练步骤】

(1) 结合节日特征,编写一条有意思的祝福短信。

(2) 选好发送的目标,邀请好友转发祝福信息。

(3) 统计有多少好友收到你的祝福信息,多久才能再次接到此条祝福信息。

5.5　病毒式营销

　　病毒式营销是网络营销方法中成本较低、效率较高的方法,病毒式营销方法并非传播病毒,而是利用用户之间的主动传播,让营销信息像病毒那样地扩散,从而达到推广的目的。病毒式营销以其特有的优势赢得了众多企业的青睐。

5.5.1　案例导入与思考

案例导入

"吃垮必胜客",让必胜客越吃越旺

　　一则"吃垮必胜客"的信息曾在网络上大肆流传,并通过网友间的传递,一传十,十传百,引发了一股"吃垮必胜客"的旋风。

　　在这则信息里,主要介绍了盛取自助沙拉的好办法。如何巧妙地利用胡萝卜条、黄瓜片和菠萝块搭建更宽的碗边,如何一次盛取 7 盘沙拉。为了体现信息的真实性,文字旁还配有照片,如图 5-9 所示。

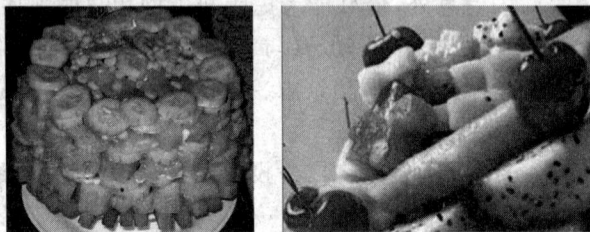

图 5-9　必胜客的自助沙拉

　　显而易见,这是典型的"病毒式营销"。目标群体看到信息后,好奇心顿起,不仅会主动将信息传递给亲朋好友,还会亲自尝试一下。这则看似保护消费者利益,打击必胜客的信息,实际上蕴涵着巧妙的营销技巧。正是这则信息,引发了众多的目标群体去必胜客店里亲身体验。当然,必胜客并没有被吃垮,反而越吃越兴旺。

案例分析

　　此次病毒式营销,必胜客获益多多。

　　(1) 提高了必胜客的曝光率

　　"吃垮必胜客"的信息像病毒一样迅速蔓延,从而让更多的人知道了必胜客。

　　(2) 吸引了众多的目标群体去必胜客体验自助沙拉的技巧

　　这则完全站在消费者角度,帮助消费者赢得更多利益的信息,让众多的目标群体失去了"免疫力"。他们不仅主动传播信息,还会亲自体验"吃垮必胜客"。

　　(3) 让消费者找到"吃"的乐趣,提升了必胜客品牌的美誉度

　　其实,吃什么或吃多少有时并不重要,更重要的是吃的过程。很多高手堆沙拉并非是因为"食量大",而是以"建塔"为乐。消费者从堆沙拉中体会到必胜客的"欢乐",无形中也提升

了必胜客品牌的美誉度。

想一想 **?**

（1）"吃垮必胜客"的信息为什么能够快速传播？

（2）"吃垮必胜客"的营销策略获得成功的原因是什么？

5.5.2　知识点

1. 病毒式营销的概念

病毒式营销是指发起人发出产品的最初信息到用户，再依靠用户自发的口碑宣传，是网络营销中的一种常见而又非常有效的方法。

它描述的是一种信息传递战略，经济学上称之为病毒式营销，因为这种营销战略像病毒一样，利用快速复制的方式将信息传向数以千计、数以百万计的受众。也就是说，通过提供有价值的产品或服务，"让大家告诉大家"，通过别人为你宣传，实现"营销杠杆"的作用。

例如每个店铺的留言板和友情链接，"我为别人宣传，别人也为我宣传"。病毒式营销将令您的网络客户、邮件订阅者成为您在线生意的传话筒，使您在线业务量呈指数式爆炸增长。

病毒式营销必然含有两个重要的功能。

（1）人们在获得利益的同时不知不觉地、不断缠绕式地宣传了商家的在线生意，信息传播者往往是信息受益者。

（2）商家生意信息的传播是通过第三者"传染"给他人而非商家自己，而通常人们更愿意相信他人介绍而非商家自己。

人们经常看到的免费邮箱、免费空间、免费域名、ICQ 网上及时交流软件等，都采取了病毒式营销方式。盗版微软视窗亦如此，比尔·盖茨撒开小利，其操作系统病毒式地占领了中国操作系统市场，而占领市场份额比当前的获利要重要得多。

2. 病毒式推广的传播途径

选择合适的传播途径，对病毒式推广的结果是否达到预期目标起着决定性作用。

（1）即时通信工具

这个应是最易于传播的途径，通过 QQ、MSN 等即时通信工具快速传播。王老吉在地震捐款事件中的网络推广式过程中特别强调了这一传播方式。

（2）社区论坛

社区论坛已成为众多的话题源头，找相对应的论坛进行推广是比较常见的途径。

（3）个人博客

个人博客现在基本人手一个，通过博客也可以进行相关的传播。

（4）短信

例如有的网站推出免费的短信，但是在免费短信后面带有自己的网址，例如谷歌在春节推出的免费短信就是这种推广方式。

（5）电子邮件

电子邮件也是大家比较常用的网络工具，通过邮件的附加信息和签名，也可以进行有效的传播。

（6）视频网站

现在有许多新兴的视频类网站，通过上传视频也是效果不错的传播途径。

3. 病毒式营销的方法

病毒式营销的概念在网络上已经很普遍，大家研究的都是如何做好一个吸引人的内容，希望别人去扩散传播，这实际上是很难的。

（1）免费的服务

一些大型的网站或公司会提供免费的二级域名、免费空间、免费程序接口、免费计数器等资源，这些资源中可以直接或间接地加入公司的链接或者其他产品的介绍，也可以是广告。特别是现在推出的窄广告，很适合放在这些免费资源中。由于这些服务都是免费的，对用户有着很大的吸引力。另外，当用户自己在使用并对外宣传的时候，就也为提供该服务的公司做了免费宣传。

（2）便民服务

便民服务不像上面的免费服务一样需要一定的财力物力，比较适合小公司或个人网站。在网站上提供日常生活中用到的一些查询，如公交查询、电话查询、手机归属地查询、天气查询等，把这些实用的查询集中到一起，能给用户提供极大的便利，会得到用户很好的口碑，也就能很快地在网民中推广开来。

（3）节日祝福

每当到节日时，可以通过 QQ、MSN、E-mail 等工具向朋友发送一些祝福，后面附上网页地址或精美图片。由于节日里，大家都很高兴收到来自朋友的祝福并且喜欢发送祝福给朋友，一个病毒链就这样形成了，如图 5-10 所示。

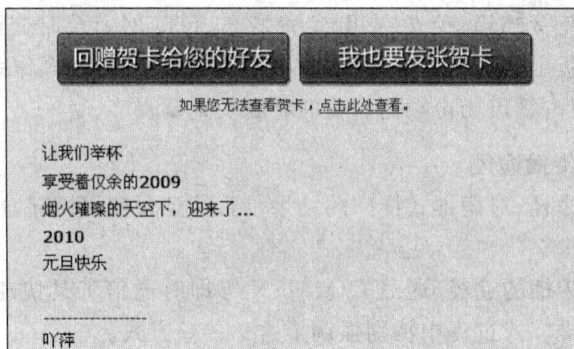

图 5-10　节日贺卡

（4）精美网页或笑话

娱乐是人生活的追求，不管你定下什么目标，但最终是为了生活、娱乐，做一个精美的网页或精彩的笑话发给朋友，朋友一定会很高兴，还会很快地发送给他的其他朋友。

（5）通过"口头传递"传播信息

网络上使用最普遍的"口头传递"方式是"告诉一个朋友"或"推荐给你的朋友"等。很多网站在网络广告、新闻信息、电子邮件后面使用类似的语句。对这种方法，各种网站的使用率是不一样的。对于一些娱乐网站，"告诉一个朋友"的使用率可能会高些。但对于大型网站，这类语言的使用率主要取决于所推荐内容的类型和用户群的特点。这种病毒式营销启动成本低并能快速执行,其效果还可以通过引入竞赛和幸运抽奖得以增强。

(6) 利用人际关系网络传播信息

社会学家指出,人际关系网络是由家庭成员、朋友或同事构成的,每个人都生活在人际关系网络,几乎没有人是生活在人际关系网络之外的。根据社会地位的不同,一个人的人际关系网络中可能有几十、几百甚至数千人。因特网的网民同样也在发展虚拟社会中的人际关系网络,他们收集电子邮件地址,建立邮件列表与众人沟通,通过洽谈室结交新的朋友。网络营销人员需要充分认识实体社会和虚拟社会中这些人际关系网络的重要作用,通过病毒式营销把自己的信息置于人们的各种关系网络之中,从而迅速地把促销信息扩散出去。

(7) 通过"事件策划"营造传播话题

策划运作一个大范围或局部(或行业范围、圈子范围)轰动的事件,促使人们热议,或借用原有热点话题演变作二次传播成为变种之事件。其特征在于迎合时代和人的心理需求,如好奇、欲望、需要、贪念、贫乏等。

4. 病毒式营销的关键

病毒式营销的关键在于创意,传播的内容或者有趣味性,或者对用户有价值,或者迎合了社会热点,只有能打动用户的"心",用户才会主动去传播。

(1) "病毒"必须有吸引力

不管"病毒"最终以何种形式出现,它必须具备基本的感染基因。也就是说,商家提供的产品或服务对于用户来说,必须有价值或者富有趣味,让用户失去"免疫力",这样用户才会有点击的欲望,才会主动去传播。如免费的 E-mail 服务、免费电子书、具有强大功能的免费软件等。

(2) "病毒"必须易于传播

要使"病毒"迅速地从小范围向很大规模扩散,呈几何级数繁殖,"病毒"还必须易于传递和复制。除了"病毒"本身外,在传播方式上,要设计成"举手之劳"就可以实现的,比如使用即时通信工具 MSN、QQ 等,或者发短信、发邮件等动一下手就能轻易实现的。总之,以易于传播为原则,否则,目标受众就会丧失主动传播的热情,最终导致传播效应减弱、传播链中断。从此次火炬在线传递来看,无论是活动参与者接受好友邀请,还是邀请另一好友参加,只要轻轻单击鼠标、键盘,就轻松地实现了信息的传递。

5.5.3 实现方法与步骤: 病毒式营销

1. 实施病毒式营销的一般规律

首先,病毒式营销中的病毒有一定的"界限",在病毒式营销的实际操作中,如果没有认识到病毒式营销的本质问题,有时可能真正成为传播病毒了。

其次,成功的病毒式营销离不开 6 个基本要素。

(1) 提供有价值的产品或服务。消费者在因特网上浏览主要的目的是获取信息带来有价值的产品和服务。病毒式营销需要围绕这样的基本目的开展营销活动。

(2) 提供无须努力向他人传递信息的方式。即携带营销信息的媒体必须易于传递和复制,如 E-mail、网站、软件下载等,如图 5-11 所示。

(3) 信息传递范围很容易从小向很大范围扩散。营销信息传递通过网络上的相关途径能很快地以指数级增长。

图 5-11　转发的 E-mail

（4）利用公众的积极性和行为。通信需求的驱动产生了数以百万计的网站和数以十亿计的 E-mail 信息,加之庞大的用户群体,建立在公众积极性和行为基础之上的病毒式营销策略将会取得非常大的成功。

（5）利用现有的通信网络。因特网发展了用户们的关系网络,他们浏览或发布网络信息,把自己的信息置于人们现有通信网络之中,迅速地把信息扩散出去。

（6）利用他人的资源。在因特网这样的开放式环境中,一则发表的新闻可能被数以百计的网站或论坛引用,成为数十万读者阅读的文章的基础。

2. 实施病毒式营销的一般步骤

实施病毒式营销要遵照一定的步骤和流程,这样才能使该策略更具计划性,可操作性也更强。

操作步骤如下。

第 1 步：病毒式营销方案的整体规划和设计。

第 2 步：为病毒式营销设计独特的创意以吸引消费者。

"病原体"的重要性是显而易见的,对于"病原体"来说,只有"感染性"强,才会吸引受众,引起受众心灵上的"共鸣",进而通过心灵的"沟通"感染受众,然后不断蔓延开来。

在因特网中这种"病原体"是很常见的,如流氓兔、免费的应用软件、迎合受众口味的免费电子书,图 5-12 所示的是"病原体"流氓兔图标。

用 Flash 创建一个非常有趣的游戏或者经典动画,创建的游戏和动画就是一个超级的"病原体"。当受众看到或收到有趣的图片或很酷的 Flash 游戏附件时,通常会把它发给朋友,而朋友们也会顺便发给其他朋友。一传十,十传百,这种滚雪球效果可以轻松创建起一个巨大的营销网络,在几个小时之内,就能到达成百上千的受众那里。

第 3 步：对营销信息源和信息传播渠道进行合理的设计。

第 4 步：将病毒式营销的原始信息进行小范围内的传播和推广。

在"病原体"创建完之后,病毒式营销的关键就是找到易感染人群,也就是早期的接受者,他们是最有可能的产品或服务使用者。他们主动传递信息,影响更多的人群,然后营造出一个目标消费群体。

图 5-12　病原体——"流氓兔"图标

第 5 步：进行病毒式营销效果的跟踪和管理。

病毒式营销策略虽然有其优势，但仍存在一些风险。中小企业除了要利用好病毒式营销的免费资源和能产生的良好效果外，实施时应该注意其效果的跟踪和管理，强化风险控制。

5.5.4　技能训练

【训练目的】

通过训练，让学生了解网络营销方法中病毒性营销的应用。

【训练内容】

将你设计的创意广告用电子邮件方式发送给周围的同学、朋友、亲戚等人，让他们把广告再发给他们的同学、朋友、亲戚等，然后再继续发送，以此类推，你的广告将以几何倍数的形式散发开来，形成病毒性营销。

【训练步骤】

(1) 打开你的 E-mail 邮箱，撰写创意广告。

(2) 将广告邮件使用群发功能发送给你的同学、朋友。

(3) 邀请朋友、同学转发你的 E-mail，形成病毒性营销。

5.6　即 时 通 信

即时通信就是通常所说的在线聊天。即时通信具有快速高效、多媒体技术丰富、用户数量巨大等特点，在网络营销中通常应用于增进顾客关系、在线顾客服务、在线导购、网络广告媒体及病毒性营销传播等方面。

5.6.1　案例导入与思考

案例导入

GoCom 即时通信在政府行业中的应用

在信息化迅速发展的今天，政府面对各种各样的业务，需要一个能够对业务进行简洁处理的通道,需要一个能够实时、快速与其他工作人员沟通的方式。而电子政务应用则面临新挑战:信息资源分散于各业务系统中,利用率低;"人找事"的工作模式影响政府工作效率;办公环境分散影响内部协作效果;对外服务手段单一影响政府服务效率等。

GoCom 作为国内专业的政务融合信息平台,可以使人们通过 PC 和网络的连接随时随地与组织上的任何人进行通信和协作,能够及时地获取已集成的业务系统消息;它为政府提供了一种强大、易用、可伸缩、安全可控的政府级即时消息传递和消息统一集成的在线工作中心的解决方案。

GoCom 利用即时消息传递、群组协作、视音频会议以及集成的丰富的业务系统消息和通信功能,实时地将人员和信息连接起来。这些解决方案为组织带来了重大的好处,包括提高个人和团队的工作效率、促进协作、改善关系、提高安全性和企业级可伸缩性。通过向位于不同地理位置、时区和组织边界的小组成员、合作伙伴、供应商和服务对象授予即时通信的能力,信息就可以在上述团体之间及时、迅速和有效地流动起来。组织可以通过利用实时协作更快和更有效地共享想法和信息,从而改进政府的效率。问题的快速解决直接降低了成本,同时加快了政府决策的速度。

案例分析

GoCom 公司作为国内专业的政务信息平台,采用即时通信工具可以将政务信息以最低成本的形式实现信息的快速传播,降低了成本,提高了政府内部的决策速度。

想一想 ？

即时通信的优势是什么?

5.6.2 知识点

1. 即时通信概述

即时通信(Instant Messenger,IM)软件可以说是目前我国上网用户使用率最高的软件。无论是老牌的 ICQ,还是国内用户量第一的腾讯 QQ,以及微软的 MSN Messenger 都是大众关注的焦点,它们能让你迅速地在网上找到你的朋友或工作伙伴,可以实时交谈和互传信息。而且,现在不少 IM 软件还集成了数据交换、语音聊天、网络会议、电子邮件的功能。

(1) 即时通信的历史

IM 软件的历史并不久远,但是它一诞生,就立即受到网民的喜爱,并风靡全球。在它的发展史上,以色列人是功不可没的。正是 4 位以色列籍的年轻人在 1996 年 7 月成立的 Mirabilis 公司,并于同年 11 月推出了全世界第一个即时通信软件 ICQ,取意为"我在找你"——"I Seek You",简称 ICQ。直到现在,ICQ 已经推出了它的 2002a 版本,在全球即时通信市场上占有非常重要的地位。

目前,国内最为流行的即时通信软件是 OICQ(简称 QQ)。它以良好的中文界面和不断增强的功能形成了一定的 QQ 网络文化。Messenger 虽出道较晚,但依托微软的强大背景,实力也不可小视。此外还有许多有特点的 IM 软件。

(2) 即时通信的原理

人们经常听到 TCP/IP 和 UDP(用户数据报协议)这两个术语,它们都是建立在更低层的 IP 协议上的两种通信传输协议。前者是以数据流的形式,将传输数据经分割、打包后,通过两台机器之间建立起的虚电路进行的连续的、双向的、严格保证数据正确性的文件传输协议。而后者是以数据报的形式,对拆分后的数据的先后到达顺序不做要求的文件传输协议。

QQ 就是使用 UDP 协议进行发送和接收"消息"的。其原理如图 5-13 所示。

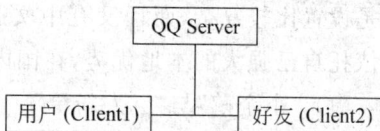

图 5-13　即时通信的原理

① 用户首先从 QQ 服务器上获取好友列表,以建立点对点的联系。

② 用户(Client1)和好友(Client2)之间采用 UDP 方式发送信息。

③ 如果无法直接点对点联系,则用服务器中转的方式完成。

(3) 即时通信的 9 大应用

即时通信软件除了可以实时交谈和互传信息,不少还集成了数据交换、语音聊天、网络会议、电子邮件的功能。下面介绍即时通信软件的主要应用功能。

① 文字聊天。聊天功能是 IM 软件最基本,也是最重要的功能,每一种 IM 软件在这个功能上的操作都差不多。

② 语音聊天。如果打字聊天的方式已不能满足,QQ 还提供了"二人世界"里的实时语音聊天。

③ 传送文件。IM 软件能点对点地传输文件,有时候利用此功能要比使用 E-mail 还方便许多,当然此项功能必须在双方在线时才能使用。此外,ICQ 的文件传送功能还支持类似断点续传的功能,不必担心文件传送过程中发生突然中断的情况。

④ 拨打电话。在 MSN Messenger 中提供了 PC-Phone 的拨打电话功能,但在进行电话呼叫之前必须注册语音服务提供商。由于 MSN Messenger 在国内暂时还没有开通这项业务,所以国内还无法使用。

⑤ 远程协助。远程协助是在 Windows XP 中引进的新概念,是 Windows Messenger 独有的功能,远程协助可以将计算机的控制权分享给对方,以便于对寻求协助者提供帮助。通过它,对方可以很容易地控制寻求协助者的桌面。

⑥ 视频聊天。如果你的网速够快,又有摄像头,完全可以用 IM 软件来代替 Net Meeting。在聊天的同时,不仅可以通话,还可以看到对方的图像、表情,备感亲切,给人带来一份全新的感受。

⑦ 邮件辅助。IM 和 E-mail 是人们在网上最常用的两种工具,如今不少 IM 软件将两者做了完美的结合。在 QQ 中可以直接给自己的好友发邮件,而无须再输入 E-mail 地址。对于 MSN Messenger 来说,它的邮件功能就更强大了。使用 MSN Messenger 必须有一个邮件账号,每次当用户的 MSN Messenger 登录成功时,在右下角自动弹出一个窗口,里面写有该 E-mail 账户内的信件状况及提醒功能。

⑧ 发送短信。目前 IM 与各种移动终端设备的结合也越来越多,使用 QQ 向手机发送短信需要手机开通移动 QQ 服务。

⑨ 浏览咨询。有的朋友上网只是使用 QQ 聊天,其实用 QQ 也可以很方便地看到每日最新的新闻。可以足不出户阅读有关内容,节省了查找时间、提高了浏览效率。

2. 即时通信产品

各种即时通信软件,真可谓"尺有所短,寸有所长"。ICQ 功能最强大、全球用户最多,但是设置比较复杂,而且没有中文版本;MSN 有着和 Windows 系统紧密结合的优点;QQ 则依托自己强大的本地优势,在国内即时通信软件中抢占了先机。

(1)"小企鹅"与"巨人新星"

① 即时消息的发送。这是作为即时通信软件的最基本的功能。从发送消息的长短来看,QQ 一次最多可发送 450 个汉字,而 MSN 最多也只有 400 个字符(200 个汉字);同为中文界面的 QQ 与 MSN,却采用了完全不同的设计思路。从界面上来看,QQ 采用"对话模式"和"普通模式"两种,而 MSN 中只有一种方式。对于用惯了 QQ 的网友来说,可能会将一句并没说完的话发送出去,而按 Ctrl+Enter 键仅仅起换行作用。从发送字符格式的控制上,MSN 无疑是占尽上风,不仅支持字体、字号大小以及字色的设置(这一点普通网友或许并不多用),而且 MSN 能够将诸如":)"之类的图示符号自动转换为"笑脸"等表达心情和表情的图形,这点功能的确是非常棒的一种设计。

② 记录的保存和再现。这一点是 QQ 的强项。几乎不用做任何动作,与所有网友的聊天记录都被完整地保存,只要不去清理它,完全可以把两年前与好友聊天的记录重现在面前。而 MSN 在这点上有先天的缺陷。要想保存,就只能一边聊一边慢慢地复制。

③ 用户的注册和好友的添加。由于腾讯的用户量急剧增加,使得 QQ 的新用户 ID 申请变得异常困难。腾讯转而向移动通讯用户开放这一通道,尽管在功能的延伸方面取得了成功和突破,却因此也"激怒"了广大的网友。同时,添加好友异常方便也使得人们的 QQ 上经常无端地收到许多莫名其妙的广告或垃圾信息,以及一些"不受欢迎"的网友的"入侵"。而 MSN 与众不同的注册设计,加上 Hotmail 和 MSN.com 两大免费邮箱的隆重推出,使得 MSN 可以非常清静。

④ 其他功能比较。QQ 和 MSN 都有语音聊天、文件传输、启动 Net Meeting 进行视频聊天等功能,QQ 在语音音质、传输速度等方面略逊一筹,但总体功能设计上差别不大。而 QQ 独有的卡通人物头像的绝妙创意,是任何一款即时通信软件也无法与之媲美的。

不仅如此,腾讯还形成了自己完整的企业文化,比如各种各样的 QQ 玩偶、手表、T 恤、背包、钥匙链等应有尽有,网上销售再加上全国数十家 Q-GEN 专卖店以及与移动厂商的合作等工作都进行得红红火火,而这些都是时间沉淀积累的结果,初来乍到的 MSN 应该是无法比拟的。而 MSN 也以其方便的消息群发和强大的资本和技术上的优势,完全有能力和可能继续向 QQ 发起新一轮的攻击。

(2)"三朝元老"与"巨人新星"

ICQ 与 MSN 放在一起比较,的确很有意思。一个是即时通信领域的"大哥大",另一个是软件业的"巨无霸"、即时通信领域的后起之秀。从功能上看,MSN 目前显然无法与 ICQ 相抗衡。但 MSN 借助与操作系统的无缝结合,任何人都不敢对它无礼和小视。

① 分组支持情况。两者都支持对好友进行分组,且都有两种模式,即组模式和状态模式。两个软件的组模式几乎相同,都是以组为主进行分类排序,即首类为组,每个组的下面再按在线和离线两种情况分类。所不同的是,ICQ 的默认组只有一个,而 MSN 则提供了

4 个默认组：家人、朋友、同事及其他联系人。ICQ 的默认组可以重新命名但不能删除；MSN 默认组中"其他联系人"既不能重命名也不能删除，其他 3 组则都允许。

②　消息群发功能。MSN 与 ICQ 都有消息群发功能。但 MSN 只能通过"邀请其他联系人加入"的方式进行，而且有最多加入 4 人的限制。但 ICQ 的消息群发功能却很强大。在对话模式下，单击 Multiple 即可展开所有好友的列表，没有人数限制，也没有在线与否的限制。

③　其他功能比较。任何一款免费软件的使用过程中，都会被强制地安插进一些广告内容，ICQ 也不例外。对于这一点，财大气粗的微软做得很好。无论是 Windows XP 中捆绑的 MSN，还是网上免费下载的，几乎看不到广告的影子。另外，在 ICQ 2002a 版本中，似乎仍然不能支持网络摄像机和视频聊天等功能，而这些功能在即时通信领域几乎成了必备的功能。不过，ICQ 中强大的查找好友功能，使你只需记住好友的哪怕是一点点信息，就可以轻松找到这位好友，令任何一款即时通信软件都望尘莫及。ICQ 2002a 中还新增了服务器保存好友信息的功能，使得在世界任何一个角落都可以及时方便地与好友进行联络。

（3）其他产品简介

在即时通信领域还有许多非主流的产品。如 AOL Internet MSN、Yahoo! MSN（雅虎通）、SinaPager（新浪寻呼）、Sohu（我找你）、网易"口对口"等。因为它们的用户群相对较小，所以容易被人们忽视。但它们除了具备即时通信的基本功能之外，都各有各的特点。

5.6.3　实现方法与步骤：即时通信软件的安装和使用

操作步骤如下。

第 1 步：软件安装。

搭建一套局域网即时通信系统其实并不是一件庞大的工程，一套即时通信系统的搭建构成可以分为两个部分：即时通信服务器端软件安装和即时通信客户端软件安装。本文以清扬即时通信 qyMessenger 为例进行局域网即时通信系统的搭建说明。

（1）硬件配置和操作系统的要求

即时通信服务器端硬件：最低配置要求 Pentium 4 以上，512MB 内存，硬盘在 40GB 以上，操作系统可以是 Windows XP、Windows 2003。

即时通信客户端硬件：操作系统可以是 Windows 2000、Windows XP、Windows 2003 和 Windows Vista。

（2）软件要求

即时通信软件：目前市场上已经有不少企业级局域网即时通信软件，如 LCS、Sametime、清扬即时通信等，建议用户先期试用测试后进行选择。

（3）服务器端软件安装

①　下载安装包。最好找到最新版本。建议到官方网站下载。

②　安装。解压缩后，运行 setup.exe 程序，按照安装提示完成安装。如果不解压缩，安装会出错。如果安装出现 windows install 错误，则需要下载 windows installer 3.1 先行安装后方可。

（4）客户端软件安装

① 获得客户端安装包。这个安装包并不包含在前面下载的安装包中,需要在服务器端管理界面的"生成客户端"菜单中生成(这种生成方式可以在客户端中自动包含服务器端的通信信息,安装后的客户端无须配置将会自动寻找到服务器端来进行通信),生成的是 4 个文件:qyMessenger. msi,qyMessenger. exe,setup. exe 和 qnm. cgi。

② 安装。把生成的 4 个文件复制到客户端计算机上,运行 setup. exe 程序,按照安装提示完成安装。

③ 运行。运行桌面上的 qyMessenger 快捷方式。右下角出现 QM 图标。如果与服务器自动连通,图标是绿色。如果没有与服务器连通,则图标是灰色,这时,需要打开客户端窗口的"配置"→"选项"命令,手工填写服务器端的 IP 地址信息,修改后,需执行"文件"→"退出"命令后重新运行起来,直到图标变绿。至此,局域网即时通信系统已经安装完毕,下面介绍局域网即时通信系统的使用。

第 2 步:与新增客户端互发信息。

（1）确定情况下,网络中新增客户端后,该客户端信息自动缓慢更新到网络中其他客户端,如果需要立即跟新增客户端联系,则新增客户端和本客户端退出(客户端窗口中执行"文件"→"退出"命令,或者选中 QM 图标右击在弹出菜单中选择"退出")后重新运行,然后刷新就可以看到对方,双击打开对话窗口,输入信息,按 Enter 键,即可通信。

（2）基本操作的实现如下所述。

① 收发文件。打开对方的对话窗口,用鼠标把需要发送的文件拖入窗口,看到鼠标图标变为"＋",松手,对方立即弹出或者高亮显示对方窗口中该文件的发送请求信息,待确认后自动接收。

② 语音视频通话。打开对方的对话窗口,单击"语音视频"菜单,该语音通话的请求信息将自动出现在对方窗口,待对方确认后自动启动双向语音对话。随时可以在语音通话中单击"取消"按钮终止语音通话。

③ 如果计算机带摄像头,则上一步的语音通话的操作也将包含视频信息,即同时进行语音视频通话。

④ 如果是初级使用,至此已经可以完全运转起来;如果是高级使用,可以继续下面的分组以及用户信息分配等操作内容。

第 3 步:建立分组。

新建分组操作在服务器端进行。打开服务器端的 IM Manager 快捷方式后,进入服务器端的管理界面。执行"管理"→"分组管理"→"新建用户组"命令,填写新分组名称,确定即可。

在管理界面中执行"管理"→"联系人管理"→"联系人身份认证列表",选中需要加入分组的联系人 ID(按住 Ctrl 键支持多选),右击,从快捷菜单中执行"加入分组"命令即可。

（1）分组内群发信息

建立分组并添加入分组后,需要将客户端退出(客户端窗口中执行"文件"→"退出"命令,或者选中 QM 图标右击,在弹出菜单中选择"退出")后重新运行,然后刷新就可以看到"组集合"中出现新分组名称,双击该分组,则打开分组对话窗口,输入信息,按 Enter 键,该信息自动发送到所有分组成员。

（2）分组内群发文件

打开分组对话窗口，把需要发送的文件拖入窗口，看到图标为"＋"，松手后，该文件的发送请求信息将自动在分组成员计算机上弹出分组对话窗口，分组成员单击"确定"按钮就获得该文件。

（3）分组内语音视频会议

打开分组对话窗口，单击"语音视频"菜单，该语音通话的请求信息将自动出现在所有成员的分组对话窗口，分组成员单击"是"按钮，可以接收分组内成员的语音信息。如果分组成员有耳麦，就参与语音对话；没有耳麦，则参与收听。可单击"取消"按钮终止参与语音通话。

如果分组成员计算机带摄像头，则上一步的语音通话的操作也将包含视频信息，形成分组成员共同参与的语音视频会议。

第 4 步：配置用户信息。

配置操作在服务器端进行。打开服务器端的 IM Manager 快捷方式后，进入服务器端的管理界面。执行"管理"→"联系人管理"→"联系人身份认证列表"命令，找到需要配置用户信息的 ID，右击"用户信息编辑审核"，即可填入该联系人的单位、部门和使用人信息。配置后，需要将客户端退出（客户端窗口中执行"文件"→"退出"命令，或者选中 QM 图标右击，在弹出菜单中选择"退出"）后重新运行，刷新，可看到用户信息（替代 ID 号）出现在客户端窗口中。

第 5 步：支持短信收发的即时通信。

有的局域网即时通信软件支持短信收发功能。这里的短信收发不是短信网关模式，而是不需要连入因特网的局域网短信收发功能。该功能的启用需要第三方硬件——短信猫。本文提到的清扬即时通信 qyMessenger 可以支持基于短信猫的短信收发、分组短信收发功能。具体可以参考 www.qycx.com 中的"短信服务器软件"。

第 6 步：局域网即时通信在企业的特别要求。

很多企业有分支机构，或者网络结构比较复杂，所以对局域网即时通信一般都有支持跨路由、跨 VPN、跨 VLAN 和跨多网段的需求。本文提到的清扬即时通信 qyMessenger 可以支持这些需求。

5.6.4　技能训练

【训练目的】

熟悉阿里旺旺贸易通。

【训练内容】

（1）下载、安装并注册阿里旺旺。

（2）选择某件你感兴趣的商品信息，进行询价，与对方洽谈。

【训练步骤】

（1）登录淘宝网（www.taobao.com）下载阿里旺旺软件安装程序。

（2）安装阿里旺旺软件。

（3）注册阿里旺旺账号。

（4）登录阿里旺旺。

（5）登录淘宝网（www.taobao.com）选择感兴趣的商品，使用阿里旺旺进行询价。

5.7 企业站点宣传与推广

5.7.1 企业站点对网络营销的影响

1. 网络营销导向的网站建设一般原则

企业网站建设与网络营销方法和效果有直接关系，没有专业化的企业网站作为基础，网络营销的方法和效果将受很大限制，因此网络营销策略的基本任务之一就是建立一个网络营销导向的企业网站。站在网络营销的角度上，对企业网站建设的研究主要包括的内容为：企业网站建设的一般要素、网站建设对网络营销方法和效果的影响、企业网站优化的含义与内容、符合网络营销思想的网站建设一般原则、网站建设中的常见问题及解决方法。

一个完整的企业网站包括 4 个基本要素：结构、内容、服务、功能。网站结构是为了向用户表达企业信息所采用的网站布局、栏目设置、信息的表现形式等；网站内容是用户通过企业网站可以看到的所有信息，也就是企业希望通过网站向用户传递的所有信息；网站功能是为了实现发布各种信息、提供服务等必需的技术支持系统；网站服务是指网站可以提供给用户的价值，网站服务是通过网站功能和内容而实现的。

企业网站在不同时期的内容可能有很大差别，这主要取决于企业当时的经营状况和行业内其他企业的网络营销发展状况。由于企业网站是网络营销信息源的基础，作为一个专业的企业网站，在内容规划时应该尽可能做到全面，提供用户关心和需要的信息，这样才能为最终实现销售增加发挥作用。企业网站的一般内容包括 6 个主要方面：公司信息、产品信息、用户服务信息、促销信息、销售信息、公众信息。

企业网站的网络营销功能是通过网站的技术功能才能实现的，企业网站的功能可分为前台和后台两个部分，前台的功能是后台功能的对外表现，通过后台来实现对前台信息和功能的管理。网站的技术功能需要在网站策划阶段确定，一个企业网站需要哪些功能主要取决于网络营销策略、财务预算、网站维护管理能力等因素。

企业网站的服务有些已经包含在网站的基本内容中，有些则需要与产品相结合才能发挥作用。企业网站服务的内容和形式很多，常见的有产品选购和保养知识、产品说明书、常见问题解答、在线问题咨询、即时信息服务、会员通信、优惠券下载、驱动程序下载、会员社区服务、免费研究报告等。

企业网站与其他网络营销方法之间是互为依存、互相促进的关系，网站建设对网络营销的影响表现在两个方面：一方面是对用户的产生的影响，这直接关系到网络营销的最终效果；另一方面是对网络营销方法的影响，这种影响是通过网络营销的中间效果表现出来的，如对搜索引擎的影响、对销售促进功能影响等。

网站优化的基本思想是通过对网站功能、结构、布局、内容等关键要素的合理设计，使得网站的功能和表现形式达到最优效果，可以充分表现出网站的网络营销功能。网站优化包括 3 个层面的含义：对用户优化、对网络环境（搜索引擎等）优化、对网站维护的优化。

网络营销导向的企业网站建设应遵循五项基本原则：系统性、完整性、友好性、简单性、适应性。

2. 常见的忽略营销导向的网站建设

（1）企业网站缺乏总体策划，缺乏网络营销思想指导

企业在建站时定位不明确，网站是要展示形象还是侧重产品推广？企业网站将成为公司的一个重要一部分还是只是一个点缀而已？许多客户在决定建一个网站的时候，首先考虑的往往不是这些总体战略，而是具体的美工和功能细节，有点舍本逐末。必须向客户传递这样一个信息：仅仅要一个网站还是要客户？

一般情况下，建站是基于以下出发点。

① 网站会让别人更相信公司，更容易展示企业的形象。

② 因为现实中有很多客户，为他们提供更多的产品和技术支持。

③ 为了方便别人能随时找到公司的联系方式和相关资料。

④ 向潜在客户展示自己的产品，进而通过网络促进现实中的销售。

⑤ 要的是网上商城，要通过网络直接销售产品。

⑥ 不管如何，企业网站绝对不仅仅是公司彩页的电子版。

同时，还需要对可能的访问者进行定位，访问网站的人群有潜在客户、竞争对手、老客户、合作伙伴，能分别给他们哪些浏览内容？如何吸引他们再次访问网站？当然，还有个被绝大多数人忽略的网站访问者就是搜索引擎，所以网站设计时也应该考虑到它。

（2）企业网站栏目规划不合理、导航系统不完善

它主要表现在栏目设置重叠、交叉，或者栏目名称意义不明确，容易造成混淆，使得用户难以发现需要的信息，有些网站则栏目过于繁杂，网站导航系统又比较混乱。

网站导航结构的设计出发点就是让客户尽快找到想要找的东西。如果你对此不明确，你就应该问你自己，"访问网站的客户最想找到的是什么？"。

合理的网站栏目结构，其实没有什么特别之处，无非是能正确表达网站的基本内容及其内容之间的层次关系，站在用户的角度考虑，使得用户在网站中浏览时可以方便地获取信息，不至于迷失，做到这一点并不难，关键在于对网站结构重要性有充分的认识。归纳起来，合理的网站栏目结构主要表现在以下几个方面。

① 通过主页可以到达任何一个一级栏目首页、二级栏目首页以及最终内容页面。

② 通过任何一个网页可以返回上一级栏目页面并逐级返回主页。

③ 主栏目清晰并且全站统一。

④ 通过任何一个网页可以进入任何一个一级栏目首页。

这种方式并不一定适合其他网站，不过这种思想是可以借鉴的。这种情况其实在很多网上零售电子商务网站也很普遍。不仅传统企业网站在结构方面可能存在问题，电子商务网站因为内容复杂，栏目结构问题可能更加严重。

（3）企业网站信息量小，重要信息不完整，几乎没有更新

网页信息量小包括两种情况：一种是页面上的内容过少，或者将本来一个网页可以发布的内容分为多个网页，而且各网页之间没有相互链接，需要多次单击才能发现有效的信息，这样便增加了信息传播渠道的长度，在此过程中可能失去潜在用户；另一种是尽管网页内容总量不少，但有用的信息少，笼统介绍的内容多。

网站重要信息不完整是指：企业介绍、联系方式、产品分类和详细介绍、产品促销等是企业网站最基本的信息，但为数不少的企业网站上这些重要信息不完整，尤其是产品介绍过于简单，有些甚至没有公布任何联系方式。

① 不要随意将一篇完整的文章分成多个页面，必须处理好它们之间的相互连接，以确保容易访问。

② 增加具体的产品或服务信息，减少笼统介绍。

③ 确保信息的完整性。

④ 产品介绍应该详细，最好在每个产品的详细介绍下面加上联系方式。

⑤ 联系方式要鲜明。不要只留一个电话或邮件，考虑一些在线的留言系统。如果留言不能及时处理，不如不要。

⑥ 设计好常见问题 FAQ。这样能帮助客户解决大部分的问题。

⑦ 经常更新内容。一个自己都不更新的内容，别人怎么会觉得重要呢？

在大型企业网站中，最常用的顾客服务联系方式分别是：电话（68.4%）、在线咨询表单（31.6%）、常见问题解答 FAQ（23.9%）、论坛（11.1%）、在线咨询 E-mail（7.7%）。

（4）网站过于追求美术效果，美观有余而实用不足，甚至影响正常浏览和应用

企业网站最重要的在于为用户提供有价值的产品信息、顾客服务，以及为实现促销和在线销售等提供支持，如果过分注重外在的视觉效果，就可能适得其反。

现在界面设计简陋的企业网站越来越少，但却向另一个极端发展，主要表现为网站过分注重美术效果，包括：大量采用图片，影响网页下载速度；有些网站连基本信息内容都用图片格式，影响基本信息获取；或者文字太小、文字颜色暗淡、采用深色页面背景，影响正常视觉等。使用多媒体格式应该谨慎。

① 图片和动画。可用可不用，则不用。图片要注意大小，太大的要进行压缩。

② 网站的主体内容不要换成图片。能通过文字表现的效果尽量用文字。富媒体的应该谨慎。

③ 首页动画的问题。

人们经常会看到一些企业网站的首页是一个巨幅照片或者莫名其妙的 Flash，之所以做这样的网站设计，无论是企业经营者还是网站设计人员都会说，这是表示企业形象。如果从网络营销导向企业网站建设的思想来看，这种设计不仅不能代表企业形象，甚至在很大程度上损害了企业形象。道理很简单，如果一个网站仅靠一个漂亮的网页设计就体现了企业形象，那么创建企业形象实在是太简单的事情了，只要雇一个网页设计人员，或者最多花几千元外包给别的公司设计一个漂亮的网站首页，这就完成了企业网上形象的工作。事实当然不是这样。

企业网站首页有必要体现企业形象，但绝不是简单地依靠美工效果就可以做到的。真正能体现一个企业专业形象的是网站内在的专业品质，如用户获取信息的方便性、网站基本要素设计的合理性、网站可信度等，这些内在的要素才能真正体现其专业形象。

以用户获取信息的方便性为例，如果用户不能方便地在网站上找到自己所需要的信息，或者根本无法通过搜索引擎、分类目录等常规方法找到企业的网址，这样的企业网站即使再漂亮又怎么能在用户心目中建立起形象呢？

企业网站通常都比较重视自己的网上形象，希望通过漂亮的网站设计来体现，但过于注

重外在的因素,只能适得其反。

(5) 企业网站访问量小,不对流量进行分析

① 大型企业网站访问量总体平均水平很低。每天访问人数不足 50 人的网站合计高达 50.4%,其中有 33.3%的大型企业网站访问人数少到几乎可以忽略不计。可见,访问量过小仍是企业网站的重要问题之一。

② 从不分析自己的流量变化。通过对流量的仔细检测和分析能够知道,哪些客户访问了网站,客户对什么感兴趣,需要增加什么内容,客户是怎样找到网站的。这一切都将有利于对网站进行调整。

(6) 从不考虑搜索引擎和网站优化的问题

搜索引擎能否顺利抓取网站的基本信息?当用户通过搜索引擎检索时,可以出现在理想的位置,使得用户能够发现有关信息并引起兴趣,这是非常重要的。一般制作网站的时候应该参考各搜索引擎提供的质量指南,尽量符合或接近其中的设计。

Google 提供的设计与内容指南如下。

① 网站应具有清晰的层次结构和文本链接。每个网页应至少可以通过一个静态文本链接打开。

② 为用户提供一个网站地图,列出指向网站重要位置的链接。如果网站地图上的链接超过或大约为 100 个,最好将网站地图拆分为多个网页。

③ 网站应信息丰富且具有实用性,网页文字应清晰、准确地表述要传达的内容。

④ 要考虑到用户会使用哪些字词来查找您的网页,并设法将这些文字包含在您的网站上。

⑤ 尽量使用文字而不是图像来显示重要的名称、内容或链接。因为 Google 抓取工具无法识别图像中所含的文字。

⑥ 确保 Title(网页标题) 和 ALT(网页设计中用于替换不能显示的图像的属性) 标记具有说明性且表达准确无误。

⑦ 检查链接是否错误,并确保 HTML 格式正确。

⑧ 如果采用动态网页(即网址中包含"?"字符),请注意并非每一个搜索引擎都能像抓取静态网页一样抓取动态网页。静态网页有助于缩短参数的长度并减少参数数目。

⑨ 将给定网页上的链接限制在合理的数量内(少于 100)。

(7) 对网站缺乏一个长期规划和投资

一个网站最重要的东西是域名。很多人贪图便宜,使用其他大型网站或服务商提供的免费空间尤其是免费域名,其实是非常不划算的。短期的节省会带来以后更大的投资。一个连独立域名都不愿意投资的公司,其实力会让人怀疑。

用别人的域名推广的永远是别人的东西,服务的稳定性也会直接受到服务商的影响,而且也不能真正自由地控制自己的网站。一个网站域名的注册人一定要核对清楚,避免以后不必要的争议。同时应该有相关的管理账号和密码。

一般而言,企业存在的问题主要存在于以上几个问题,造成这些问题的根本原因有以下几个方面。

① 缺乏对网站建设的定位和网络营销基本知识。

② 不从浏览者的思维去看待问题,以企业领导或规划者的主观想法为目的。

③ 不从搜索引擎的角度思考问题。

5.7.2 企业站点建设的实现方法与步骤

电子商务网站建设是电子商务实施过程中很重要的一环,如何进行电子商务网站的建设也是很多企业关心的问题。

要建立电子商务网站,首先要弄清楚建立网站的流程,然后再实施。建立电子商务网站通常分为下面几个步骤。

1. 网站的规划和分析

(1) 明确电子商务网站构建的目标。企业开展电子商务,需要投入很多财力、物力和人力,甚至要对企业的组织结构和经营管理模式进行改革和重新设计,需要将传统的业务流程进行整合应用到新的商务架构中,因此,如果没有明确的目标,各种投入不仅不能得到回报,还会错失在网络空间发展的机会。

(2) 分析网上能够开展的业务。企业特别是传统企业不能把所有业务全部都搬到网上。企业哪些业务可以在网上开展?企业该选择哪些业务首先在网上运行?不同的企业会有不同的选择。企业应通过对自身商务需求的研究,分析可以在网上开展的业务,或根据商务特色、行业特点及所处的行业地位选择可以在网上开展的业务。

(3) 对目标客户进行调查分析。调查分析目标客户,了解网站可能的服务对象和他们的需求,规划与设计符合目标客户群的商务网站,为他们提供所需的产品和服务,满足他们的兴趣爱好,使网站成为真正满足客户需求的商务网站,这样电子商务成功的可能性就高。

(4) 对竞争对手进行调查和分析。竞争对手的产品和服务一直影响着企业的生产、管理和经营。对竞争对手分析的内容:一要确认网上的竞争对手,这个可以在搜索引擎中从分类和关键词入手进行查找,或利用行业协会网站的链接进行查找;二要了解竞争对手的电子商务战略和在网上开展的主要业务;三要研究竞争对手网站的设计架构和运行效果。

(5) 确定网站的市场定位。市场定位就是在目标客户的心目中为本企业和产品及服务创造一定的特色,赋予一定的形象,以满足与适应客户一定的需求和偏好。市场定位分析是以客户目标分析和竞争对手分析为基础的,主要工作有:企业已有的和潜在的竞争优势的挖掘与分析,与对手相比有竞争力的产品及服务优势的筛选和确认,决定企业竞争性市场定位。

(6) 技术可行性分析。当企业决定实施电子商务并建立网站时,就需要分析和确定可以满足企业业务需求的各种技术的可行性。添置硬件系统和选择电子商务技术的法则是以与企业原有技术的衔接程度和提高企业的业务能力为基准的,同时要考虑技术对电子商务网站功能实现的可支持程度。

(7) 经济可行性分析。经济可行性分析是指对电子商务网站进行投入成本估算和产出效益评估。电子商务网站在开发、利用、管理与维护过程中需要投入大量的人力、物力和财力,人员、技术、设备和材料等的投入构成了电子商务网站的成本。电子商务网站收益来源于网站运营的经济收入,主要途径有直接收益、间接收益和品牌收益。

2. 网站域名注册

域名是因特网上的一个企业或机构的名字,是企业的网络商标。因为国际域名具有全球唯一性,因此它的价值要高于企业传统的名字或商标。从技术上讲,域名是 Internet 中用于解决地址对应问题的一种方法。一个企业如果想在因特网上出现,只有通过注册域名,才能在因特网里确立自己的一席之地。好的域名与企业形象相辅相成,相互辉映,域名的重要性和价值已经被全世界的企业所认识。

企业要注册域名,就要与负责注册的管理机构联系。域名注册分为国际域名注册和国内域名注册两种,分别由国际和国内管理机构负责。国内 CN 域名注册由中国因特网信息中心(CNNIC)授权其代理进行;国际域名注册通过国际因特网信息中心(INTERNIC)授权其代理进行。

国内域名注册申请人必须是依法登记并且能够独立承担民事责任的组织,注册时需要出示营业执照复印件,然后按照程序规定填写申请单。涉及国家政府机构、行业机构、行政区等单位的域名注册需经国家有关部门(部级以上单位)正式批准和相关县级以上(含县级)人民政府正式批准,并取得相关机构出具的书面批文。国际域名注册则没有任何条件限制,单位和个人都可以提交申请。

(1) 国内域名注册的步骤

第 1 步:构造、选择企业要注册的域名,查询确认要注册的域名是否被别人注册。在中国因特网络信息中心授权代理的任何一个注册管理机构网站上都可以进行查询,只要按提示输入要注册的域名,提交后检索结果会自动反馈。若域名已经注册,则要重新构造或选择新的域名。

第 2 步:在中国因特网信息中心授权代理的注册管理机构网站上填写域名注册申请表,填好后,单击注册"提交"按钮,申请表会被域名注册机构接收,除了用上述 Web 方式外,还可以从网站上下载纯文本注册申请表,填写后用电子邮件寄出。

第 3 步:等候注册管理机构对申请表进行初步审核,并准备营业执照复印件等申请材料。一般在 48 小时内,注册管理机构就会回复电子邮件,通知企业递交书面申请材料。按照要求邮寄书面材料后等待下一步的电子邮件通知。

第 4 步:按照要求通过邮政汇款、银行电汇或来访交纳域名注册的费用。

第 5 步:注册管理机构收到域名注册费用后,发出"域名注册证"和付款发票,至此,域名注册成功。

一般域名注册处理时间从收到申请材料到域名开通在 5 个工作日内完成,从收到域名注册费用至寄出"域名注册证"在 10 个工作日内完成。

(2) 国际域名注册的步骤

第 1 步:检索确认要注册的域名是否被别人注册。

第 2 步:填写注册管理机构的"在线订单",并传真至该网站,同时将缴费款项汇至注册管理机构的账户。

第 3 步:收到申请人的"在线订单"及汇款后,注册管理机构开始办理申请注册。

第 4 步:注册成功后,注册管理机构将缴费发票邮寄给申请人。

3. 架设网上站点

建设一个企业网站有多种不同的选择方案,不同的解决方案所需成本相差很多,能提供的服务也不相同,目前主要有构造自有服务器、主机托管和虚拟主机 3 种方式可供选择。

(1) 构造自有服务器要求在性能比较高的计算机上安装和定制专用软件以及建立一条

直接的 Internet 连接。这种方式的好处是企业自己管理整个电子商务网站,放置自己想放的任何软件,随时对服务器进行各种操作,但 Internet 连接和服务器维护都要企业自己负责,投资和费用比较高。

（2）主机托管就是客户将购置的网络服务器放置在 Internet 数据中心的机房,由客户自己进行维护,或者由其他的签约人进行远程维护,每年支付一定的费用。如果企业想拥有自己的网络服务器,同时又不想花费更多的资金进行通信线路、网络环境、机房环境的投资,更不想投入人力进行 24 小时的网络维护,可以尝试主机托管服务。主机托管的特点是投资有限,周期短,无线路拥塞之忧。这种方式适用于技术实力欠缺的企业构建中型网站。

（3）虚拟主机是使用特殊的软硬件技术,把一台计算机主机分成一台台"虚拟"的主机,每一台虚拟主机都具有独立的域名和 IP 地址,具有完整的 Internet 服务器的功能。在同一硬件、同一操作系统平台上,运行着为多个用户打开的不同服务器程序,互不干扰;而每个用户拥有自己的一部分系统资源（IP 地址、文件存储空间、内存、CPU 时间等）。虚拟主机之间完全独立,在外界看来,每台虚拟主机是完全一样的。这种方式建立网站比较容易,甚至连网页都可以不做,虚拟主机的服务商会给出网页模板,客户提供链接的文件就行了。因此中小企业建立网站大多采用这种方法,不仅节省购买机器和租用专线的费用,同时网站使用和维护的技术问题由服务提供商负责,企业就可以不用担心技术障碍,也不必聘用专门的管理人员。

构建电子商务网站时,考虑是构造自有服务器还是进行主机托管或使用虚拟主机服务取决于时间限制、设备资源、特殊需求以及预算等因素。

4. 网站设计

（1）建立网站的目标

对于企业网站的访问者来说,其造访企业电子商务网站的目的或许是各不相同的,其访问企业网站的目的可能是以下几个方面。

① 想了解企业所提供的产品或服务。

② 想购买企业所提供的产品或服务。

③ 想了解购买了企业产品后的维修服务信息。

④ 想了解企业的一般信息。

⑤ 想了解企业的财务状况。

⑥ 想了解企业的管理人员信息。

⑦ 想了解企业某个部门的联系信息。

当然也不排除有些访问者是在网上冲浪时无意中来到企业网站上的。

对企业来说,不管访问者访问企业网站的目的是什么,每一个来到企业网站的访问者都是企业的一个潜在客户,所以一定要想方设法给他们留下对企业的积极印象,努力把访问者转化为企业的客户。因此,企业在考虑建立电子商务网站时,就要努力满足下列目标。

① 表达企业的整体形象。

② 提供对企业信息的方便访问。

③ 允许访问者根据对信息的需求程度以不同的方式访问。

④ 为访问者提供与企业间有效的、双向的交互式沟通。

⑤ 抓住访问者的注意力并鼓励回头客。

⑥ 为想要了解企业产品和服务的消费者提供方便的访问手段。

（2）网站内容的组成

一个典型的企业电子商务网站，一般由下面几部分组成。

① 主页。主页是网上企业的门面，是留给访问者的第一印象。主页上一般包括企业名称、标志、对站点内容的简单导航、重要新闻以及公司的联系方式等。图 5-14 所示的海尔公司主页就给出了鲜明的企业标志。

图 5-14 海尔公司主页上的企业标志

② 产品页面。产品页面一般采用信息分层、逐层细化的方法来展示企业提供的产品或服务。图 5-15 所示的海尔公司产品页面上，就以分层的方式显示了海尔的各类家电产品。

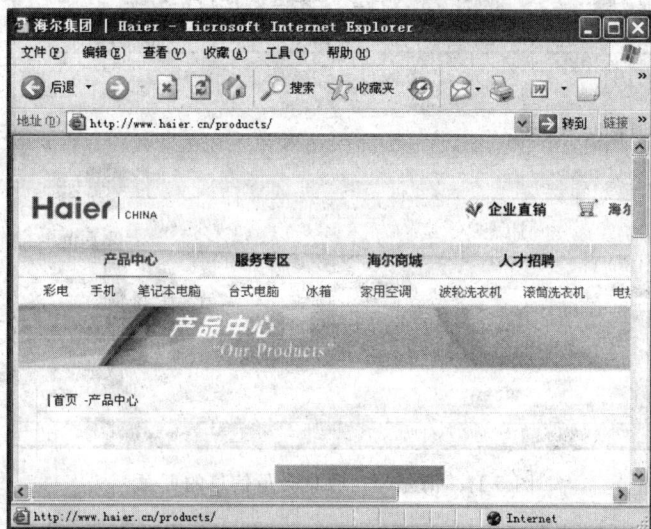

图 5-15 海尔公司的产品

③ 客户支持页面。网络的最佳用途是与客户的沟通并为客户提供支持。企业在设计

客户支持页面时,应站在客户的角度为客户设想,尽量向客户提供有用的信息,使他们对企业的产品产生亲切感。图 5-16 所示的是海尔公司客户服务理念。

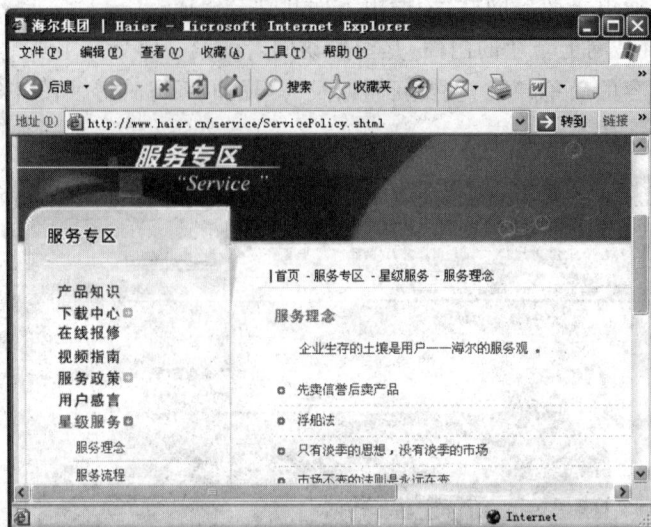

图 5-16　海尔公司的客户服务理念

　　④ 市场调研页面。网络的互动性决定了它是一种非常友好的市场调研工具,企业可通过市场调研页面来收集客户信息,收集客户对企业产品、服务的评价和建议。图 5-17 所示的海尔公司会员信息登记页面和图 5-18 所示的海尔用户售后服务登记表页面,就是海尔公司利用网络在收集客户信息,收集客户对于企业的评价和建议。

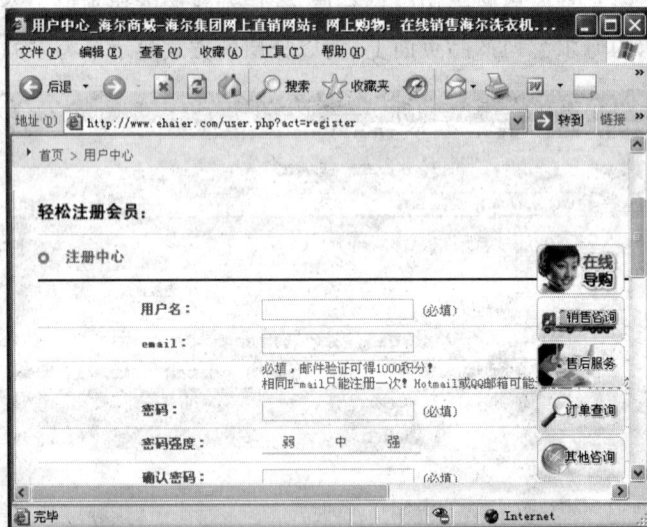

图 5-17　海尔公司收集会员信息的页面

　　⑤ 企业信息页面。企业信息页面主要包括企业的经营情况、财务报表、与投资者的关系等信息,目的是提高企业资讯的透明度,让访问者了解企业、相信企业。图 5-19 给出了海尔公司的股市公告。

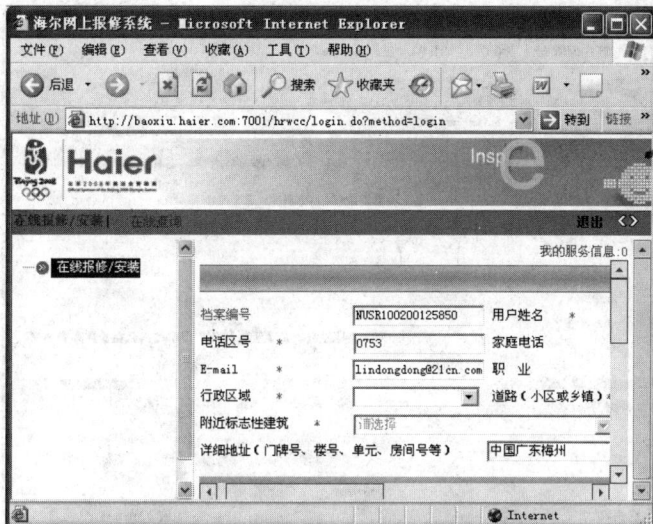

图 5-18　海尔公司收集服务反馈信息的页面

图 5-19　海尔公司的股市公告

⑥ 其他内容。网站除了上述基本内容外,还可以根据网站自身的特点增加其他内容,如提供新闻信息,提供聊天室等。图 5-20 所示就是海尔网站上提供的新闻信息。

（3）网页设计指导原则

企业在设计自己的网页时,应围绕着企业的营销目的来进行,一般应考虑下面几个基本因素。

① 主页上应有企业的标志,让访问者一眼就知道这是谁的主页,如前面显示的海尔的网页。但标志物图像不宜太大,太大会影响下载速度。可以考虑在所有页面上都放置企业的标志图标。

② 网页的设计应能鼓动目标客户立即有回复反应并采取行动。

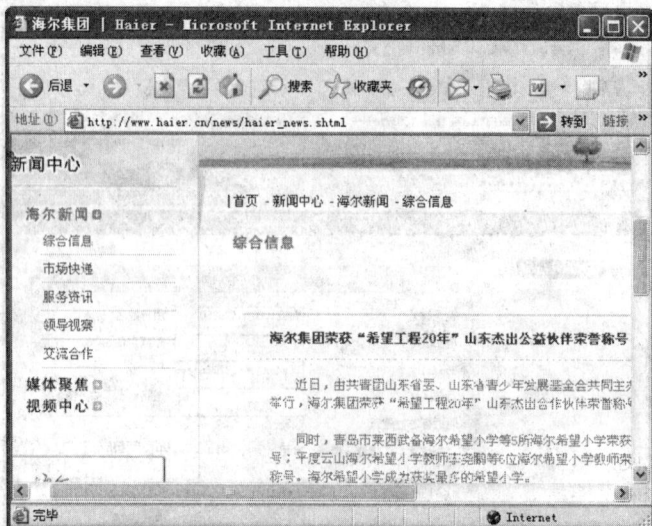

图 5-20 海尔公司的新闻信息

③ 应将企业网站作为信息的终点站而不是中间途径,访问者如果对网页上的信息感兴趣,应该能让他直接从网上打印,而不是通过电话向公司索要。

④ 设计渐进显示式的页面,图标上配以文字,即使图标还没显示,文字已经显示了,可以减少等待者的不耐烦。

⑤ 通过菜单、按钮、图标、醒目的文字等形式进行方便的导航。

⑥ 有些较长的内容可放在能滚动浏览的长页上,而不要放在两页上,因为滚动浏览的时间要比下载新的一页时间短。

⑦ 可以在每个页面上都包含站点的 E-mail 地址或反馈按钮,便于访问者马上反馈信息。

⑧ 把站点上的竞赛、讨论等互动性内容在首页文字先揭示出来,以吸引浏览者。

⑨ 注意因特网的全球特性,考虑提供不同的语言版本。

⑩ 考虑页面上的颜色,因为颜色也是影响网页的重要因素,不同的颜色会对人造成不同的影响。

总之,整个设计的理念是为了给访问者留下一个高效、积极的网站印象,留下一次难忘的网站访问体验。

5. 网站的维护

网站的建设是一个动态的过程,不断会有新的内容、新的页面加入,因此,网站维护是一个长期性的工作,其目的是提供一个可靠、稳定的系统,使信息与内容更加完整、统一,使内容更加丰富,不断满足用户更高的要求。

(1)网站维护的方式

① 直接在服务器上进行维护。管理员直接在放置站点的主机上管理站点,这种方法要求管理员距离服务器放置的地点不太远。

② 通过远程登录进行维护。管理通过 Telnet 等远程登录工具进入放置站点的服务器进行管理。这种方法要求服务器对远程登录有一定的安全防护。

（2）网页上载的方法

① 通过 FTP 上载。设计好网页后，使用 FTP 工具把网页上载到服务器的指定目录。

② 通过 FrontPage 软件的发布功能上载。若站点服务器已安装 Microsoft FrontPage 服务器扩展软件，则可以使用 HTTP（超文本传输协议）来发布站点，否则，就必须使用 FTP（文件传输协议）来发布站点。例如，如果试图使用 HTTP 来发布，而看到一个站点服务器上并未启用 FrontPage 的消息，那就必须使用 FTP 来发布。

使用 HTTP 来发布站点的操作方法如下。

第 1 步：在"文件"菜单中，执行"发布站点"命令。

第 2 步：单击"选项"以展开选项列表。

第 3 步：指定将只发布已更改的网页，还是所有的网页。

第 4 步：若要发布子站点，请选择"包含子站点"复选框。

第 5 步：若要使用安全连接发布，请选择"需要安全连接（SSL）"复选框。目的站点服务器必须支持 SSL，这项功能才能起作用。

第 6 步：在"指定发布站点的位置"框中，输入站点服务器的位置、单击箭头来选择以前发布过的位置或单击"浏览"来查找发布位置。

第 7 步：单击"发布"按钮。

使用 FTP 来发布站点的操作方法如下。

第 1 步：在"文件"菜单中，单击"发布站点"。

第 2 步：单击"选项"以展开选项列表。

第 3 步：指定将只发布已更改的网页，还是所有的网页。

第 4 步：若要发布子站点，请选择"包含子站点"复选框。

第 5 步：在"指定发布站点的位置"框中，输入 FTP 站点服务器的位置，或在发布之前单击箭头来选择位置。

第 6 步：单击"发布"按钮。

5.7.3 企业站点的宣传与推广

企业建设网站的目的之一是宣传企业的形象、产品或服务，要达到这一目的，企业的网站必须进行大力推广，让相关人员知道或访问到。网站宣传推广方法有多种，这里介绍两类最有效的企业网站推广方法。

1. 在线推广方法

在线推广方法具有费用低、效果显著等特点，是企业网站推广的不二法门，但网上在线推广要求其具体工作人员对各种在线推广方法的工作原理有深刻的理解，掌握各种推广方法的技术诀窍，才能起到事半功倍的作用。

（1）搜索引擎加注

因特网的普及可以说与搜索引擎技术的发展是密不可分的，是众家搜索引擎把世界上亿万个网站进行分类、索引，使其变得有序从而便于查找。一般而言，目前有两类主要的搜索引擎：一是网站分类数据库式搜索引擎；另一类是主动查找式搜索引擎。

数据库式搜索引擎是把世界上比较重要的网站收录到一个容量巨大的数据库中，一般收录的内容有网站的 URL、网站名称、网站描述和与网站内容有关的一组关键词等。数据库式搜索引擎不会把新出现的网站主动加入到数据库中,而需要网站主人(网站管理者)把该网站的信息按搜索引擎的加注要求在线提交给搜索引擎管理员,搜索引擎管理员收到申请信息后,要对网站的设计、内容等进行审查,按照事先确定的标准决定是否把该网站加入到搜索引擎数据库中。大名鼎鼎的雅虎即属于此类搜索引擎。

把网站加注到数据库式搜索引擎并不困难,但要使网站的排名居前并不容易。在大型搜索引擎中,如搜狐、新浪中的一个分类目录下收录千位以上的网站并不稀奇。如果你的网站排在目录中靠后的位置,经过数次翻页后仍不能显示你的网站,那你的网站被访问的可能性就极小了。通过深入研究搜索引擎的工作原理,可以把网站排名大大地向前提,因篇幅原因,将另外行文介绍。

主动查找式搜索引擎是根据关键词或短语主动查找因特网中所有包含它们的网页,依据字意相符程度排列并依次显示出来。因因特网的内容越来越丰富,每一次搜索都会出现上万条以上的记录,所以,想使网站排名居前就更不容易。有些搜索引擎只显示同类网站的几个代表,大量的网站完全没有显示机会。

国内主要搜索引擎大多是以上两种形式的结合体,即数据库搜索加网页搜索。

(2)交换连接

交换连接是把本网站的名称和 URL 连接登载到其他网站上,作为交换,本网站也要同时登载被交换方的网站名称和 URL。交换连接一般是平等交换、免费登载。

交换连接的过程是,主动交换方发出交换邀请,被邀请方决定是否参与交换连接,如同意,双方约定把对方的网站名称和 URL 连接挂到自己网站的适当位置。

交换连接要注意以下要点。

互相交换的网站应属于同一领域,内容具有相关性。如汽车销售网站与汽车维修网站相关性很强,而与服装设计几乎无任何相关。

连接在网页的具体位置能极大地影响被点击的机会。交换连接置于网站首页的显要位置,被点击的概率就大;而位于内页等次要位置,被点击的概率会极低。

在访问量不高的网站中,交换连接的意义不是很大。

(3)E-mail 注脚

在当今社会中,电子邮件(E-mail)已成为重要的联系工具。把自己的 E-mail 设计成一定的风格,并把本公司的网址自动附加到每一封发出的电子邮件上,在进行正常通信的同时,也起到了推广自己网站的效果。

(4)专业(行业)门户网站注册

专业或行业门户网站一般含有本行业的最新信息和专门内容及知识,能吸引关心这个行业的人士前去浏览。如中国汽车网相对于汽车行业、中国饲料协会网站相对于饲料行业等。如能把本公司的网址刊登在行业门户网站上,即可针对性地吸引一批来访者。一般的行业门户网站要收取一定的刊登费用,相当于在线广告。

(5)在线广告

在线广告即利用因特网这一新媒体做广告。通过访问量较大的网站的旗帜广告链接,引导至自己的网站上,是一个行之有效的推广方法,在线广告的费用在不同的网站有很大的差别。

2. 线下推广方法

线下推广除了专门为本企业网站做广告外,在下列几方面附带本企业网站的宣传,可以收到意想不到的效果。

(1) CI(企业形象)标识附带

企业 CI 标示上标注本企业的网站,在任何出现企业标示的地方都能看到企业,可以让关心本企业的人即刻通过企业网站了解更为丰富的企业信息。

(2) 企业平面宣传品附带

企业平面宣传品如企业宣传册、企业快讯等是不可或缺的宣传品。但这些宣传品批量印刷后,修改更新困难,往往不能反映企业的最新变化。而在这些宣传品上加印企业的网站地址,使进一步感兴趣的人通过因特网了解企业更多的最新信息。这样,企业宣传和企业网站的推广将相得益彰。

(3) 企业广告附带

在竞争的市场环境中,企业要通过各种广告形式推广企业、产品和服务等。常用的广告形式有报纸、杂志广告,户外标牌广告,广播电视广告等。由于篇幅或时间的限制,以上提到的这些广告形式都不能全面、详细地描述、传达企业和产品信息。如在这些广告中附上本企业的网址,使广告达到宣传的广度,网站引向信息的深度,从而起到相互补充的良好效果。

习 题 5

一、名词解释

电子邮件营销　邮件列表　搜索引擎营销　搜索引擎优化　博客营销　病毒式营销

二、选择题

1. 以下属于垃圾邮件的是( )。
   A. 收件人事先没有提出要求或者同意接收的广告等宣传性的电子邮件
   B. 收件人无法拒收的电子邮件
   C. 隐藏发件人身份、地址、标题等信息的电子邮件
   D. 含有虚假的信息源、发件人、路由等信息的电子邮件

2. 电子邮件作为营销工具的条件是( )。
   A. 一定数量的电子邮件用户
   B. 企业内部拥有开展电子邮件营销的能力
   C. 有专业的电子邮件营销服务商
   D. 用户对于接收到的信息有一定的兴趣和反应

3. 按照电子邮件地址资源的所有权分类,电子邮件营销分为( )。
   A. 许可电子邮件营销　　　　　　B. 未经许可电子邮件营销
   C. 内部电子邮件营销　　　　　　D. 外部电子邮件营销

4. 按照电子邮件营销的功能分类,电子邮件营销分为( )。
   A. 顾客关系电子邮件营销　　　　B. 顾客服务电子邮件营销
   C. 在线调查电子邮件营销　　　　D. 产品促销电子邮件营销

5. 邮件列表的常见形式包括(　　)。

    A. 电子刊物　　　　B. 新闻邮件　　　　C. 顾客定制信息　　　D. 新产品通知

6. PEM 是指(　　)。

    A. 垃圾邮件　　　　　　　　　　　　B. 选择性加入

    C. 许可电子邮件营销　　　　　　　　D. 选择性退出

7. 邮件列表内容的基本原则是(　　)。

    A. 目标一致性　　　　　　　　B. 内容系统性　　　　　C. 内容来源稳定性

    D. 内容精简性及灵活性　　　　E. 最佳邮件格式

8. E-mail 营销效果的评价指标包括(　　)。

    A. 获取用户资源阶段的评价指标　　　　B. 邮件信息传递评价指标

    C. 用户对信息接受过程的指标　　　　　D. 用户回应评价指标

9. 搜索引擎营销在网络营销中的作用体现在(　　)。

    A. 对网站推广的价值　　　　　　　　B. 对产品促销的作用

    C. 对网络品牌的价值　　　　　　　　D. 对网上市场调研的价值

    E. 作为网站优化的检测工具

10. 搜索引擎营销的主要模式包括(　　)。

    A. 登录分类目录　　　　　　　　　　B. 搜索引擎优化

    C. 关键词广告　　　　　　　　　　　D. 关键词竞价排名

11. 搜索引擎营销方法体系包括(　　)。

    A. 分类目录搜索引擎营销　　　　　　B. 搜索引擎优化方法

    C. 搜索引擎营销中的用户行为研究　　D. 付费搜索引擎广告策略

    E. 搜索引擎营销效果分析

12. 对于分类目录的理解正确的是(　　)。

    A. 分类目录通过"抓取"程序来检查、收录页面

    B. 分类目录不会从网站读取和存储信息

    C. 一个网站通常只收录一个网页地址的标题和摘要信息

    D. 搜索结果不是基于网站,而是提交的网站标题、描述等

13. 分类目录对网络营销的主要价值体现在(　　)。

    A. 通过分类目录获取的网站基本信息的真实性相对较高

    B. 分类目录中的网站信息作为行业分析和竞争者分析的样本来源

    C. 分类目录对网站推广的价值

    D. 分类目录对网站 PR 值的作用

14. 博客营销常见的形式有(　　)。

    A. 企业网站自建博客频道　　　　　　B. 第三方 BSP 公共平台模式

    C. 第三方企业博客平台　　　　　　　D. 博客营销外包模式

    E. 个人独立博客网站模式

15. 博客文章必要的声明为(　　)。

    A. 保密　　　　　　B. 禁止转载声明　　　C. 免责声明　　　　D. 原创声明

16. (　　)是博客与博客营销的桥梁。

　　A. 超级链接　　　B. 搜索引擎　　　C. 博客文章　　　D. 广告

三、填空题

1. 开展 E-mail 营销需要解决三个基本问题：_____、_____和_____。

2. 邮件列表的_____对用户有价值才能引起用户的关注，其与电子邮件营销最终效果的关系更为直接，影响效果更明显。

3. 邮件列表内容的一般要素包括：_____。

4. _____是引导用户获取网站信息的第一渠道。

5. 搜索引擎营销中，包含了五个基本要素：_____、搜索引擎信息索引数据库、用户的检索行为和检索结果、用户对检索结果的分析判断、对选中检索结果的点击。

6. 由来自世界各地的志愿者共同维护与建设的最大的全球目录社区是_____。

7. 搜索引擎最高的目标是为用户获取_____提供方便。

8. 网页布局的改进需要从_____和_____两个角度来考虑。

四、判断题

1. 个人信息保护政策与用户加入邮件列表的决策有重要影响，因此要注意保护个人信息。　　　　　　　　　　　　　　　　　　　　　　　　　　　　　　(　　)

2. 外部列表的主要职能在于增进顾客关系、提供顾客服务、提升企业品牌形象等。
　　　　　　　　　　　　　　　　　　　　　　　　　　　　　　　　　(　　)

3. 内部列表电子邮件营销的目的是以产品推广、市场调研等内容为主，工作重点在于列表的选择和邮件内容设计、营销效果跟踪分析和改进等方面。　　　　(　　)

4. 从搜索引擎对网络营销职能体系的作用来看，其贯穿于网络营销的各个领域。
　　　　　　　　　　　　　　　　　　　　　　　　　　　　　　　　　(　　)

5. DMOZ 分类目录收录的网站与网站 PR 值之间具有直接关系。　　(　　)

6. 为了提高企业网站在搜索引擎中的排名，在网页代码中可以堆砌关键词以及在网页代码中使用用户不可见的文本信息。　　　　　　　　　　　　　　　　(　　)

7. 网摘与博客最大的不同在于网摘里面收集的都是网上摘取的不同的文章链接。
　　　　　　　　　　　　　　　　　　　　　　　　　　　　　　　　　(　　)

8. 开展博客营销的前提是拥有对用户有价值的、用户感兴趣的知识，而不仅是广告宣传。　　　　　　　　　　　　　　　　　　　　　　　　　　　　　　　(　　)

五、简答题

1. 简述电子邮件营销的方法与步骤。

2. 搜索引擎常见的主要营销模式有几种？

3. 博客营销主要表现几种基本形式？

4. 简述即时通信工具在网络营销中的作用。

5. 病毒式推广的传播途径有哪些？

第6章

网络广告

网络广告作为网络营销的一种强有力的手段,迅速崛起并得到极大发展,而且日益展现出其特有的魅力与广阔的前景。

本章主要内容

网络广告市场的发展状况;

网络广告的概念;

网络广告的优势和特点;

网络广告的分类方法及主要形式;

网络广告策略的制定。

能力培养目标

培养学生熟练掌握网络广告基本理论和基础知识,掌握网络广告策略的基本技巧和方法能力。

6.1 网络广告概述

网络广告作为有效促销手段,越来越受到企业的青睐,企业肯为其投入不少的费用。网络广告是网络营销的主要促销形式之一,已形成了一个很有影响力的产业市场。

网络广告的目标是通过网络广告吸引消费者从而达到推销产品的目的,再通过销售产品让消费者了解产品从而达到宣传产品的目的。

现代网络广告有电视网络广告、广播网络广告、手机网络广告和计算机网络广告等几种。由于本教材是基于计算机网络营销的,所以本章的内容只涉及计算机网络广告。

在实际操作过程中,销售商通常可通过多种媒体来宣传自己的产品。如果销售商有推销自己产品的网站,则可通过电视广告、手机广告、广播广告以及计算机网络来宣传和推销自己的网站和网址,让大家来访问自己的网站,了解自己的网站和产品,从而达到宣传网站和产品的目的。

6.1.1 案例导入与思考

案例导入

从雪花"勇闯天涯"看网络广告的营销价值

2007 年 5 月下旬,华润雪花啤酒正式启动了"雪花啤酒勇闯天涯"全国大型主题活动——"远征国境线"。此次"远征国境线"活动分为五大纵队,远征足迹遍布中尼、中缅、中老、中越、中朝、中俄、中哈、中巴等十余个边境地区,并在全国十几个省市自治区开展"雪花啤酒勇闯天涯"的大型推广活动,招募全国各地的消费者共同参与到活动中。为了配合此次活动,雪花啤酒在网易财经上做了较大篇幅的网络广告,如图 6-1 所示。

图 6-1 雪花啤酒广告

广告通过巧妙处理,将趣味性和互动性融为一体。画面用手指形式引导用户鼠标,使其充分感受到广告主题,加深目标用户对信息的接受度。醒目的广告标题与中国地图相结合,给人以极大的霸气感,让人联想到大地就在脚下,勇闯天涯,豪气顿生。

作为即饮消费品,啤酒营销希望通过品牌与消费者之间建立起某种情感的联系,创建与顾客的长久关系。"勇闯天涯"意在让久困于城市之中的人们摆脱繁杂的工作和生活压力,投入到遥远的自然中,探索发现新奇的东西。活动本身与啤酒并没有多大的关联,雪花也没有把活动和促销绑在一起,而是通过活动带给消费者一种全新的生活观,在这个过程中,雪花自然而然地影响并融入了消费者的生活。以"勇闯天涯"作为广告主体来推广雪花啤酒,彰显了雪花啤酒大气、豪气万丈、积极进取的品牌属性,有一种啤酒领域"舍我其谁"的气概,在赢得目标群体关注和好感的同时,品牌的美誉度也大大提升。

"雪花啤酒勇闯天涯"活动是由华润雪花啤酒中国(有限)公司独立创新的具有原创性的品牌推广活动,它不仅是国内啤酒品牌大规模、广区域的一次全国范围的品牌推广活动,更是雪花啤酒为回馈中国啤酒爱好者所创立的一个独特的文化品牌。从 2005 年推出至今,已经走过 5 个春秋。继探索雅鲁藏布大峡谷、探秘长江源、远征国境线、极地探索之后,2009 年的"挑战乔戈里峰"是首次由中国人组织的非专业团体挑战活动。以其对人迹罕至的自然地理的独特挑战方式和对自然环境的关注而引起了业界的广泛关注,也是雪花啤酒 5 年来最为艰险的一次挑战之旅。

"勇闯天涯"不仅有效提高了雪花的知名度和影响力,也为自己向产品品牌升级奠定了良好基础。"勇闯天涯"开办 5 年来,无论是从知名度还是参与度都有较大飞跃,但更大的飞跃是"勇闯天涯"已由一个原创性的活动品牌成功飞跃至具有较高忠诚度的产品品牌,并且产品一经推出,就获得了消费者的无限青睐。

案例分析

当很多快速消费品企业还奔波于电视广告轰炸和终端促销拼杀时,雪花啤酒已经开始牵手网络,别出新招。雪花从2004年涉足网络营销,到2005年全面进入,虽然时间不长,但在操作理念上已经比较成熟,比如"勇闯天涯"活动与网易的结合,在线上线下都取得了很好的传播效果。

雪花选择网络营销的优势有:①网络媒体可以在短时间内传递大量信息给广大的用户,企业可以把有关活动的信息迅速传递出去;②可以提高活动的关注度,使更多的人进入企业的网站,参与到相关活动中;③网络媒体可以克服平面、电视等传统媒体广告费用投入大、内容受限、时效性差等缺点。事实上,网络广告具有非常大的发展空间,其参与人数多,链接层次多,内容丰富,对于快速消费品是非常适应的。

当前,雪花啤酒用于网络广告的投入已经超过了数百万元,从数额上已略具规模。虽然这在整体广告投入中所占的比例还不足10%,但投入产出比却要优于电视广告,所达到的效果要远超过10%。根据监测数据,雪花网络广告高峰时期的点击率达到了100多万人次。雪花在网络营销上的投入和实践比较成功,成功的关键可总结为如下两个方面:一是要找到适合自己的网络媒体,根据自己的目标消费者和网络针对性来确定网络广告的内容;二是要增加互动性,网络媒体最大的优势在于互动,因此不能只是简单地进行告知性广告传播,还要尽可能多的让消费者参与进来。

想一想?

(1) 成功的网络广告应注意哪些环节?

(2) 根据当前因特网发展的现状,网络广告的方式和特点有哪些?

6.1.2 知识点

1. 网络广告的基本概念

1) 网络广告的概念

随着网络的普及,人们纷纷构思着运用网络去创造新的商业奇迹,于是所有广告商、广告人、广告代理公司的生活圈中,从此也多了一个新名词——"网络广告"。网络广告是指运用专业的广告横幅、文本链接、多媒体的方法在因特网刊登或发布广告,通过网络传递到因特网用户的一种高科技广告运作方式。与传统的三大传播媒体(报纸杂志、广播、电视)广告及近来备受青睐的户外广告相比,网络广告具有得天独厚的优势,是实施现代营销媒体战略的重要部分,已经受到众多用户的青睐。

2) 网络广告的优势

(1) 宣传形式多样,表现手段丰富多彩。利用网络广告的投放链接企业网站,宣传公司形象以及宣传企业活动事件与细节,或刊登企业消息稿、新闻稿。利用网络活动事件在网络上进行宣传并设计网上讨论话题,达到广告效果。网络广告采用文字介绍、声音、影像、图像、颜色、音乐等于一体的丰富表现手段,可以使消费者能全方位亲身"体验"产品、服务与品牌,还可以在网上进行预定、交易和结算,将大大增强网络广告的实效。

(2) 针对性强。广告主对哪些消费者是广告的目标客户一直很难确定,广告投入不准不仅会浪费大量资金,而且会引起许多潜在消费者的反感。而对于网络广告而言,利用因特网上专业的软件,广告主可以很容易地统计每条广告的点击率、消费者的登录时间分布、地理分布等,甚至可以统计出消费者多次或反复停留的页面,从而了解消费者的兴趣所在。通过对这些网友浏览时偏好的统计,可以帮助企业进行准确的产品定位,有针对性地对目标消费者开展营销活动。这样不仅可以增强广告效果,还可以消除人们对广告的抵触情绪。

(3) 传播消除了时间、空间的限制。传统的大众媒介,包括报纸、电视等,往往局限于某一特定区域内的传播,要想把国内刊播的广告在国外发布,则涉及经过政府批准、在当地寻找合适的广告代理人、洽谈并购买当地媒体等一系列复杂的工作。同时,广告刊播时间受购买时段或刊期限制,目标群体容易错过,并且广告信息难以保留,广告主不得不频繁地刊播广告以保证本公司的广告不被消费者遗忘,这样,就会大大地增加广告成本。而网络则是以自由方式扩张的网状媒体,连通全球,只要目标群体的计算机连接到因特网上,公司的广告信息就可以到达,从而避免了要通过当地政府、广告代理商和当地媒体等问题。同时,网上广告信息存储在广告主的服务器中,消费者可在一定时期内的任何时间里随时查询,广告主无须再为广告排期问题大伤脑筋。

(4) 信息传播的交互性强。与传统广告媒体相比,互动性是网络广告最显著的优势。首先,网络广告可实现多种交流功能。消费者除了可以自由地查询信息外,还可以通过 E-mail 向该公司进一步咨询、订货,从而在单一媒体上实现了整个购买过程,产品信息几乎在生产的同时,就可同步传递到用户手中,等于在同一时间对无数受众做了广告宣传,这一点是传统媒体难以做到的。其次,网络广告趣味性强。网络广告的内容完全控制在浏览者手中,他们可以根据自己的兴趣和目标单击屏幕上的按钮,连接并获得所需要的信息,浏览者成了广告的"主宰",这成为吸引众多消费者的一个主要原因。最后,网络广告提高了目标顾客的选择性。与传统广告不同,网络广告的启动,需要目标群体的主动搜寻和连接,属于"软件广告",而主动搜寻本公司广告的消费者往往带有更多的目的性,提高了广告的效果。

(5) 在完成广告宣传目的的同时,也在进行产品销售。网络广告最大的一项优势,就是网络广告在完成广告宣传目的的同时,也在进行产品销售。其实,这种情况不但存在于现有的网络广告中,而且在网络广告中占有比例逐渐增大。广告联盟中的 CPS(Cost Per Sale,每销售提成)就是典型的"广告+销售"模式,一个网站主申请一段 CPS 代码挂到自己的站上,当用户单击广告进入广告站点,选择并购买相关产品后,广告主会按一定比例,将部分销售收入奖励给网站主。

(6) 受众数量可准确统计。利用传统媒体做广告,无法准确地测算有多少人接收到所发布的广告信息,更不可能统计出有多少人受广告的影响而做出购买决策,网络广告则可以通过受众回应的 E-mail 直接了解到受众的反应,还可以通过设置服务器端的 Log 访问记录软件随时获得本网址的访问人数、访问过程、浏览的主要信息等记录,以及这些用户查阅的时间分布和地域分布,以随时监测广告投放的有效程度,从而及时调整营销策略。

(7) 广告效果的可测评性。传统媒体广告效果的测评一般是通过邀请部分消费者和专家座谈评价,或调查收视率、发行量,或统计销售业绩、分析销售效果。在实施过程中,由于时间性不强(往往需要几个月的时间)、主观性影响(调查者和被调查者主观感受的差异及相互影响)、技术失误造成的误差、人力物力所限样本小等原因,广告效果评定结果往往和真实情况相差较远。网络广告效果测评由于技术上的优势,有效克服了传统媒体的以上不足,表现在以下方面。

① 及时性。网络的交互性使得消费者可以在浏览访问广告时直接在线提意见反馈信息。广告主可以立即了解到广告信息的传播效果和消费者的看法。

② 客观性。网络广告效果测评不需要人员参与访问,避免了调查者个人主观意向对被调查者产生的影响。因而得到的反馈结果更符合消费者本身的感受,信息更可靠更客观。

③ 广泛性。网络广告效果测评成本低,耗费人力、物力少,能够在网上大面积展开,参与调查的样本数量大,测评结果的正确性与准确性大大提高。

(8) 网络传播实时、灵活、成本低。在传统媒体上发布广告后更改的难度比较大,即使可以改动也需要付出很大代价。例如,电视广告发出后,播出时间就已确定。因为电视是线性播放的,牵一发而动全身,播出时间改一下,往往全天的节目安排都要重新制作,代价很高。如果对安排不满意,也很难更改。而对于网络广告而言则容易多了,因为网站使用的是大量的超链接,在一个地方进行修改对其他地方的影响很小,而且网络广告制作简便、成本低,容易进行修改。当然,随着网络技术的进步和网络带宽的改善,为了追求更好、更高效的效果,网络广告的制作会越来越复杂、体积会越来越大,修改成本也会相应提升,同电视媒体广告的差距会越来越接近。但是从目前来说,修改一个典型网络广告的成本和难度比传统媒体要小得多。这样,经营决策的变化也能及时实施和推广,这是网络广告相对于传统广告所具有的一个很大的优势。

(9) 内容种类繁多、信息面广、容量大。网络广告的内容大到飞机、小到袜子均可上网做广告。庞大的因特网广告能够容纳难以计量的内容和信息,它的广告信息面之广、量之大,是报纸、电视无法比拟的。比如报纸广告的信息量受到版面篇幅限制,电视广告的信息量受到频道播出时间和播出费用的限制等。随着我国计算机的普及和发展,越来越多的工商企业和个人在国际因特网上建立站点、主页或借助强势网站、推销自己、推销产品、打造形象,使网络广告信息量激增。

(10) 网络传播信息的非强迫性,消费者对于是否接受信息有完全的控制权。报纸、杂志、电视、广播、户外等传统传媒在传播信息时,都具有很大的强迫性,强迫观众接受它们所传的信息。而网络传播的过程则完全是开放的,非强迫性的,这一点同传统传媒有本质的不同。网络作为新的传播媒体,其开放性和自由性是前所未有的,消费者对于是否接受信息有完全的控制权,这也是弹出式广告等不再流行的根本原因。

(11) 广告发布方式的多样性。传统广告发布主要是通过广告代理制实现的,即由广告主委托广告公司实施广告计划,广告媒介通过广告公司来承揽广告业务,广告公司同时作为广告客户的代理人和广告媒体的代理人提供双向的服务。而在网络上发布广告对广告主来说有更大的自主权,既可以自行发布又可以通过广告代理商发布。目前网络广告发布的方式主要有3种。

① 广告主不借助广告代理商,而是自己制作,自己建立网站,自行发布广告信息。

② 广告公司作为中介机构参与到网络广告业务中。传统的广告代理商顺应潮流,招聘专门人才成立网络广告服务部门,或与网络服务商合作,广告专业人才与网络技术人员优势互补,共同代理此类业务。

③ 广告主直接寻求网络服务商作为合作伙伴。网络服务商为广告主办理广告业务,执行广告计划,甚至参与离线市场促销活动。

（12）媒体收费。大部分网络媒体服务商以广告图形在用户终端计算机上被显示 1000 次为基准计费。但是，网络企业倾向于计费标准的多元化、多层次，有时按发布时长定价，有时按点击率定价，有时按简单回应定价，有时则按实际回应定价。

3）网络广告的特点

网络广告不仅具有传统广告的特点，也有传统媒体无法比拟的优势。

（1）非强迫性。电视、广播、报纸、户外路牌、霓虹灯广告等都具有强迫性，它们要想方设法转移受众的视觉、听觉，将有关信息塞进受众的脑子。而网络广告却是非强迫性的，它具有类似报纸分类广告的性质，让受众自由查询，受众既可以只看标题，也可以从头浏览到尾；既可以粗略浏览，也可以详细查看，这样就使受众大大节省了时间。

（2）交互性。网络广告是一种交互式的广告，俗称"活"广告，查询起来非常方便，由一般受众感兴趣的问题一步一步深入到具体的信息。只要受众在一般介绍中有标记的关键词上用鼠标单击，便出现对这个关键词的内容作更为详细介绍的新画面。

（3）实时性。在传统广告媒体上，广告发布后很难改变，或者说改换广告版面的经济代价太大，因而难以实现。而在 Internet 上做广告则能按照需要及时变更广告内容，包括改错。例如，一则有关电视机促销广告，由于电视机销售价格变动了，更改价值只需要一两分钟，更改成本则可以忽略不计。这样就可以很容易做到经营决策变化与广告变化之间的无延迟。

（4）广泛性。网络广告传播范围比较广，并且内容详尽。传统广告由于受媒体的时间和版面的限制，其内容只能删繁就简，突出重点。而网络广告则基本不受这样的限制，可以将广告做得十分详尽，以满足想进一步详细了解有关情况的用户的需要。形式多样也是网络广告的广泛性的体现。网络广告的表现形式包括动态影像、文字、声音、图像、表格、动画、三维空间、虚拟现实等，它们可以根据广告创意需要进行任意的组合创作，从而有助于最大限度地调动各种艺术表现手段，制作出形式多样、生动活泼、能够激发消费者购买欲望的广告。

（5）即时互动性。网络广告是一种"推"、"拉"互动式的信息传播方式。广告主将相关产品的所有信息组织上网，等待着消费者查询或向消费者推荐相关的信息。消费者成为交流的主动方，他们主动、自由地去搜寻有用的信息，并可按照自己的自身需求直接向广告主（公司）发出咨询。

（6）视听效果综合性。随着多媒体技术、网络技术及编程技术的提高，网络广告可以集文字、动画、全真图像、声音、三维空间、虚拟现实等于一体，创造出身临其境的感觉。既满足浏览者收集信息的需要，又提供了视觉、听觉的享受，增加了广告的吸引力。

（7）经济性。目前在 Internet 上发布广告相对传统媒体而言便宜得多，每年只需几百到几千美元不等。

2. 网络广告市场发展状况

作为新兴的"第四类媒体"，网络广告（Web Ad）是一种新兴的广告形式，是确定的广告主以付费方式运用因特网媒体对公众进行劝说的一种信息传播活动。其目的在于影响人们对所做广告的商品或劳务的态度，进而诱发其行动而使广告主得到利益的活动。

（1）网络广告的发展现状

到 2008 年为止，中国的网络广告费用大约是 180 亿人民币，约 25.9 亿美金。全球达到了 514 亿美元,美国总共有 234 亿美元,占总体规模的 45.5%。目前,中国的网民已经成为全世界各个国家当中网民最多的国家,但是网上购物的规模还显得比较小。

以上的数字也表明了网络广告的趋势。从数字当中,过去几年复合增长率达到了 65%,这是非常快速发展的市场,中国的网络市场也得到了飞速的发展。目前,从每个网民对网络的贡献值来看,中国的数字是 6.9 美元,全球的水平是 24.8 美元,这也反应了中国的网络广告经济本身潜力非常大。

在这个快速发展的市场当中,由于美国次贷危机引发的金融危机,给我国也会带来影响。在整个经济危机的影响下,就美国市场状况而言,由于失业而带来收入的降低,居民消费的欲望会有所下降,表现在金融、电子、IT 等行业,传统的众多广告费用会相对缩减。但是汽车广告行业会把广告转移到支持性价比较高的网络广告上。这跟中国的传统广告相比有类似的地方,人们要继续关注金融危机对于中国因特网和网络广告的影响。在全球面临阴影的背景下,中国的因特网整体用户在 2009 年年底的规模为 3.84 亿,从这样的数字可以判断中国的网络经济出现了规模化增长的态势。虽然现在 VC(Venture Capital,风险投资或风险资本)投资比较谨慎,从最近期的投资数据看,因特网是他们的投资重点,占到了 41.7%,从整体的环境和投资环境来看,中国的因特网市场会给人们信心。

2008 年的网络广告费用是 106 亿元人民币,2009 年曾估算是 172 亿元左右。从第三季度最新的网络广告的数据来看,这 3 个季度累计加起来广告的总费用达到了 130 亿元左右。结论是,2009 年全年整体的网络广告投放的额度会突破之前估算的 172 亿元,初步估算在 180 亿元到 200 亿元之间。

在 2008 年很多主流的运营商在运营层面发生了一些变化。就网络营销层面来看,从广告主、代理公司、新媒体等都发生了一些显著的变化。这些变化从一个抽象的词汇来看,主要是向平台化或是整合的方向去发展。广告主对于这种广告投放越来越多地选择复合化的平台或者是跨平台,会去根据报纸等在网上有选择服务来整合广告资源,使一个广告或者是一个产品得到更好的推广。

从 2007 年到 2008 年一年当中,网民针对网络媒体的观看,或者是浏览的数量在急剧增加。对于网络服务需求的数量也在增加,这表明了网民的消费需求呈现了多元化的趋势。在这样的趋势下,2008 年新浪、搜狐等网站逐步建立起矩阵化的媒体,希望这种媒体能够给广告用户提供服务,希望把目前提供给人们的网络服务的网站整合在一起,针对有效的人群对未来细化市场,包括给矩阵化广告的投入带来一些支持。

(2) 我国网络广告市场现状

广告媒体在历经报纸、杂志、电台广播、电视的不断演变后,网络广告已经逐渐为人们所接受。鉴于网络超高的信息传播效率和无与伦比的全球覆盖性,网络广告这一新型的推广渠道已经逐渐成为传媒行业的新宠。2007 年中国网络广告各细分领域市场份额如图 6-2 所示。

网络广告市场的发展现状,主要有以下几个方面。

① 网络广告的优势不断凸显,广告效益愈发显现。随着因特网的发展,网络广告的优势逐渐凸显出来。如:网络广告的传播不受时间和空间的限制;网络广告不仅可以面对所有网络用户,而且可以根据受众用户确定广告目标市场;网络广告信息是互动传播的,用户可以获取自己认为有用的信息,厂商也可以随时得到用户反馈的宝贵信息;网络广告的内容

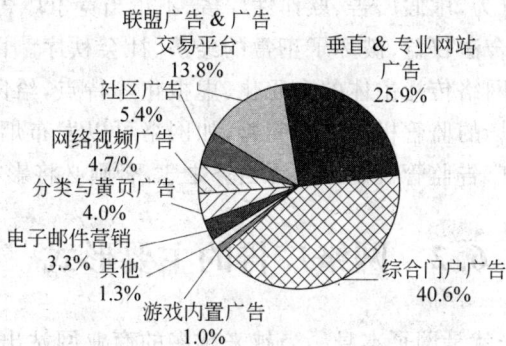

图 6-2　2007 年中国网络广告现状

非常丰富,并且以图、文、声、像等多种形式,生动形象地将产品或市场活动的信息展示在用户面前;网上的广告可按照需要及时变更广告内容,这样广告商就可以随时更改诸如价格调整或商品供求变化等信息;与报纸和电视单位面积(时间)的广告价格相比,网络广告在价格上极具竞争力。

与传统媒体相比,网络广告具有独特的优势,使其市场空间更为广阔,虽然网络广告还存在着诸多的问题,但凭借上面所列举的种种优势,网络广告深深地吸引着众多的企业和客户。随着网络的发展与普及、网民人数的日益增加,网络广告也将进入一个高速发展的时期,其效益将越来越得以显现。

② 网络广告市场增长迅速。从广告业整体来看,我国网络广告市场所占比例还是非常小的。尽管网络广告绝对数量不断增加,但现在还不能撼动传统媒体广告的主导地位。目前,网络广告只是传统媒体广告的有益补充,收入比较少,水平也比较低。但是,因特网以其跨时空、跨地域、图文声并茂的双向互动传播模式为广告的发展提供了广阔的舞台。自从1997 年网络广告在中国出现以来,网络广告的增长速度一直高于报刊、广播、电视等传统媒体。

目前中国的网民已突破 3.84 亿,而且还在快速上升,网民数量的大幅度增长,意味着网络广告的点击率的增加,同时,从事网络广告的人数增加,给网络广告业带来光明前景,再加上网络广告拥有最具潜力和活力的消费群体,使得网络广告的市场正在不断扩展。由于中国经济的快速发展,中国广告市场也在不断发展和扩张,网络广告占广告总额的比例大幅提高,这显示出网络广告市场的迅速增长。

③ 网络广告市场竞争激烈。网络广告市场的兴旺,不仅促使原来的广告代理商向网络广告行业倾斜,也催生了越来越多的广告代理商加入到网络广告市场。另外,用户服务提供商、提供广告效果衡量服务的公司等多家公司也进入网络广告市场。同时,面对巨大的利润空间,因特网广告市场已经成为很多网站的主要收入来源之一,网站之间的竞争也就愈加激烈,很多网站都在不断调整自己的广告,对原有的广告进行改版、增加版面等。

由于以上原因,中国网络广告市场已进入竞争的白热化阶段。网络广告的出现为广告业拓展了新天地,但只有掌握了网络广告的特点,扬长避短,才能在激烈的竞争中获得先机,才会给广告主和广告商带来无限的商机。

④ 网络广告市场的监管机制不完善。虽然网络广告有众多优势,但是网络介质的特殊

性也导致了大量的违法行为,虚假广告、欺诈性广告、不正当竞争广告等充斥网络,严重影响了交易当事人、消费者的合法权益,破坏了正常的经济、社会秩序。由于网络广告是中国一个新兴的广告市场,加上网络传播主体的多元化、虚拟化等特点,给网络监管造成了一定的难度,国家对网络广告市场的监管机制还不完善,如网络可以发布烟草广告,这与《广告法》相冲突。因此,完善网络广告监管机制已成为当务之急,否则必将影响其健康发展。

6.2　网络广告的主要形式

最早出现的网络广告就是网页本身。当越来越多的商业网站出现后,怎样让消费者知道自己的网站就成了一个现实问题。广告主急需一种可以吸引浏览者到自己网站上来的方法,而网络媒体也需要依靠它来赢利。这种需求的驱动,使网络广告界发展出了多种能吸引浏览者的网络广告形式。下面将介绍目前网络广告界常用的一些网络广告形式。

6.2.1　案例导入与思考

案例导入

361°“勇敢做自己”,奏响民族品牌最强音

2008 年奥运会在北京举办,这对众多的中国运动品牌企业来说,既是机遇,也是挑战。谁能抢占先机,谁就能赢得进一步发展壮大的机会。以生产运动系列产品、配件以及运动休闲产品为主的 361°体育用品有限公司自然不会放弃这次机遇。2007 年 361°与腾讯网迷你首页推出了富媒体广告“决胜 08 中国,勇敢做自己”,掀开了运动产业“备战 2008 奥运”的序幕。

广告以迎接奥运为主题,烘托出广告的民族运动品牌特色。热情激昂的广告文字,品牌与奥运的巧妙衔接,使网民仿佛置身奥运决战之巅。361°激昂的专业运动品牌定位与奥林匹克运动精神紧密结合,实现了又一个新的成长与飞越。

在沃顿商学院、CCTV 全球咨询榜与经济观察报、腾讯网联合举办的“影响中国”年度评选中,361°与世界 500 强企业同时获最高奖项,成为“入选企业最年轻、发展速度最快的品牌”。

案例分析

361°的成功离不开营销方式的创新。“决胜 08 中国,勇敢做自己”,361°以民族性为基调,以中国情感为 2008 战略主元素,成功表达了的品牌诉求,奏响了民族品牌的最强音。

(1) 有针对性地选择广告载体,保持目标人群和品牌形象的一致性

361°选择腾讯作为广告投放的载体,较好地实现了对目标用户的锁定。腾讯的用户主要以 15~30 岁的人群为主。他们不仅思想十分活跃,而且喜欢尝试新鲜的事物,追逐潮流和品质,具有鲜明的主体意识,拥有很强的消费欲望和消费能力,这与 361°年轻的品牌形象和潜在的核心消费人群有着极高的契合度与一致性。

(2) 巧妙地选择广告形式,成功地传递品牌诉求

广告采用富媒体形式,以奥运烽火燎原为背景,轮流展示了 361°篮球、田径、羽毛球和

足球系列服饰,画面人物动感十足。浓黑和金黄的主色调,高频率交错出现的图片和文字,在短时间内冲击观众眼球,极富震撼力。广告语"让世界听到我们的声音"瞬间激发国人奋发向上的民族自豪感,最后以"决胜 08 中国,勇敢做自己"结束,成功表达了 361°的品牌诉求。

想一想 ❓

(1) 361°是如何取得成功的?

(2) 网络广告的主要形式有哪些?

6.2.2　知识点

1. 网络广告的分类方法

随着网络技术的发展和网络应用服务的多样化,网络广告的表现形式也摆脱了最初网页框架的限制,呈现出更加丰富的表现形式。网络广告的分类方法表现有下列几种。

(1) 根据传播载体的不同分类

根据传播载体的不同,网络广告可以分为网站页面广告、网络游戏内嵌广告、电子邮件广告、网络软件内嵌广告(如 QQ 聊天软件中的广告)四大类。其中表现形式最丰富、占比例最大的是网站页面广告;发展最迅速的是网络游戏内嵌广告,2007 年广告规模高达 133 亿元;历史最悠久、效果最直接的是电子邮件广告;最具扩展潜力的是网络软件内嵌广告。

(2) 根据表现形式的不同分类

根据表现形式的不同,网络广告可以分为文字广告、图片广告、动画广告和视频广告。

① 文字广告是纯文字的广告,一般由吸引人的文字组成。

② 图片广告一般被称为 Banner(旗帜广告),它是由图形和文字组成的,通常的格式有jpg、flash 等。

③ 动画广告是把广告通过动画的形式生动表现出来的,给观众一种耳目一新的视觉感受,是反映创作者情感的表达方式。

④ 视频广告是一种可以在 Google 网站上展示的新广告形式。此种广告可以采用多种广告格式,而且只有在发布商选择以所支持的格式之一投放图片广告时,方可展示。

(3) 根据广告呈现形式的不同分类

根据广告呈现形式的不同,网络广告可分为嵌入式固定广告、弹出式广告、页面浮动型广告、互动参与型广告。

(4) 根据广告发布原则的不同分类

根据广告发布原则的不同,网络广告可分为关键词匹配型精准广告和页面空间匹配型广告。

① 关键词匹配型精准广告是目前网络广告发展的趋势,广告内容的呈现是基于广告内容和页面关键词的匹配程度,最大限度地保证了用户需求和广告信息的一致性和相关性。目前这类网络广告以文字型广告为主,偶然也出现图片类精准广告。Google 的 Adword 就是关键词匹配型广告的代表,国内许多网络广告商都开始提供关键词匹配的精准广告,最具代表性的包括 Narrowad、Alimama、九赢广告、麟润广告等。百度也在其音乐和影视搜索中提供了关键词匹配的图片广告。网络精准广告除了能够控制关键词匹配度以外,还可以根

据网站或者网民的地域和上网时间对广告发布进行控制,最大限度地保证网络广告投放效果适合于中小企业或者机械制造等工业制造领域。

② 页面空间匹配型广告主要针对门户型网站,沿袭传统媒体的广告发布思路,类似报纸版面,以网站页面空间为导向,以时间为发布周期,强调页面注意力,类似于报纸的发行量和电视的收视率。这类广告比较适合消费性品牌,主要作用在于提升品牌形象和网民关注度。这类广告的投放以大型网站为主,对于中小型的网站的投放意义不大。

(5) 根据收费方式的不同分类

根据收费方式的不同,网络广告可以分为 CPM、CPC、CPA、CPR、CPP、包月方式、PFP 和其他计价方式。

① 每千人成本 CPM(Cost Per Mille 或 Cost Per Thousand 或 Cost Per Impressions)。网上广告收费最科学的办法是按照有多少人看到你的广告来收费,按访问人次收费已经成为网络广告的惯例。CPM 指的是广告投放过程中,听到或者看到某广告的每一人平均分担到多少广告成本。传统媒介多采用这种计价方式。在网上广告,CPM 取决于"印象"尺度,通常理解为一个人的眼睛在一段固定的时间内注视一个广告的次数。比如说一个广告横幅的单价是 1 元/CPM,意味着每一千个人次看到这个 Banner 广告就收 1 元,如此类推,10000 人次访问的主页就收 10 元。

② 每点击成本 CPC(Cost Per Click 或 Cost Per Thousand Click-Through)。以每点击一次计费,这样的方法加上点击率限制可以加强作弊的难度,而且是宣传网站站点的最优方式。但是,此类方法就有不少经营广告的网站觉得不公平,比如,虽然浏览者没有点击,但是他已经看到了广告,对于这些看到广告却没有点击的流量来说,网站则是白忙活。有很多网站不愿意做这样的广告,据说,是因为传统媒体从来都没有这样干过。

③ 每行动成本 CPA(Cost Per Action)。CPA 计价方式是指按广告投放实际效果,即按回应的有效问卷或订单来计费,而不限广告投放量。CPA 的计价方式对于网站而言有一定的风险,但若广告投放成功,其收益也比 CPM 的计价方式要大得多。广告主为规避广告费用风险,只有当网络用户单击旗帜广告、链接广告主网页后,才按点击次数付给广告站点费用。

④ 每回应成本 CPR(Cost Per Response)。以浏览者的每一个回应计费,这种广告计费充分体现了网络广告"及时反应、直接互动、准确记录"的特点。但是,这显然是属于辅助销售的广告模式,对于那些实际只要亮出名字就已经有一半满足的品牌广告要求,大概所有的网站都会给予拒绝,因为得到广告费的机会比 CPC 还要渺茫。

⑤ 每购买成本 CPP(Cost Per Purchase),广告主为规避广告费用风险,只有在网络用户单击旗帜广告并进行在线交易后,才按销售笔数付给广告站点费用。无论是 CPA 还是 CPP,广告主都要求发生目标消费者的"点击",甚至进一步形成购买,才予付费。CPM 则只要求发生"目击"(或称"展露"、"印象"),就产生广告付费。

⑥ 包月方式。很多国内的网站是按照"一个月多少钱"这种固定收费模式来收费的,这对客户和网站都不公平,无法保障广告客户的利益。虽然国际上一般通用的网络广告收费模式是 CPM(千人印象成本)和 CPC(千人点击成本)。但在我国,一个时期以来的网络广告收费模式始终含糊不清,网络广告商们各自为政,有的使用 CPM 和 CPC 计费,有的干脆采用包月的形式,不管效果好坏,不管访问量有多少,一律一个价。尽管现在很多大的站点多

已采用 CPM 和 CPC 计费,但很多中小站点依然使用包月制。

⑦ 按业绩付费 PFP(Pay-for-Performance)。著名市场研究机构福莱斯特(Forrerster)研究公司最近公布的一项研究报告称,在今后 4 年之内,万维网将从目前的广告收费模式——即根据每千次闪现(Impression)收费 CPM(这也是大多数非在线媒体所采用的模式)变为按业绩收费(Pay-For-Performance)的模式。

虽然基于业绩的广告模式受到广泛欢迎,但并不意味着 CPM 模式已经过时。相反,如果厂家坚持这样做,那么受到损失的只会是它自己。一位资深分析家指出,假如商家在谈判中不能灵活处理,而坚持采取业绩模式,它将失去很多合作的机会,因为目前许多网站并不接受这种模式。

⑧ 其他计价方式,某些广告主在进行特殊营销专案时,会提出以下方法个别议价。

• CPL(Cost Per Leads):以搜集潜在客户名单多少来收费。

• CPS(Cost Per Sales):以实际销售产品数量来换算广告刊登金额。

2. 网络广告的主要形式

网络广告的主要形式表现为以下几个方面。

(1) 旗帜(Banner)广告

旗帜广告也叫横幅广告,是网页中的一个长方形画面广告,因其形状像一面旗帜,称为旗帜广告。旗帜广告是使用最早的网络广告形式,也是目前常见的网络广告。制作旗帜广告,一般采用标准尺寸。1997 年美国因特网广告署广泛调查了广告主、广告代理商和用户的意见,制定了旗帜广告的标准尺寸,包括 468×60 像素的全尺寸 Banner、392×72 像素全尺寸带导航条 Banner、234×60 像素半尺寸 Banner、120×240 像素垂直 Banner 等。

(2) 按钮(Button)广告

按钮广告与旗帜广告大体相同,只是尺寸较小。根据美国交互广告署的标准,按钮广告通常有 4 种形式,分别是 125×125 像素方形按钮、120×90 像素按钮、120×60 像素按钮和 88×31 像素小按钮。按钮广告由于尺寸偏小、表现手法较简单,所以多用于提示性广告。

(3) 图标(Logo)广告

图标广告多用于显示公司或产品的图标,单击后链接到公司的站点。该种广告形式尺寸较小、价格低廉,适于宣传企业徽标或产品商标。

(4) 文字链接(TextIAnk)广告

文字链接广告采用文字形式表现,可出现在网页的任意部位,一般设置为超链接形式,可以通过单击查看更详细的内容。

(5) 巨型(Large Rectangle)广告

巨型广告一般要占到整个屏幕的 1/3 以上空间,多采用 Flash 动画格式,能够从多方位展示企业的产品信息。

(6) 弹出窗口式广告

弹出窗口式广告是指广告可在用户访问网页时自动弹出,常分为 Pop-up 和 Pop-under 两种类型。Pop-up 广告窗口出现在请求网页之上,Pop-under 广告窗口出现在请求网页的下面,并不直接影响用户浏览网页,当用户关闭浏览的网页后,广告窗口才出现。

(7) 分类广告

分类广告集中了同行业的大量信息,便于同类产品间的比较。"不怕不识货,就怕货比货"，同类产品同台竞争，对商家、消费者都有好处。

（8）电子邮件广告

电子邮件广告就是把广告放置在新闻邮件发送到用户邮箱中。电子邮件广告具有针对性强、费用低廉的特点。电子邮件广告可以针对个人或群体发送，这是其他网络广告方式所不及的。

（9）关键词广告

通过在搜索引擎注册，企业信息能够出现在用户的相关搜索结果中。比如登录 Google 网站，搜索"鲜花"，在搜索结果的右侧可以看到若干赞助商链接，包括香港花店、一千零一夜鲜花连锁店、上海心桥鲜花礼品全国速递、上海阳光鲜花网等，每个花店都提供了服务项目和联系方式。

（10）对联广告

对联广告采用传统的对联形式，一般对称出现在网页的左右两侧空白位置。其特色是：广告位置醒目，画面舒展，不影响使用者浏览网页正文，能大大增强吸引力，有效传播广告信息。

（11）撕页广告

撕页广告一般出现在网页的左上角或右上角，单击鼠标后自动"撕开"——广告画面得以展示。2～3 秒后，广告画面自动还原至 80×80 像素尺寸小图标缩至页面左上角，再次单击鼠标可重复观看。其特色是：形式新颖，内容丰富，视觉冲击强烈，配合声音效果，观赏度极佳。

（12）超级流媒体广告

超级流媒体广告画面优美、声音悦耳，在画面底部设有播放按钮，用户可自行关闭或重放。其灵活新颖，趣味性强。

（13）定向广告

定向广告是指网络服务商利用网络追踪技术（如 Cookies）搜集整理用户信息，按年龄、性别、职业、爱好、收入、地域分类储存用户的 E-mail 地址，然后利用网络广告配送技术，向不同类别的用户发送内容不同的广告。

6.3　网络广告策略

网络广告策略是促销活动总策略在广告活动中的具体体现，在拥有一定的广告信息的基础上，需要对整个广告活动加以协调安排，包括对未来的设计、广告投入、地域安排等各个具体细节做到充分考虑，它具有超前性、指导性和全局性的特点。

6.3.1　案例导入与思考

📖 案例导入

百世兴打造"花生部落"，巧妙实现品牌延伸

四川百世兴食品产业有限公司主要生产"酒鬼花生"系列产品。2007 年，百世兴推出了"花生部落"的创意，将旗下产品全部由"花生部落"统一起来，然后细分出传统的"酒鬼花生"

系列和新开发的时尚"馋库"系列,在兼顾 20 世纪六七十年代的消费群体的同时,百世兴将推广重心转向了"80"后群体。

为配合新品上市,百世兴建立了"百世兴——花生部落"互动网站。在广告设计上,百世兴虚拟了一个充满欢乐的花生部落,通过音乐、视频,从视觉和听觉两个方面直观地向浏览者传递"百世兴花生部落"产品品牌所希望传递的快乐理念。

页面整体色调以橙色为主,图形设计上沿用了"花生男"标准形象,辅以线条、花纹、卡通物品等视觉元素,营造出欢乐的氛围。在"花生男"角色动画的设计上,加入了一些调皮、搞笑的动作,如用嘴接花生,模仿 rock star(摇滚歌星)弹吉他、跳眉来眼去舞等,给浏览者带来更加新奇、有趣的用户体验。

新颖的宣传形式,使百世兴的新品销售异常火爆,其中"馋库"系列花生,以其新鲜的口味和鲜艳的包装备受年轻女孩儿的青睐。通过巧妙打造"花生部落",百世兴迅速实现了由传统品牌向时尚品牌转换的品牌延伸。

案例分析

百世兴以"花生部落"为主题的营销推广,取得了显著的效果。

(1) 巧妙地实现了品牌延伸

百世兴靠"酒鬼花生"起家,并迅速奠定了在业界的领军地位。但也正因为如此,百世兴在很长一段时间内都摆脱不了"酒侠情结"。"佐酒"的产品定位和"武侠精神"的品牌定位,无意间将消费对象更多地锁定在了 30 岁以上人群("70 后"正是在金庸、古龙等武侠小说陪伴中成长的)。消费年龄的局限使百世兴的产品推广受到了阻碍,要寻求更大的发展空间,就必须让品牌年轻化、时尚化。

"花生男"是百世兴在产品推广中虚拟出来的漫画人物,是千千万万为生存奔波、为事业奋斗的打工族的形象化身,其原型来自四川经济广播电台"罗小刚方言社会"节目中"花生男的故事"。"花生男"豁达开朗的性格,激励着在社会底层挣扎的小人物们继续为自己的梦想而努力。可以说,"花生男"所代表的形象与"80 后"的生活现状巧妙地吻合了起来,在"80 后"的心灵中产生了共鸣。

(2) 进一步提升了品牌的美誉度

百世兴从单一的"酒鬼花生"扩充为人丁兴旺的"花生部落"后,其品牌内涵更广,产品兼容性增强,文化延伸更为广泛,消费群体也随之扩大。新颖的广告形式,置入互动式的推广方式,使百世兴品牌一扫过去传统深沉的酷男形象,成功地实现了现代时尚品牌的延伸。

百世兴通过"花生男"所倡导的快乐生活方式,生动地诠释了全新的品牌文化"我开心,百世兴",而"花生男"的漫画人物形象,又吻合了时下流行的草根文化,树立起百世兴现代的品牌形象——"带给消费者可口快乐的休闲时间"。

想一想 ?

(1) 根据案例阐述百世兴实现品牌延伸的策略。

(2) 百世兴通过何种形式实现品牌延伸?

6.3.2 知识点

1. 网络广告策略的制定

制定网络广告策略有 10 个步骤,分别介绍如下。

(1) 分析竞争者资料

首先,调查一下竞争者是如何定位其广告的,不仅要了解竞争者主页上的相关信息,也要了解子页面上的信息。同时也不要忽略对标志广告和文本链接的跟踪研究、赞助商的状况以及 E-mail 地址等资料。对于一些非直接的竞争者,但提供有趣的广告模型的网站,也有必要给予了解和关注。

(2) 确定网站上的"热点"

站在潜在客户的位置想一想,网站最吸引人的地方是什么? 网站的"热点"所需要的投资是多少?

测量这些"热点"的一个好的方法是从日志文件上查阅,看哪些网页获得最多的印象,调查出多少钱的付出就可以得到多少数量的印象等。

(3) 决定标志广告的标准

研究网站可提供的所有可能的标志广告尺寸或类型。一般来讲,最常用的标志广告尺寸(宽×高)是 468×60 像素、125×125 像素、234×60 像素、120×60 像素和 88×31 像素。另外,还可以采用静态广告,这是比较理想的网络广告策略方案。

(4) 研究邮件列表的可行性

目前,E-mail 赞助是在线广告界的热门手段,通过邮件列表发布网络广告,更能吸引顾客。

(5) 广告定价

价格应该基于供给和需求状况,一些技术型的网站由于直接影响到主要的目标受众,标志广告价格 CPM 可能要 100 美元,而对于那些大众的、非目标受众的网站 CPM 可能只有 2 美元。

因此,不同的网站对于广告定价有很大差别,主要差别在于所在的环境或行业、网站品牌知名度以及广告的实用性,根据不同的情况,网络广告策略也要有所不同。

(6) 提供广告套餐

媒体购买者喜欢网站将所有广告集中展示,因为对于广告客户来说,很难搞清楚网站上所有的广告位置。如果将所有广告形式集中为套餐形式,对顾客会有很大吸引力。

(7) 允许第三方广告服务

网站允许客户使用他们自己所有的第三方广告服务很重要,最常见的第三方广告服务有 DoubleClick、AdKnowledge 以及 AdForce。

(8) 处理未售出的广告空间

据调查,有 75% 的网络广告空间闲置,有一些方法可以避免失去广告收入。如加入一些广告信息网,这些广告信息网占广告总量的大部分,每个月都能卖出广告。最好的办法是根据广告收入的影响,广泛调查广告信息网并加以比较之后再制定网络广告策略。

（9）密切注意跟踪/优化技术

多数大型网站使用一些广告循环软件来控制所有的广告客户。为顾客提供完整的广告服务系统，允许上传广告图案、设定广告活动开始和结束日期、为客户在月末提供完整的报告。

（10）组织销售力量

既了解自己的网站又了解竞争者状况的、有能力的销售人员，以及一些有助于业务开展的在线媒体工具。

2. 网络广告的实施方法

目前，国内企业在购买搜索引擎竞价排名服务后，绝大多数企业都是交给搜索引擎服务代理商管理。原因是，企业没有专门的人才，这种方式的弊病是显而易见的。

一方面，网络服务提供商只是熟悉操作过程，服务的客户众多，根本不可能有精力去了解企业的个性情况，从而进行有针对性的投放和策略调整。另一方面，网络服务商的利润来源就是企业广告消耗的金额，因此理论上难以保证广告投入的合理投放和有效投放。

实际上，竞价广告的操作过程很简单，搜索竞价服务商一般也提供这样的培训，阻碍企业正常使用的主要因素是企业难以把握整个投放策略和方式。下面对整个投放策略提供一些基本原则和思路。

1）没有最佳方案，只有最适合企业自身的投放策略

企业的地域、行业、市场地位等各有不同，不可能用一个统一的标准模式，但是还是有很多共性的东西值得注意的。在准备实施竞价广告投放前应该做好以下几方面工作。

（1）对自己的企业进行深入分析。认识和分析企业自身特点主要通过如下几方面。

① 企业的产品特点、行业特点。企业本身是一家经销企业还是生产企业？是生产整机设备、零部件企业，还是服务型企业？是否有销售淡旺季之分？竞争优势是价格、服务还是品牌？产品的附加值高还是低？整个行业或客户的网络应用状况如何？这些都是需要考虑在内的因素。

一般来讲，一家工业品生产企业的排名不一定非要在首页。比如雅虎搜索首页只有 4 个竞价排名的位置，出现在第二页甚至第三页也可能取得较好效果。因为企业采购往往喜欢更加深入地货比三家。

而个人消费品或服务型企业对排名位置可能更加敏感。比如一家搬家公司的竞价排名广告一定要争取在首页出现，第二页的效果要差很多。因为该行业技术含量不高，价格和服务内容差距不大，做出决定的时间相对较短和容易。第一时间被客户发现，并吸引顾客马上电话咨询，成为达成成交意向的关键因素。

但是，无论哪种企业通过分析自己的产品、竞争优势，并通过文字广告尽量体现出来，都将增加被点击的机会。如：在展示广告语上可以使用竞争性、号召性语言，标题和描述采用套红关键词，吸引网民眼球，同时强调产品及服务的优势。还可以将关键词的目标网址直接链接到相关网页，使得目标网址的内容更加丰富。同时，还可以将广告排名放在醒目的位置，尽量放在搜索页的左侧等。

② 目标客户特点。是企业还是个人？是男性还是女性为主？年龄结构在 25 岁以下，

还是 35 岁以上？是寻找经销代理为主还是寻找直接消费者？很显然,如果你的产品是女性护肤产品,而且立足于直接销售,每天上班后的 7:00～12:00 是加大排名投入的黄金时间。而一个面向企业采购工程师的电子元器件产品应该抓住每天上午 10:00～下午 4:00 前后的访问高峰。比如为了节约紧张的广告预算,可以在上午 9:30～11:30 调高排名,而在其他时间暂停或适当调低排名,在下午 3:30～4:30 左右恢复靠前排名。

主要的搜索竞价服务提供商目前都提供比较灵活的投放方式,可以随时暂停和恢复广告。企业的行业和产品不同,最佳投放时间需要摸索和实践。通过竞价排名的管理后台和第三方统计软件分析,可以很容易确定企业广告投放的最佳时间段。

③ 整合营销策略。网络营销作为企业整体营销中的一个环节,服从和服务于整体销售战略是必然的选择。而企业的广告预算永远都是有限的,这就需要让所有的营销手段互相支撑而不是各自为战。比如,企业要参加今年 8 月份的一个国内知名展会,那么在展会之前一周和展会之后的 1～3 个月内要重视提升排名位置(加大投入并投放相应的关键词),因为展会对于采购商来讲,往往只是收集资料和初步接触的机会,对企业的了解和考察,可能会在展会结束后的一段时间。

(2) 跟踪和分析竞争对手。知己知彼,百战不殆,和其他媒体广告相比,搜索引擎竞价对广告资源(排名位置)的动态调整特性决定、跟踪和分析竞争对手、不断调整投放策略显得尤其重要。分析竞争对手主要可以通过了解对方投入的关键词数量和质量(热门程度)、显示的时间段、对排名的敏感程度等方面,基本判断对方采取的策略。

碰上那些"永远争第一"的对手,就要考虑是否值得与它竞争,或者采用跟随策略更好。再比如,碰巧发现你所在行业的龙头企业在参与竞价排名广告,是抢在它的前面,是跟进,还是以自己为主不加理会?就要根据企业的自身情况和对方的策略做出合理的判断和调整。

2) 如何选择竞价广告的关键词

搜索竞价排名用的就是关键词,因此对关键词的选择就显得十分重要,除非你的广告预算无限大。

关键词的选择往往是一些没有经验的企业比较头疼的事情,不知从何下手。关键词方案制订总体上以能围绕客户需求,以及客户的目标人群来考虑,在关键词的选择上以"全面、有效、热门、突出重点"为策略。例如,雅虎搜索竞价在针对客户的关键词选择上有以下 3 点原则。

(1) 搜索词中所包含的符号应是其产品中的一部分。

(2) 搜索词应在显示名或简介中有所体现。

(3) 关键词要与客户产品、行业有关或相关。

如何在竞价排名之前判断选择的关键词被潜在客户查询的热度呢?还有哪些有价值的关键词被忽略了?可通过百度的关键词相关查询工具来获得一个参考。在百度搜索栏中输入你认可的关键词,单击搜索后,在搜索页面的最底部会出现"相关搜索"4个字,它后面是百度根据网民查询量推荐的、与被查询关键词相关性较强的关键词推荐列表。

单击"更多相关搜索链接"后,百度会列出与被查询词相关的 100 个词汇供企业参考,并在每个关键词的后面标明长短不一的蓝条,蓝条越长说明这个词的每天被检索次数越高,越短则正好相反。通过这种手段,一方面,可以了解各个关键词的热门程度,另一方面,可以为企业选择关键词提供更多的选项参考。

在选择关键词的时候还有一些小技巧。比如,如果你所在的行业有一些行业巨头,而你的市场地位与其有较大差距,那么那些巨头公司的简称也应该考虑为投放的关键词,这样当潜在客户慕名查询竞争对手的时候,会有额外的发现,并且可能会对这个和巨人比肩的企业产生进一步了解的兴趣。

3) 在实践中调整关键词的投放策略

通过一段时间的投放,可以通过搜索竞价服务提供商提供的分析报告不断分析客户的关键词查询规律。看看哪些词带来的流量大,可以增加类似相关词,还可以增加那些排名不高但是经常会被客户查询到的关键词。对于投放方案中流量很少或者效果不明显的同类词,可以裁减或调低价格。

通过这些分析,可以大致将关键词根据带来的流量和展示效果进行分类,如优秀关键词、待定关键词、淘汰关键词等,对其进行小幅度的调整,然后再看效果,逐步优化方案。

网站刚做好后,在搜索引擎中的自然排名比较差,或根本没有收录,但是 1~3 个月后,如果发现通过自然排名已经比较理想,就可以适当考虑减少或停止竞价广告的投入。同时,通过第三方统计软件跟踪点击量的变化,以判断是否影响营销效果。如果访问量的变化和电话等咨询反馈信息变化不大,就证明策略调整是成功的。

4) 如何制订搜索竞价广告的预算

"巧妇难为无米之炊",广告投入过少,会严重制约网络营销管理人员的发挥空间,失去不断调整和尝试投放策略的空间,过多则意味着大量浪费。那么控制在什么范围内算合适呢?

(1) 参考企业的网络营销目标。总体来看,根据市场回报预期和广告目标不同,企业的网络营销目标包括销售促进和品牌打造两方面。很多时候两个方面并不能完全分开,但是针对于特定广告媒体而言,总是以一个目标为主的。比如,在中央电视台做广告更重要的是确立品牌地位,而在大卖场内悬挂的 POP 广告,则更多的强调销售促进的作用。两者的相同点是都在客户具有明确购买意向的时候才发挥作用。因为搜索引擎的广告位置相对较少,因此在网络营销中的作用也显然高于传统营销中的 POP 广告。

当然这并不是说,竞价广告就不能提升企业的品牌形象。恰恰相反,竞价广告由于针对的都是具有明确购买意向的潜在客户,没有购买意向的客户一般不会通过产品关键词查询,良好的排名对企业的品牌提升是大有裨益的。

相对而言,图片广告、文字链接等网络广告没有明确和集中的受众目标,更多的是面向还没有购买意向的潜在消费者。

企业可以根据网络营销不同阶段的不同目的,确定广告预算的投放方向。

(2) 参考企业整体网络营销计划。网络营销的手段很多,竞价广告只是其中比较重要的一个。比如门户网站首页、频道页的文字链接、图片广告、综合性 B to B 贸易平台(如阿里巴巴诚信通会员)、众多行业性贸易平台会员(如我的钢铁网)、实名搜索、定费搜索引擎登录等。

企业在开展网络营销的不同阶段,对网络营销服务的需求重点是有差异的。比如,一家钢铁原料销售企业,希望在网站建设刚刚完成短时间内被更多同行和潜在客户了解,打造行业内的品牌号召力。同时在预算充裕的前提下,可以考虑先在专业的行业门户网站中投放一定时间段的图片广告和文字广告,加入阿里巴巴诚信通会员等,在此期间,肯定要一定程度的压缩竞价排名的投入。而在品牌广告结束之后,竞价广告的长期性投放就应该作为主要的网络广告支出而获得更多的预算计划。

（3）和传统广告进行投入产出对比。也许企业曾经花过 5000 元钱在地方电视台的垃圾时间做了一段时间的广告。现在不妨再投入同样的预算在搜索竞价广告中做一下对比,统计和分析对销售的直接和间接回报。管理人员应该定期将广告消费金额、新增点击量、留言、邮件反馈数量以及电话咨询数量进行统计,把不同周期的数据进行对比,并结合市场特点(比如销售淡旺季等因素)进行综合分析。

一家企业为了更好地判断各种推广手段的效果,要求市场人员在接到客户咨询电话和邮件时,不要忘记询问是通过什么途径知道他们公司的,以便为最终的评估提供可靠依据。如果结果是后者更有价值,就不妨减少传统媒体的广告预算,适当调高竞价广告的投入。

搜索竞价广告和企业参加展会类似,是以销售促进为最终目的,图片广告、其他媒体广告更多以打造企业品牌为主。如果企业的短期目标是扩大销售,则应加大竞价广告的投放力度。对于一个年广告预算在 10 万元以上的企业,在竞价排名上的投放力度保持在 10%～20% 以上是有必要的,因为促进销售是这类企业营销推广的首要目标。显然,搜索竞价广告对于大多数企业而言,能够较好地胜任和完成这项任务。

（4）网站优化与竞价排名的互补。在搜索竞价排名和通过网站优化取得的排名哪个更加有利呢？对企业采购者而言,竞价广告往往给企业造成一个更加值得信赖的第一印象。但是,出于费用的考虑,有时候通过一些简单的网页优化手段,比如合理设置网站的标题和页面描述会取得一些意想不到的排名效果。对网页进行适当的优化来提高主要关键词在各大搜索引擎中的排名也是搜索引擎营销的重要工作。

网站优化是指以方便用户获取信息和搜索引擎检索为主要目的,通过对网站的内容组织、导航结构、页面设计等多方面的改进,为搜索引擎提供更加充分有效的内容信息,从而达到提升主要关键词在搜索引擎中最佳排名显示和让访问者更加轻松快速地获取目标信息的目的的一系列工作。

6.4 实现方法与步骤

6.4.1 了解网络广告的发布

1. 了解上网用户的需求——信息和娱乐

在利用网络广告时,应首先向上网用户提供具有价值的信息或者娱乐,吸引目标消费者的注意力,促使他们主动地做出一系列行动去了解更多详细情况。对比仅仅宣传产品的方法,通过此途径获取企业产品信息的上网用户会对企业和产品有更深刻的印象。而因特网所赋予的互动性则是电视等传统媒体无法比拟的。

2. 根据产品特点，确定合适的最期望反应和广告活动主题

提及最期望反应，购买行为就会被理所当然地放到第一位。实际上，精明的营销经理都认识到，在发生购买行为之前存在必要的阶段。例如，来电询问、索取试用品、与消费者建立联系。因此，最期望反应并不一定是购买行为，而应根据产品的特点有所调整。新杂志的出版商可能希望受众索取免费试看的电子版本，美发用品商家则可能希望受众在网上下载优惠券。

3. 选择大流量且访客覆盖企业目标市场的网站

大流量的网站相当于繁华的商业街，人气旺，企业的广告自然就更受关注。同时，网站访客应覆盖企业的目标市场。

4. 分析并选定网站中最具广告效果的广告形式

每一种媒体都包含多种广告形式。在网络广告中，不同的广告形式、投放位置的广告效果都会有一定差异。此外，为达到最好的广告效果，必须针对特定的广告形式和投放位置专门设计广告。

5. 设计广告文案和配图

广告设计是吸引受众注意的关键。广告必须传递最能吸引受众的、单一的，并易于理解的利益点，从而促使受众产生进一步了解的兴趣。标题是广告中最为重要的组成部分，如果标题不能吸引受众，那么广告的其他部分的作用将大大削弱。

6. 设计与广告紧密联系的、提供高质量信息或娱乐的登录页面

目前很多网络广告的重点都集中在吸引注意力，却忽略了受众单击广告后的登录页面。这是导致广告主抱怨网络广告缺乏效果的主要原因之一。

登录页面就是这些文字内容和图片的载体，感兴趣的受众将通过登录页面完成广告主所设定的最期望反应。为了保持与客户的联系以及促使访客做出购买行为，广告主应及时地收集访客的邮件地址和引导他们阅读销售信。

7. 收集访客的电子邮箱地址

根据国际因特网消费者行为的统计数据，访客平均要重复访问网站 7 次才会转化为该网站的顾客，此统计结果与人们的消费行为是吻合的。

8. 用正确的销售信息促使访客做出行动

通过以上所述的 8 个步骤，企业已经利用因特网过滤了受众，从中识别并吸引了大量的对企业产品有需求的消费者，并可以认定他们将对企业的产品有较高的兴趣，而且已经大大缓和了他们对销售的抵触心理。余下的工作就是企业如何说服这些消费者做出行动。

6.4.2　在网站上发布网络广告

操作步骤如下。

第 1 步：在浏览器地址栏输入"http://www.ad114.com.cn/"，如图 6-3 所示，进入中国广告黄页网站，注册会员。了解国内外的最新经济信息、业界快讯、经济评论，查看有关的

广告营销和广告刊例。

图 6-3　中国广告黄页首页

第 2 步：在中国广告黄页网站，单击左侧的供求信息，发布公司介绍信息及产品信息，如图 6-4 所示。

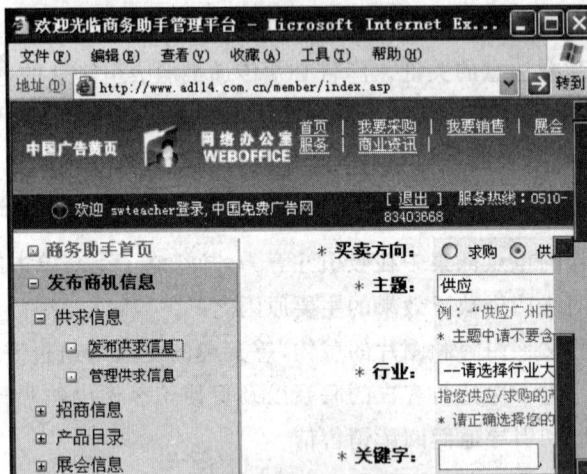

图 6-4　发布信息

6.5　技 能 训 练

6.5.1　在网站上发布信息

【训练目的】

了解网站信息发布的方法，掌握网站发布信息的技巧。

【训练内容】

进入赶集网（www.ganji.com），发布免费信息。

【训练步骤】

（1）登录赶集网（www.ganji.com），注册为会员。

（2）单击免费信息发布,发布有关商品的信息。

6.5.2　在网站上发布网络广告

【训练目的】

了解网站网络广告发布的方式,掌握网络广告的操作方法。

【训练内容】

进入淘宝网,发布免费广告。

【训练步骤】

登录淘宝网网站,进入"淘宝打听",进行广告信息的发布。

习　题　6

一、名词解释

网络广告　旗帜广告　网络广告策略　CPM

二、判断题

1. 2008 年全年整体的网络广告投放的额度会突破之前的 172 亿。　　　　（　　）

2. 在这样快速发展的市场当中,由于美国次贷危机引发的金融危机,不会给我们带来影响。　　　　（　　）

3. 与传统媒体相比,网络广告具有的独特优势,使它的市场空间更为广阔。　　　（　　）

4. 与传统广告媒体相比,互动性是网络广告最显著的优势。　　　　（　　）

5. 广告联盟就是典型的"广告＋促销"模式。　　　　（　　）

6. CPC 是每千人成本网上广告收费,最科学的办法是按照有多少人看到你的广告来收费。　　　　（　　）

7. CPM 是每点击成本以每点击一次计费。　　　　（　　）

8. 旗帜广告是使用最早的网络广告形式,也是目前常见的网络广告。　　　（　　）

9. 最常用的标志广告尺寸（宽×高,单位为像素）是 468×60、125×125、234×60、120×60 和 88×31。　　　　（　　）

10. 搜索竞价广告是以销售促进为最终目的。　　　　（　　）

三、多选题

1. 网络广告的特点是（　　）。
    A. 经济性　　　　　B. 交互性　　　　　C. 实时性　　　　　D. 广泛性

2. 根据传播载体不同,网络广告可分为（　　）。
    A. 网站页面广告　B. 文字广告　　　C. 电子邮件广告　D. 弹出式广告

3. 网络广告效果的可测评性表现在（　　）。
    A. 更及时　　　　　B. 更客观　　　　　C. 更广泛　　　　　D. 更便捷

4. 根据广告发布原则的不同,网络广告可分（　　）。
    A. 网络游戏内嵌广告　　　　　　　B. 关键词匹配型精准广告
    C. 页面空间匹配型广告　　　　　　D. 网络软件内嵌广告

5. 网络广告的主要形式表现为(　　)。

   A. 巨型广告　　　　B. 关键词广告　　　C. 对联广告　　　　D. 撕页广告

四、简答题

1. 网络广告市场的发展现状主要表现在哪些方面？

2. 网络广告的优势表现在哪些方面？

3. 制定网络广告策略的 10 个步骤是什么？

4. 选择竞价广告的关键词的原则是什么？

5. 如何制定搜索竞价广告的预算？

第 7 章

网 络 促 销

任何促销都与信息的沟通息息相关,信息及其沟通手段、传递信息的媒介,以及沟通的质量都影响着促销效果。任何促销都应指向有关消费者,只有适合消费者需求特征的信息,才会被接受和产生效果。所以,促销是指将产品或劳务的信息传递给目标顾客,从而引起其兴趣,促进其购买,实现企业产品销售的一系列活动。促销的实质是传播与沟通信息。

本章主要内容

网络促销的基本概念;

·网络促销与传统促销的区别;

网络促销的特点形式与实施;

网络促销的技巧。

能力培养目标

培养学生理解网络促销的含义和内容,了解网络促销与传统促销的区别,具备能综合利用各种网络促销方式的能力。

7.1 网 络 促 销

7.1.1 案例导入与思考

案例导入

柯达的网络营销:分享此刻,分享生活

作为世界影像业界著名的品牌 Kodak(www. kodak. com. cn),图 7-1 所示的形象早已深入人心。按理说,这样的企业必定拥有无数色彩斑斓、精美绝伦的图片,但它并没有用这些图片来装饰自己的首页,而紧紧围绕"让陌生人从网站了解柯达;让业余摄影爱好者从网站认识柯达;让专业摄影爱好者在网站参与柯达、享受柯达"这一宗旨来进行网站规划。网站的首页设计简洁、主题醒目、结构简单。没有满屏的网络广告和弹出窗口,没有口号式的企业理念、企业形象。清晰的页面结构让任何一个带着不同目的进入网站的人都能够快速

图 7-1 Kodak 的首页

找到自己感兴趣的页面。

在网站内容方面,柯达网站侧重于成像后的增值服务。行业领先地位也好,超级产品质量也罢,最后都必须落实到市场上。首先,网站的成功与否取决于争得客户的多少,对于胶卷这种低值消费品来说,争得客户一时的宠爱并不算成功,成功应当是争得客户一世的珍爱。技术进步使初学拍摄者也能拍出专业级的作品,因此没有理由让用户对某种胶卷情有独钟。鉴于此,柯达网络营销不是在一般的产品宣传上,而注重培养客户对其品牌、网址的忠诚度。采取"别具一格"的竞争策略,切实推出了一些能在网上实施,对大众常规摄影作品起增值作用的服务项目。

(1)教育培训。这是面向公众的营销措施。柯达传统影视媒体广告主题都以"留住业余的瞬间"为题,在网络上,它可以从容地、分步骤地指导摄影者如何拍出佳作,这在柯达网站中有相当的比重。"拍好照片"培训从器材、技术、胶卷、用光、拍摄和合成等栏目介绍摄影概况,又提出"10 大技术"等。每栏都有在线索引、相关问题解答的参考目录等循序渐进。

(2)加作素材库。柯达将大量分类图片库放在网上,既作为摄影楷模,又让用户自己选择素材,下载后和自己的照片一道加工合成,这一服务为柯达赢得了良好的口碑,其对营销成功起了作用巨大。

(3)在线服务。柯达通过与 AOL(American OnLine,美国在线)合作,开办了"您在拍摄"热线,建立了影迷论坛和交流中心等,培养了一大批忠实用户。近来更发展了一个在线图片中国式中心,对用户原作进行有趣的编辑。影迷们只要将照片发到网上,就能重新组合或共享。如果有困难,只要招呼一声,就会有高手来帮忙。还有采用柯达数码相机拍摄后的照片,可寄存在其网络电子相簿中。若再花上少量的钱,就可以用其魔术成相机将自己的照片印到一个啦啦队员身上;或者和日本大怪兽一起合影;或者乘上越野车在火星上拍照等。总之,拍摄已是人人能为之事,而柯达将网络竞争点定位在拍摄后的增值服务之上。

当柯达公司首次在因特网上开通 3500 页面的站点,每天吸引多达 15 万人来访问时,被广泛认为是商业价值营销效果最好的站点。为确保网络能提供优质服务,公司还进一步将站点开发扩展到整个企业的各个部门,并将其信息系统部、国际因特网营销部、公共关系营销和销售单位连接起来。这种协作确保了用户反馈和查询被迅速准确地传给公司,同时确保服务人员能立即做出反应。目前,公司认为采取网络营销方式和用户发生相互作用的潜力是巨大的。1989 年当柯达公司宣布将其所有的计算机资产与运作全部外包时,就震惊了全美。而当时柯达公司将其视为增收节支、强化竞争力、实现企业主要目标的一项重要举措。现如今深化成颇具规模的综合性营销与服务站点。从利用该站点为顾客解答问题、发布产品信息、为数字摄影器材下载驱动程序等服务来看,仅 1996 年一年,该网站就节约了400 多万美元。公司不仅取消了受话方付费的 800 咨询电话,养活了负责顾客咨询、处理订单的员工,同时降低了全球的邮资和运输费用。

📖 案例分析

柯达公司网站如同柯达公司的左膀右臂,成了柯达公司不可分割的一部分,被广泛认为是营销效果最好的网站之一。可以把这样的成功归功于以下几个方面。

(1) 清晰的网站定位。柯达的网站将其目标浏览者定位于"让陌生人从网站了解柯达;让业余摄影爱好者从网站认识柯达;让专业摄影爱好者在网站参与柯达、享受柯达"。目标非常明确。

(2) 醒目的网站主题。柯达的首页主题为"分享此刻,分享生活",立意明确,明显地表明这不是一个以营销为唯一目的的网站,从而拉近了公司总裁与浏览者的距离。

(3) 简洁的网站设计。简洁和易于操作是界面设计的最重要的原则。毕竟,网站建设项目出来是用于普通网民查阅信息和使用网络服务,没有必要在网页上设置过多的操作,加上很多复杂和花哨的图片。www.kodak.com.cn 六个栏目的划分非常清晰,快捷的下拉式导航可以让浏览者直接找到他们所需要的内容。

(4) 可信、可靠的网络营销。可以看看柯达网站如何通过细节来建立自己的信用。首先,在页眉部分,网站有动态的日期提示和亲切的问候语,这些增强了网站的亲和力;其次,网站有丰富的产品信息并配有清晰的图片,翔实地支持服务和联系方式。例如,柯达中国网站上提供有柯达公司在全国各地的分公司总裁和办事处的资料,包括详细的地址、电话、传真等。最后,网站的页脚部分提供了版权声明和明确的隐私保护,告诉浏览者哪些信息会被收集、如何被使用以及如何反馈等。

(5) 全球化的思维,本地化的行动。柯达公司是一个跨国公司,柯达网站也非常注重网站的全球建设项目。kodak.com 是柯达美国网站,kodak.com.cn 是柯达中国网站,kodak.com.jp 是柯达日本网站,在这些网站都会有柯达全球网址(Kodak Worldwide)的链接。同时,柯达公司针对每一个国家和地区的网站,又都会考虑本地区的文化和生活差异。例如,在柯达美国的购物网站已经开始有了圣诞节的氛围,而柯达中国的网站却在举行着"丝绸之路,中国之旅"的活动。

想一想 ❓

从柯达公司的网上营销案例分析,应如何进行网络促销?

7.1.2 知识点

1. 网络促销概述

在传统的市场上,销售商比顾客拥有更多的信息。这一方面是由于销售商对所生产或经销的产品成本或商品成本比较熟悉,信息来源渠道较多;另一方面则是由于市场相对封闭,顾客没有时间也没有精力去了解各种商品的有关信息。

虚拟市场的建立将这种关系颠倒过来。因特网的广泛普及使得大部分顾客都有了了解信息的先进手段,信息来源的广度和深度是过去任何时代所不能比拟的。顾客能够获得更多的信息并向卖者讨价还价,索取更多更好的价值,是吸引众多消费者进入虚拟市场的一个最重要的刺激因素。

企业一定要清楚地认识这种形势,从卖方市场观念彻底地转变到买方市场观念,千方百计为顾客着想,为顾客提供优质的产品成本和满意的服务。除了满足顾客在现实社会活动中的交易额需要外,还要满足其他 3 种需要,即兴趣的需要、聚集的需要和交流的需要。不断吸引顾客到你的各种活动上,从而为自己培养一大批稳定的购买者,也就为自己的企业培养了顾客群。在开展这样的活动中需要投入部分的人力和资金,但这却是建立企业巩固的虚拟市场、稳定市场份额所必不可少的。

(1)网络促销的定义与特点

网络促销是指利用现代化的网络技术向虚拟市场传递有关商品和劳务的信息,以启发需要,引起消费者购买欲望和购买行为的各种活动。它突出表现为以下 3 个明显的特点。

① 网络促销是在 Internet 这个虚拟市场环境下进行的。因特网聚集了全球的消费者,融合了多种生活方式和消费理念,呈现出全新的无地域、无时间限制的电子时空观。在这个环境中,消费者的概念和消费行为都发生了很大的变化。他们普遍实行大范围的选择和理性的消费,许多消费者还直接参与生产和流通的循环。因此,网络营销者必须突破传统实体市场和物理时空观的局限性,采用虚拟市场全新的思维方法,调整自己的促销策略和实施方案。

② Internet 虚拟市场的出现,将所有的企业,无论其规模的大小,都推向了一个统一的全球大市场,传统的区域性市场正在被逐步打破,企业不得不直接面对激烈的国际竞争。如果一个企业不想被淘汰,就必须学会在这个虚拟市场中做生意。

③ 网络促销是通过网络传递商品和服务的存在、性能、功效及特征等信息。多媒体技术提供了近似于现实交易过程中的商品表现形式,双向的、快捷的信息传播模式将互不见面的交易双方的意愿表达得淋漓尽致,也留给对方充分思考的时间。在这种环境下,传统的促销方法显得软弱无力,这种建立在计算机与现代通信技术基础上的促销方式还将随着这些技术的不断发展而改进。因此,网络营销者不仅要熟悉传统的营销技巧,而且需要掌握相应的计算机和网络技术知识,以一系列新的促销方法和手段,促进交易双方成功交易。

(2)网络促销形式

传统营销的促销形式主要有 4 种:广告、销售促进、宣传推广和人员推销。网络营销是在网上开展的促销活动,相应形式也有 4 种,分别是网络广告、销售促进、站点推广和关系营销,如图 7-2 所示。其中网络广告和站点推广是网络营销促销的主要形式。

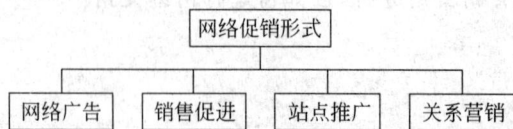

```
                    网络促销形式
        ┌──────────┬──────────┬──────────┐
     网络广告     销售促进     站点推广     关系营销
```

图 7-2　网络促销形式

① 网络广告类型很多,根据形式不同可以分为旗帜广告、电子邮件广告、电子杂志广告、新闻组广告、公告栏广告等。

② 销售促进就是企业利用可以直接销售的网络营销站点,采用一些销售促进方法,如价格折扣、有奖销售、拍卖销售等方式宣传和推广产品。

③ 网络营销站点推广就是利用网络营销策略扩大站点的知名度,吸引网民访问网站,起到宣传和推广企业以及企业产品的效果。站点推广主要有两类方法,一类是通过改进网站内容和服务,吸引用户访问,起到推广效果;另一类通过网络广告宣传推广站点。前一类方法费用较低,而且容易稳定顾客访问,但推广速度比较慢;后一类方法可以在短时间内扩大站点知名度,但费用不菲。

④ 关系营销是通过借助因特网的交互功能吸引用户与企业保持密切关系,培养顾客忠诚度,提高顾客的收益率。

2. 网络促销的分类和作用

促销是厂商拓展市场的重要方法和手段,根据具体情况,选择符合实际的促销策略和手段是企业实现其经营价值和利润的关键性环节。在传统的市场环境下,企业的促销活动已经形成了一套有效的、完整的模式。因特网的出现,极大地改变了原有的市场营销理论和实务存在的基础,使得促销活动在方式、手段、环境条件等方面都发生了深刻的变化。企业家和企业营销人员必须充分认识这一点,才有可能迅速地从传统的促销模式转变过来,在现代市场营销理念的指导下,正确运用各种新的促销方法,吸引越来越多的消费者转向网络购物,提高自己的产品在网络市场上的占有率。

（1）网络促销的分类

网络促销活动主要分为旗帜广告促销和网络站点促销两大类。前者是指通过信息服务商(ISP)进行广告宣传,开展促销活动;后者主要是指利用企业自己的网络站点树立企业形象,宣传产品,开展促销活动。这是两种不同的促销方法,各有自身的特点和优势。旗帜广告促销具有宣传面广、影响力大的特点,但其费用相对偏高。网络站点促销具有直接性特点,快速、简便、费用较低。买卖双方网上直接对话,讨价还价,成交的几率较高。但由于网上站点日益增多,检索起来比较困难。合理地应用两种促销方法,是保证网络促销成功的关键环节。

（2）网络促销的作用

网络促销的作用主要表现在以下几方面,如图 7-3 所示。

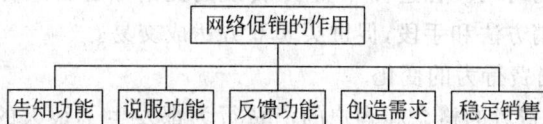

图 7-3　网络促销的作用

① 告知功能。网络促销能够把企业的产品、服务、价格等信息传递给目标公众,引起他们的注意。

② 说服功能。网络促销的目的在于通过各种有效的方式,解除目标公众对产品或服务的疑虑,说服目标公众坚定的购买决心。例如,在同类商品中,许多产品往往只有细致的差

别,用户难以察觉。企业通过网络促销活动,宣传自己产品的特点,使用户认识到本企业的产品可能给他们带来的特殊效用和利益,进而乐于购买本企业的产品。

③ 反馈功能。网络促销能够通过电子邮件及时地收集和汇总顾客的需求和意见,迅速反馈给企业管理层。由于网络促销所获得的信息基本上都是文字资料,信息准确,可靠性强,对企业经营决策具有较大的参考价值。

④ 创造需求。运作良好的网络促销活动,不仅可以诱导需求,而且可以创造需求,挖掘潜在的顾客,扩大销售量。

⑤ 稳定销售。由于某种原因,一个企业的产品销售量可能时高时低,波动很大,这是市场地位不稳的反映。企业通过适当的网络促销活动,树立良好的产品形象和企业形象,往往有可能改变用户对本企业产品的认识,使更多的用户形成对本企业产品的偏爱,达到稳定销售的目的。

3. 网络促销与传统促销的区别

虽然传统的促销和网络促销都是表现出消费者认识商品,引起消费者的注意和兴趣,激发他们的购买欲望,并最终实现其购买行为。但由于因特网强大的通信能力和覆盖面积,网络促销在时间和空间观念上,信息传播模式上以及顾客参与程度上都与传统的促销活动发生了较大的变化。

(1)时空观念的变化

目前社会正处于两种不同的时空观交替作用时期。在这个时期内,人们将要受到两种不同的时空观念的影响。也就是说,人们的生活和生产是建立在工业化社会顺序、精确的物理时空观的基础上的,而反映现代生活和生产(包括生产、经营、营销、管理等)的信息需求又是建立在网络化、社会柔性可变、没有物理距离的时空环境之上的。以商品流通为例,传统的商品销售和消费者群体都有一个地理半径的限制,网络营销大大地突破了这个原有的半径,使之成为全球范围的竞争;传统的产品订货都有一个时间的限制,而在网络上,订货和购买可以在任何时间进行,这就是现代最新的电子时空观。时间和空间观念的变化要求网络营销者随之调整自己的促销策略和具体实施方案。

(2)信息沟通方式的变化

促销的基础是买卖双方信息的沟通。在网络上,信息的沟通渠道是单一的,所有的信息都必须经过网络的传递。然而,多媒体信息处理技术提供了近似于现实交易过程中的商品表现形式;双向的、快捷的、互不见面的信息传播模式,将买卖双方的意愿表达得淋漓尽致,也留给对方充分思考的时间。在这种环境下,传统的促销方法显得软弱无力,网络营销者需要掌握一系列新的促销方法和手段,促进买卖双方达成交易。

(3)消费群体和消费行为的变化

在网络环境下,消费者的概念和客户的消费行为都发生了很大的变化。上网购物者是一个特殊的消费群体,具有不同于消费大众的消费需求。这些消费者直接参与生产和商业流通的循环,他们普遍实行大范围的选择和理性的购买。这些变化对传统的促销理论和模式产生了重要的影响。

(4)对网络促销的新的理解

网络促销虽然与传统促销在促销观念和手段上有较大差别,但由于它们推销商品的目的是相同的,因此,整个促销过程的设计具有很多相似之处。所以,对于网络促销的理解,一方面应当站在全新的角度去认识这一新型的促销方式,理解这种依赖现代网络技术、与顾客不见面、完全通过电子邮件交流思想和意愿的产品推销形式;另一方面则应当通过与传统促销的比较去体会两者之间的差别,吸收传统促销方式的整体设计思想和行之有效的促销技巧,打开网络促销的新局面。

与传统促销相比,网络促销具有如下一些特点。

①"软"营销。传统营销是一种强势营销。传统广告常常是通过"不断轰炸",企图以一种信息灌输的方式在消费者心中留下深刻印象,而不考虑消费者需求与否。人员推销也是不经消费者允许而采取的一种主动形式。

因特网有它的"网络礼仪",其最重要的基本原则是"不请自到的信息不受欢迎"。网络营销更多地具有"软"营销特征。

网络营销注重的是与消费者建立起一种相互信任的关系,在交流产品信息的同时交流感情。随着互动的层次逐渐深入,厂商与消费者之间的双向沟通也更加密切,为进一步营销奠定了牢固的基础。通过加强与消费者的沟通和交流来达到营销目的。

②互动性。传统营销观念中的促销策略是以面向大众为主的,是单一型的,以宣传式劝说为主要方式的。而网络营销中的促销策略则具有针对性强、消费者选择余地大、信息传递与反馈快捷、信息覆盖全面而又廉价等特点。由于网络广告信息容量大、费用低,营销人员可以尽可能详细地向消费者提供关于产品的特色和性能等方面的信息,消费者在接到该信息的同时,可以有选择地关注某些信息,进行仔细阅读,并可依据某些方面提出问题,反馈给营销人员,营销人员再通过网络及时向消费者解答问题。这样,网络营销的促销活动就打破了传统营销中以宣传式说服为主的方式,而形成了互动性、知识性、具有较强逻辑说服力的促销形式。

③针对性。网络促销具有一对一与消费者需求导向的特色,这一特色也使其成为挖掘潜在消费者的最佳途径,使企业的促销方式和手段更加具有针对性和时效性。

因特网为企业促销提供了新的载体,它改变了过去消费者被动接受广告的局面,消费者可以根据自身需求主动搜索广告,大大提高了针对性,加强了企业与消费者的沟通和联系,而且因特网上的广告费用远远低于其他媒体。网络促销充分利用计算机技术,对大量消费者信息进行加工处理,反映出消费者的不同需求,网络广告也根据细微的个人差别对消费者进行分类,制作传送定制的产品信息,进行针对性促销。

④无限的空间。与传统促销方式相比,网络促销在时间和空间观念上、信息传播模式上以及消费者参与程度上都发生了较大的变化。

因特网打破了原有的地域界限,网络使时空得到了大大的拓展,订货和购买可以在任何时间、任何地点进行。独有的、双向的、快捷的、互不见面的信息传播模式为网络促销提供了更加丰富多彩的表现形式。企业在因特网中只需要很少的费用就可以把有关企业及其产品相关的信息刊登出来,一旦在网上发布广告,不用增加任何额外费用,产品和服务信息就会传遍全球,潜在的宣传效应巨大。

⑤有价的时间。在传统营销中,时间同空间一样也是昂贵而有限的。

网络促销的时间是由消费者所花费的,为了使消费者感到他们为获得信息所付出的费用是物有所值的,就必须满足以下两点。

- 关于商品或服务的营销促进信息展示方式必须具有吸引力。

- 信息必须能够使消费者获得真正的价值。

企业可以直接在企业网站上通过文字、图像、声音等多媒体技术全面地发布企业信息，有效地宣传自己，树立企业的品牌形象和信誉。还可以在其他网站或传统媒体(广播、电视、报纸等)宣传企业网站，以吸引更多的访问者，以因特网为主，综合利用各种媒体，极大地提高了网络营销的成功性和企业的市场占有率。

7.2　网络促销的方式与实施

7.2.1　案例导入与思考

案例导入

华硕电脑网上促销策划书

21世纪是个知识爆炸的时代，是一个信息高速发展的时代。在国内，电子行业迅猛发展，尤其是在IT行业。人民的生活水平日益提高，生活方式逐渐改变，获取知识、信息的途径也有了转变。近年来，计算机在人们的生活中扮演着越来越重要的角色，对它的需要也越来越大。目前，国内计算机市场扩张迅速，公司日益剧增，竞争日趋激烈。华硕电脑公司本着以可靠的质量和优质的服务满足消费者的理念，以求得公司更好的发展。

1. 网络促销背景

公司正处发展阶段，还没有足够的市场份额，产品还没有树立良好的形象，而且市场竞争越来越激烈。

2. 网络促销主题

与信息同步，共享网络资源。

3. 促销时间

2008年5月1日至6月30日

4. 网络促销目的

(1) 增加产品的销售量。

(2) 提高销售业绩。

(3) 树立品牌形象。

(4) 提升品牌和网站的知名度。

5. 网络促销产品

目前最新规格、款式的华硕电脑(台式和笔记本)。

6. 网络促销对象

个人、企业单位。

7. 网络促销的方式

网络广告、网络销售促进。

(1) 网络广告

① 广告目标：让消费者对华硕电脑了解更多、认知更多，树立品牌形象。

② 广告目标受体：电脑兴趣爱好者、中等收入阶层、白领阶层。

③ 网络广告创新及设计制造：华硕台式计算机、笔记本计算机等多种款式以小窗口浮动在网页上。

④ 网络广告发布的渠道及方式：网络广告发布在新浪网、好友网等网页首页，单击时出现一个窗口，有声音、有图片。

⑤ 网络广告预算：成本预算。

⑥ 执行网络广告。

⑦ 网络广告的效果评价。

（2）网络销售促进

① 网上折价：凡在本公司等有关站点购买计算机可以给予 8.8 折优惠。

② 赠品：对于促销期间的购买者，公司将免费赠送杀毒软件、系统盘、鼠标垫。

③ 网上抽奖：凡购买者均有机会参与网上抽奖，奖品有数码相机、MP4、U 盘、奥运福娃、大礼包等。

8. 网络促销总经费预算

这个活动的预算不高，活动组织简单易行。

9. 网络促销绩效评估

绝对的个性和时尚，活动过程和奖品都具有很强的吸引力，并且对销售和品牌形象都有促进。

10. 网络促销总结

对销售达成有直接的帮助计划，宣传过程能吸引目标人群对产品的关注，从而实现销售的达成。

案例分析

华硕电脑公司是一个品牌公司，也是全球最大的主板、笔记本电脑、显示卡的制造商之一。其在激烈的市场竞争中也注重网上的营销活动。从上述案例中可以看出，华硕电脑的策划活动目的明确，有内容、有计划，使活动有的放矢，从而也使活动取得了预期的效果。

想一想？

通过华硕电脑网上促销策划分析，网络促销应怎样实施？

7.2.2　知识点

1. 网络促销方式

（1）网上折价式促销

折价是目前网上最常用的一种促销方式。但是目前网民在网上购物的热情远低于商场、超市等传统购物场所，所以网上商品的价格一般都比传统方式销售时要低，以吸引人们购买。由于网上销售商品不能给人全面、直观的印象，也不能试用、触摸等，再加上配送成本和付款方式的复杂性，造成网上购物和订货的积极性下降。而幅度比较大的折扣可以促使消费者进行网上购物的尝试并做出购买决定。

（2）网上赠品式促销

这种促销方法目前在网上的应用不算太多，一般情况下，在新商品推出试用、商品更新、对抗竞争品牌、开辟新市场等状况下,利用赠品促销可以达到比较好的促销效果。但这需要注意赠品的选择。

① 不要选择次品、劣质品作为赠品,这样做只会起到适得其反的作用。

② 明确促销目的,选择适当的能够吸引消费者的商品或服务。

③ 注意时间和时机,注意赠品的时间性,如冬季不能赠送只在夏季才能用的物品;另外在危急公关等情况下也可考虑不计成本的赠品活动以挽回公关危机。

④ 注意预算和市场需求,赠品要在能接受的预算内,不可过度赠送赠品而造成营销困境。

(3) 网上抽奖式促销

此类促销法是网上应用较广泛的促销形式之一,是大部分网站乐意采用的促销方式。它是以一人或数人获得超出参加活动成本的奖品为手段进行商品或服务的促销,网上抽奖活动主要附加于调查、商品销售、扩大用户群、庆典、推广某项活动等。消费者或访问者通过填写问卷、注册、购买商品或参加网上活动等方式获得抽奖机会。

① 奖品要有诱惑力,可考虑大额超值的商品吸引人们参加。

② 活动参加方式要简单化,因为目前上网费偏高,网络速度不够快,以及浏览者兴趣不同等原因,网上抽奖活动要策划得有趣味性并且容易参加。太过复杂和难度太大的活动较难吸引匆匆的访客。

③ 抽奖结果的公正公平性,由于网络的虚拟性和参加者的广泛地域性,对抽奖结果的真实性要有一定的保证,应该及时请公证人员进行全程公证,并及时通过 E-mail 公告等形式向参加者通告活动进度和结果。

(4) 积分式促销

这种方式在网络上的应用比起传统营销方式要简单和易操作。网上积分活动很容易通过编程和数据库来实现,并且结果可信度很高,操作起来相对较为简便。积分促销一般设置价值较高的奖品,消费者通过多次购买或多次参加某项活动来增加积分以获得奖品。

此类促销方法可以增加上网者访问网站和参加某项活动的次数,可以增加上网者对网站的忠诚度,可以提高活动的知名度。

(5) 网上联合式促销

由不同商家联合进行的促销活动称为联合促销。联合促销的商品或服务可以起到一定的优势互补、互相提升自身价值等效应。若能够应用得当,联合促销可起到相当好的促销效果。例如,网络公司要和传统商务联合以提供在网络上无法实现的服务,网上销售汽车要和润滑油公司联合等。

这些促销手法都是网上促销活动中比较常见又较重要的方式,其他如节假日的促销、事件促销等都可从以上几种促销方式进行综合应用。但要想使促销活动达到良好的效果,就必须事先进行市场分析、竞争对手分析,以及网络上活动实施的可行性分析,与整体营销计划结合,创意地组织实施促销活动,使促销活动新奇、富有销售力和影响力,从而将自己的销售迈向一个新的台阶。

2. 网络促销的实施

(1) 确定网络促销对象

网络促销对象是针对可能在网络虚拟市场上产生购买行为的消费者群体提出来的。随着网络的迅速普及,这一群体也在不断膨胀,这一群体主要包括 3 部分人员。

① 产品的使用者。这里指实际使用或消费产品的人。实际的需求构成了这些顾客购买的直接动因,抓住了这一部分消费者,网络销售就有了稳定的市场。

② 产品购买的决策者。这里指实际决定购买产品的人。在许多情况下,产品的使用者和购买决策者是一致的,特别是在虚拟市场上更是如此。因为大部分的上网人员都有独立的决策能力,也有一定的经济收入。但在特殊情况下,产品的购买决策者和使用者则是分离的。例如,中小学生在网络光盘市场上看到富有挑战性的游戏,非常希望购买,但购买决策往往需要学生的父母做主。婴儿用品更为特殊,产品的使用者毫无疑问是婴儿,但购买的决策者却是婴儿的母亲或其他有关的成年人。所以,网络促销同样应当把购买决策者放在重要的位置上。

③ 产品购买的影响者。这里指看法或建议上对最终购买决策可以产生一定影响的人。在低价、易耗日用品的购买决策中,产品购买的影响者的影响力较小,但在高价耐用消费品的购买决策上,产品购买的影响者的影响力较大。这是因为对高价耐用品的购买,购买者往往比较谨慎,希望广泛征求意见后再做决定。

（2）设计网络促销内容

网络促销的最终目标是希望引起购买。这个最终目标是要通过设计具体的信息内容来实现的。消费者的购买过程是一个复杂的、多阶段的过程,促销内容应当根据购买者目前所处的购买决策过程的不同阶段和产品所处的经济寿命周期的不同阶段来决定。一般来讲,一项产品完成试制定型后,从投入市场到退出市场,大体上要经历 4 个阶段:投入期、成长期、成熟期和衰退期。在新产品刚刚投入市场的开始阶段,是消费者对该种产品还非常生疏的阶段,促销活动的内容应侧重于宣传产品的特点,引起消费者的注意。当产品在市场上已有了一定的影响力,促销活动的内容则需要偏重于唤起消费者的购买欲望;同时,还需要创造品牌的知名度。当产品进入成熟阶段后,市场竞争变得十分激烈,促销活动的内容除了针对产品本身的宣传外,还需要对企业形象做大量的宣传工作,树立消费者对企业产品的信心。在产品的衰退阶段,促销活动的重点在于密切与消费者之间的感情沟通,通过各种让利促销,延长产品的生命周期。

（3）决定网络促销组合方式

促销组合是一个非常复杂的问题。网络促销活动主要通过网络广告促销和网络站点促销两种促销方法展开。但由于企业的产品种类不同,销售对象不同,促销方法与产品种类和销售对象之间将会产生多种网络促销的组合方式。企业应当根据网络广告促销和站点促销两种方法各自的特点和优势,结合自己产品的市场情况、顾客情况,扬长避短,合理组合,以达到最佳促销效果。

网络广告促销主要实施"推战略",其主要功能是将企业的产品推向市场,获得广大消费者的认可。网络站点促销主要实施"拉战略",其主要功能是将顾客牢牢地吸引过来,保持稳定的市场份额。

一般说来,化妆品、食品饮料、医药制品、家用电器等日用消费品的网络广告促销的效果比较好。而大型机械产品、专用品则采用站点促销的方法比较有效。在产品的成长期,应侧重于网络广告促销,宣传产品的新性能、新特点。在产品的成熟期,则应加强自身站点的建设,树立企业形象,巩固已有市场。企业应当根据自身网络促销的能力确定两种网络促销方法配合使用的比例。

（4）制定网络促销预算方案

网络促销实施过程中，使企业感到最困难的是预算方案的制定。因特网上促销对于任何人来说都是一个新问题。所有的价格、条件都需要在实践中不断学习、比较和体会，不断地总结经验。只有这样，才可能用有限的精力和有限的资金收到尽可能好的效果，做到事半功倍。

首先，必须明确网上促销的方法及组合的办法。选择不同的信息服务商，宣传的价格可能悬殊极大。这好比在不同的电视台上做广告，在中央电视台上做广告的价格远远高于在地方电视台上做广告的价格。而自己设立站点宣传价格最低，但宣传的覆盖面可能最小。所以，企业应当认真比较投放站点的服务质量和服务价格，从中筛选适合于本企业的、质量与价格匹配的信息服务站点。

其次，需要确定网络促销的目标，是树立企业形象，是宣传产品，还是宣传售后服务？围绕这些目标再来策划投放内容的多少，包括文案的数量、图形的多少、色彩的复杂程度；投放时间的长短、频率和密度；广告宣传的位置、内容更换的时间间隔以及效果检测的方法等。这些细节确定好了，对整体的投资数额就有了预算的依据，与信息服务商谈判就有了一定的把握。

最后，需要明确希望影响的是哪个群体，哪个阶层，是国外的还是国内的。因为在服务对象上，各个站点有较大的差别。有的站点侧重于中青年，有的站点侧重于学术界，有的站点侧重于商品消费者。一般来讲，侧重于学术交流的站点的服务费用较低，专门从事商品推销的站点的服务费用较高，而某些综合性的网络站点费用最高。在宣传范围上，单纯使用中文促销的费用较低，使用中英文促销费用较高。企业促销人员应当熟知自己产品的销售对象和销售范围，根据自己的产品选择适当的促销形式。

（5）网络促销效果的评价

网络促销的实施过程到了这一阶段，必须对已经执行的促销内容进行评价，衡量一下促销的实际效果是否达到了预期的促销目标。对促销效果的评价主要依赖于两个方面的数据，一方面，要充分利用因特网上的统计软件，及时对促销活动的好坏做出统计。这些数据包括主页访问人次、点击次数、千人广告成本等。报纸或电视这样的媒体，难以确认实际阅读和观看的人数，而在网上，可以很容易地统计出站点的访问人数，也可以很容易地统计广告的阅览人数，甚至可以告诉访问者是第几个访问者。利用这些统计数字，网上促销人员可以了解自己在网上的优势与弱点，以及与其他促销者的差距。另一方面，效果评价要建立在对实际效果全面调查的基础上，通过调查市场占有率的变化情况、产品销售量的增加情况、利润的变化情况、促销成本的降低情况，判断促销决策是否正确。同时，还应注意促销对象、促销内容、促销组合等方面与促销目标的因果关系的分析，从中对整个促销工作做出正确的判断。

网络促销是一项新兴的营销模式，要在这个模式中取得成功，科学的管理起着极为重要的作用。在衡量网络促销效果的基础上，对偏离预期促销目标的活动进行调整是保证促销取得最佳效果的必不可少的程序。同时，在促销实施过程中，不断地进行信息沟通的协调也是保证企业促销连续性、统一性的需要。

3. 网上销售促进与公共关系

（1）网上销售促进

销售促进主要是用来进行短期性的刺激销售。因特网作为新兴的网上市场，网上的交易量和交易额都在日益增长。网上销售促进就是在网上市场利用销售促进工具刺激顾客对产品的购买和消费使用。网上销售促进主要有下面几种形式。

① 有奖促销。在进行有奖促销时，提供的奖品要能吸引促销目标市场的注意。同时，要会充分利用因特网的交互功能，充分掌握参与促销活动群体的特征和消费习惯，以及对产品的评价。

② 拍卖促销。网上拍卖市场是新兴的市场，由于快捷方便，吸引大量用户参与网上拍卖活动。我国的许多电子商务公司也纷纷提供拍卖服务。拍卖促销就是将产品不限制价格在网上拍卖，如 Compaq 公司与网易合作，通过网上拍卖计算机，获得很好的收益。

③ 免费促销。免费资源促销，主要目的是推广网站。所谓免费资源促销就是通过为访问者无偿提供访问者感兴趣的各类资源，吸引访问者访问，提高站点流量，并从中获取收益。目前利用提供免费资源获取收益比较成功的站点很多，有提供某一类信息服务的，如提供搜索引擎服务的 Yahoo! 和中国的 Sohu。

利用免费资源促销要注意的问题：首先要考虑提供免费资源的目的是什么，有的是为形成媒体作用，有的是为扩大访问量形成品牌效应。其次要考虑提供什么样的免费资源，目前网上免费资源非常丰富，只有提供有特色的服务才可能成功。否则成为追随者，则永远不可能吸引访问者，因为网上的信息是开放的，要访问肯定是访问最好的，这就是网上赢家通吃原则。最后要考虑收益，世上没有免费的午餐，只要在允许的范围之内，访问者是愿意付出一点代价的，当然不能是金钱。因此收益可能是通过访问者访问从广告主获取收益，或者通过访问者访问扩大公司品牌知名度，或者通过访问者访问扩大了收入。当然利益有短期和长期的，有现金和无形的，这都是需要综合考虑的，毕竟免费资源对站点来说不是免费的。

（2）网上公共关系

公共关系是一种重要的促销工具，它通过与企业利益相关者包括供应商、顾客、雇员、股东、社会团体等建立良好的合作关系，为企业的经营管理营造良好的环境。网络公共关系与传统公共关系功能类似，只是借助因特网作为媒体和沟通渠道。网络公共关系较传统公共关系更具有一些优势，所以网络公共关系越来越被企业一些决策层所重视和利用。一般来说，网络公共关系有下面一些目标。

① 与网上新闻媒体建立良好合作关系。

② 通过因特网宣传和推广产品。

③ 通过因特网建立良好的沟通渠道，包括对内沟通和对外沟通。

7.3　实现方法与步骤

网络促销活动主要是通过网络广告促销和网络站点促销两种促销方法展开。但是不同的产品种类、销售对象和促销方法将会产生不同的网络促销组合方式，企业应结合实际，根据网络广告促销和网络站点促销两种方法的特点和优缺点来进行。

7.3.1 熟悉网上促销

到淘宝网上观看各种促销形式。

（1）淘宝网上的促销专栏，如图 7-4 所示。

图 7-4　淘宝网促销专栏

（2）"金牌秒杀"以时间为基准点，以达到抢购的效果，如图 7-5 所示。

图 7-5　"金牌秒杀"

（3）"折扣店铺专区"主要是一些服装和鞋子专区，如图 7-6 所示。

图 7-6　折扣店铺专区

（4）"超值精选商品"以 1 元价格和 VIP 用户来进行促销，让人产生心动的感觉，如图 7-7 所示。

图 7-7　"超值精选商品"

（5）进入促销区里，分别查看各种促销方式。

7.3.2　促销方案的制订

操作步骤如下。

第 1 步：明确目标市场。

明确目标市场其实就是确定产品或服务针对的消费者。在潜在市场中，哪些人需要怎样的产品，哪些人在使用产品过程中受益，这部分人就是目标市场所在。有了明确的客户，才能采取最有效的促销手段，与他们进行营销沟通，并在沟通过程中传达最适合于他们的营销信息。

第 2 步：确定促销目标。

总的来说，希望实现的促销目标就是期待目标市场对促销活动所做出的反应，比如促使他们获取购物优惠券并进行购物。如果希望通过刺激客户的购物欲望来达到提高销售业绩的目标，那么就要更准确地确定各项促销方式与手段。多数刚从事市场营销的人都会犯这样一个错误，就是不能准确地确定开展促销活动所要实现的各项目标。

在某些情况下，设法吸引更多顾客试用产品，从而实现扩大销售的目的。这时可以采取直接营销的手段，给客户寄去促销邮件，并为第一次购买公司产品的客户提供优惠条件，或采用有奖销售的方式，诸如此类的销售方式都能有效地帮助实现预期的促销目标。

第 3 步：确定促销信息。

当在与目标市场进行促销沟通时，必须在促销信息中以充足的理由向潜在的客户表明，你所提供的产品能够给用户带来的最大的益处是什么，这是促销信息中最关键的内容。像麦当劳餐厅不仅营造了家庭的温馨氛围，还有一整套儿童故事，以及卡通人物形象。比如家喻户晓的麦当劳叔叔、汉堡神偷和奶昔小精灵等，他们都成为了麦当劳广告中的主角，深受孩子们的欢迎。麦当劳的文化正是随着这些具有鲜明个性的人物在大众群体中传播开的。

第 4 步：选择好促销手段。

作为信息的发送者，必须选择最有效的促销手段，以便准确传达促销信息。主要的促销手段有广告、销售推广、公共关系、直接营销等。

第 5 步：确定促销预算。

确定促销预算的惯常做法就是在估算竞争对手促销预算的基础上来确定自己的促销预算。对竞争对手的促销预算的评估，其目的只是以它为借鉴，在此基础上，根据具体情况，做出适合本企业实际的促销预算方案。

第 6 步：制定促销总体方案。

当促销总体方案确定下来以后，必须自始至终协调和整合总体方案中所采用的各种不同的促销手段，这一点对实现预期促销目标来说显得非常重要。制订详细的推行计划是保证促销方案顺利实施的前提。

第 7 步：促销绩效评估。

对促销总体方案做出评估和调整，不仅仅是为了调整那些效果不佳的促销手段，更重要的是使促销总体方案能够更有效地为实现促销目标服务。

7.4　技　能　训　练

7.4.1　网络促销内容

【训练目的】

掌握网络促销的方法和技巧。

【训练内容】

拟订网络促销方案、熟悉产品卖点相关知识。

【训练步骤】

(1) 登录淘宝网，找出该网站网上促销的方式和技巧。

(2) 登录卓越网，找出该网站网上促销的方式和技巧。

(3) 登录当当网，找出该网站网上促销的方式和技巧。

(4) 制定网络促销方案。

7.4.2　在淘宝网发布促销内容

【训练目的】

(1) 学会发布网络促销信息。

(2) 掌握使用网络促销的礼仪和技巧。

【训练内容】

登录淘宝网发布商品的促销信息。

【训练步骤】

(1) 登录淘宝网打听社区。

(2) 撰写促销信息。

(3) 在打听社区提交促销信息。

(4) 查看促销效果。

习 题 7

一、填空题

1. 网络促销的形式有：＿＿＿＿＿、＿＿＿＿＿、＿＿＿＿＿、＿＿＿＿＿。

2. 网络促销的分类有＿＿＿＿＿和＿＿＿＿＿两大类。

3. 主要为树立企业形象的促销是＿＿＿＿＿。

二、简答题

1. 请举例说明网络促销与传统营销的区别。

2. 网络促销的作用是什么？

3. 网络促销的手段有哪些？你曾经接触到的有哪几种？请跟老师和同学谈谈它们各自的区别和特点。

三、讨论题

假如你开了一家网上鲜花店,情人节到了,你准备怎么做鲜花促销？谈谈计划。

第 8 章

网 上 拍 卖

随着因特网和交易数字化的逐渐盛行,网上拍卖这种新颖的交易方式愈来愈受到购物者的青睐。本章主要介绍网上拍卖的类型、流程和操作的技巧等知识。

本章主要内容

拍卖的由来;

网上拍卖的定义;

网上拍卖的类型和流程;

网上拍卖的技巧。

能力培养目标

通过学习,让学生理解拍卖的基础知识和基本理论,熟悉拍卖规范流程,掌握并能熟练运用网上拍卖的技巧。

8.1 案例导入与思考

案例导入

Onsale 公司——网上拍卖行

Onsale 公司是网上拍卖的开拓者,是全球最大的网上拍卖公司,是网上零售业的领导者,其业务开展得很有特色。

1. 公司创业构思

1994 年,企业家和技术创新家 Jerry Kaplan 和他的老朋友 Alan Fisher(一个具有 16 年软件开发经验成功的企业家)开始寻找可以在因特网上运作的业务。

当时,已有很多企业正在建立自己的网站,包括分类并邮寄订单的公司。然而,在网上可以得到的商品与这些商家自己的货架上及零售店里的商品通常雷同,甚至网上商品通常没有价格优势。因此,Kaplan 和 Fisher 认为,现有的网络经营者的失败在于没有开发网络的媒介优势,包括动态改变商品组合、商品定价和商品陈列的能力。

　　于是,两人决定推出一个新的商业计划,使他们能杠杆运用因特网的关键特征。他们设想的产品是 Onsale,一个网络拍卖行。它为消费品营造一个电子交易场所,通过供求来决定价格。于是,他们创造了一种新的零售形式,其最大的优点是可以真正实现大量的卖者和买者同时进行谈判。

　　2. 公司经营业绩

　　Onsale 公司从 1995 年开始,以在线拍卖的方式,向顾客提供过剩的和翻新的物品。起初,公司业务主要集中在计算机产品上,但如今,它拥有拍卖和网络超级市场两大业务,经营范围包括计算机产品、软件、电子产品、家庭和办公用品、运动和健康产品,甚至旅游和度假服务等。1996 年公司转亏为盈,此后,公司加大投资于营销和基础设施而在亏损的情况下进行运作。

　　到 1998 年,虽然它仍不能与实力雄厚的网络经销商如 Dell、Amazon 相提并论,Onsale 的销售收入已可与大的网络公司匹敌,如 Yahoo!。

　　Onsale 的收入也超过了其最大的经营在线拍卖的 3 个竞争对手的总收入,它们分别是 Surplus Auction、WebAuction 和 Ubid。而且,Onsale 还有了来自付费广告的收入。它是为数不多的几个天生具有广告收益能力的商业网站之一。自 1997 年 8 月以来,公司开始在自己的网站上接受广告,并在第一个季度里获得了 75 000 美元的收益。对 Kaplan 来说,这简直是“天下掉下来的馅饼”。

　　到 1998 年年底,Onsale 越来越受到欢迎,Onsale 的登记顾客已接近 100 万,它每天吸引的访问者多达 15 万人次,其中大多数是老顾客,他们平均每年竞拍 20 次。不管是为了竞拍,还是仅仅为了看看拍卖过程,平均每个到访者每次大约花 42 分钟。另外,在 Onsale 网站,虽然每个购买者每年平均花费仅 800 美元,但大约 10% 的顾客平均花费高达 4400 美元。

　　公司调查结果显示,66% 的顾客访问 Onsale 是想买到某种特殊的、理想的东西。多数(80% 以上)的购买是顾客自用或用作礼物,其余的则为小企业商用。

　　3. 拍卖过程

　　Onsale 于 1995 年 5 月进行了首次拍卖。到 1996 年,每周拍卖 3 次,拍卖周期为 2 天;到 1998 年,每周拍卖 7 次,拍卖周期为 1 天。在任何时间内,都有数百种商品供拍卖,每种商品的数量从一件到几百件,价格差异也很大,这主要依赖于商品和拍卖的进程。拍卖过程中,公司在自己的网站上连续不断地在线传送待售商品的说明和图像。

　　顾客可以每周 7 天、每天 24 小时进行拍卖。若想成为网站的登记用户,顾客须在 Onsale 的网站上填完一份简单的电子登记表(包括 E-mail 地址和其他人口统计信息)。要参与拍卖,顾客必须通过另外的步骤建立一个在线“身份证(ID)”。同时呈交信用卡信息。有了自己的“身份证”,顾客就能随心所欲地进行拍卖和拍买了。一旦投标被接纳,Onsale 的网站上就会迅速更新,并显示当前投标者的签名、所在地以及中标者关于自己竞标的自由评论。当顾客的出价低于别人时,他就会收到一个示警的 E-mail,并通过回发 E-mail 或返回公司网站,给他们一次增加标的的机会。顾客也可以在网上监视自己的投标情况。在规定的时间里,一定会决出中标者,并且 Onsale 会向他们发出 E-mail 以确定他们的购买行为后,就产生了一个订单,中标者的信用卡将自动付款,商品也会由 Onsale 公司或原始卖方负责装运。

4.5 种基本拍卖方式

Onsale 尽量保持"游戏"对竞拍者的趣味性,通过经常改变商品的组合,并提供多种拍卖形式,吸引参与者来尝试。最基本的拍卖方式有如下 5 种。

(1)"英格兰式拍卖"中,在同一时间提供大量的相同的待售商品,当拍卖结束时,出价最高者将以其所出的价格赢得该商品。这样,每个赢家可能在最终付出的价格与其他赢家有所不同。

(2)"荷兰式拍卖"是另外一种特殊的拍卖形式。拍品有一个起拍价格(即拍卖的最高期望价格)。随着拍卖进行,该价格会随时间的变动自动向下浮动,如果在浮动到某个价格时有竞拍者愿意出价,则该次拍卖即成交。因此荷兰式拍卖的竞价是一次性竞价,即在拍卖中第一个出价的人成为中拍者。网上"荷兰式拍卖"一般用于拍卖周期较短(如几个小时)的拍卖。

(3)"标准拍卖"方式下,提供单一产品,并只能由出价最高者赢取。

在"买或拍买"方式下,Onsale 允许顾客在竞拍时,出价等于甚至低于底价,以期以更低价格购买该产品。

(4)"直销"方式下,Onsale 按标价推出商品,顾客照价下单即可成交。

拍卖方式的多样性,使顾客可以针对不同的拍卖方式采取不同的策略,从而使拍卖过程既生动有趣,又富有挑战性。

(5)"At-Cost"模式。Kaplan 还在考虑在其网站中增售全新的计算机产品。Onsale 并不打算抛弃现有的业务,而是在同一网站中经营两种不同的业务:对过剩商品感兴趣的消费者可以按传统的模式"竞拍"或"购买";对全新商品感兴趣的消费者则可以在网站按"At-Cost"模式购买。

在"At-Cost"模式下,Onsale 将按从分销商或制造商处购买的成本价向顾客提供商品,然后加上 5~10 美元的固定佣金,佣金与商品的成本无关。Onsale 甚至打算"分解"并核实价格,这样,顾客就可以核实 Onsale 的购买单据上的每一价格元素。当然,顾客还须另外支付装运和处理费用。但这种模式也带来了以下问题。

① 时至今日,Onsale 能避免与在线世界最大的计算机零售商直接竞争,主要是它集中经营过剩商品,但在"At-Cost"模式下,情况就不再如此了。Onsale 将如何面对激烈的竞争?

② Onsale 的品牌形象是建立在"在线拍卖"概念之上的。事实上,它通过杠杆运用社会心理学的动力以及拍卖的形式,才建立起忠诚的顾客基础。因为其大部分的增长归功于热衷于讨价还价的"网民"的口传,所以 Onsale 才得以少量的营销费用实现增长。为了同实力雄厚、地位稳固的在线零售商竞争,Onsale 可能不得不进行大量的营销努力。

③ "At-Cost"模式要想成功,就会特别依赖于同供应商的紧密联系。

案例分析

Onsale 是因特网营销的一个成功案例,其值得学习和借鉴之处可概括为以下几个方面。

1. 善于分析和发现市场机会

全美国每年 PC 市场的总容量估计超过 650 亿美元,由此,估计这一市场中,翻新和清货商品的市场容量超过 100 亿美元。清除这些过剩商品通常给制造商带来很大负担。而

Onsale 却为这些供应商提供了一种途径，使其过剩产品迅速进入市场。这避免了某些在其他渠道中典型的盘点损失。它迅速更新的电子交易形式可以容纳无法预测的、大量的简短商品信息，并且，由于它集中于过剩产品，可以使供应商避免渠道内的竞争。Onsale 的创始人之所以相信过剩商品特别适合于在线拍卖方式，是因为这些商品没有被广泛认可的一致的市场价值。相反，在商品市场，供应商通常设定了固定的商品价格。

2. 消费者导向的完善服务

公司的服务内容丰富、种类繁多、细致深入。其网站上有很详细的服务信息，可以为顾客提供各种服务帮助，主要有以下几大类。

① 公司情况介绍，主要包括总裁问候、投资关系、雇员情况、公司领导情况、商品收购信息、顾客意见反馈、拍卖规则等。

② 产品情况介绍，这包括两大类：网上超级市场和商品拍卖。

③ 新顾客指南和登记、订单状况、电子杂志、商务。

④ 顾客服务。主要包括顾客订单状况、最新要求、竞价和订单问题及一般性问题。其中每一项都包含了详细的内容，以最大的诚意为顾客服务。

3. 善于创新

(1) 定位创新

公司开始定位于"过剩"商品上，即清货的、翻新的或到期的计算机和消费电子产品上，这种商品不仅数量庞大、价格低、供需两旺，而且经营者少、竞争不激烈，并且深受供应商欢迎。

(2) 模式创新

Onsale 设计了 5 种拍卖模式，并不断变化其组合，使顾客总有新鲜感，并且有多种选择，充分地调动了顾客的积极性。后来又陆续推出了快购模式、快速拍卖模式和 At-Cost 模式，使顾客的选择余地更大。这种模式的创新是建立在对顾客需求的深入了解的基础上的。

(3) 手段创新

开发因特网的特有资源使他们能杠杆运用因特网的两个关键特征：一是能廉价地播发实时、动态的信息；二是能让人们形成一个实时的社会团体或交流平台，以沟通来自多种渠道的信息。

Onsale 还使用 E-mail 来对现有顾客进行积极的市场运作。至 1998 年年底，Onsale 每天要发送的 E-mail 信息超过 50 万条，用以推出供拍卖的商品。

(4) 观念创新

① 网上购物娱乐体验。Kaplan 说："我们正在做的就是减少渠道摩擦，正在努力促进信息的全方位流动，这将使我们有可能为顾客提供持续、高效的购物体验。我想给顾客营造一个讨价还价的环境，就像他们在 Costco 能体验到的一样，我也想带给顾客类似 QVC 的娱乐价值、类似股市操盘的小技巧，以及类似 Las Vegas 精神里的幸运因子。这样，它就真正是一种娱乐性的，独特的零售形式。"

② 赢取而非购买。Onsale 用尽心思把拍卖设计得既滑稽可笑，又激动人心。拍卖方式在顾客心中营造了一种"时不我待"的气氛。Onsale 的顾客并非简单地购买商品，而是去赢取。这种在网站上时常发生的竞争和游戏事实上是一种精神上的竞争。Kaplan 认为，这种社会活力是关键所在，事实上，竞争性的环境是刺激顾客的关键，它在某种意义上是一种游

戏,一种技巧比赛。他们把它称之为"像讨价还价样富有诱惑,像打猎样惊险无比"。

③ 高服务低价格。传统观念认为,高服务和低价格是一对矛盾,因此,要么是高服务高价格,要么是低服务低价格。但 Onsale 化解了这一矛盾,通过杠杆利用因特网的独特优势,它做到了高服务和低价格的统一,Kaplan 声称,在 80% 的情况下,其商品价格最低。

④ 无疆界销售。由于因特网是无疆界的,所以,只要能上网的地方,就可以参与拍卖,这使网络零售企业不受地域的限制,突破了传统的商圈限制,使商圈的范围无限制地扩大,从而也使顾客的范围大大增加。

⑤ 利润中心到佣金中心。Onsale 计划把"价格全透明"作为其商业努力的一个重要部分。Onsale 可能分解价格组成,这样顾客就可能真正明白制造商和分销商得到的是多少,Onsale 得到的是多少,以及装运和处理成本又是多少。Onsale 将按成本价向顾客出售商品,在此基础上,只收取固定的佣金。这样,传统零售业的利润中心模式的就转变成了佣金中心模式。

⑥ 与顾客立场一致。利润模式中通常是按零售商的兴趣来提价,而在转入佣金模式——费用基础模式后,将在零售商和消费者之间掀起一场革命。零售商的兴趣是降低价格,这样顾客和零售商的目标就一致了。零售商就会如顾客所倡导的那样,站在资源的供应者和分销渠道的对立面,从而取得最低的价格。

⑦ 超越竞争。在 Kaplan 看来,1999 年公司成长的最大障碍不是竞争,而是能否得到充足商品的供应。因为供应商乐于同最大的伙伴合作,没有足够的供应商品以供周转,其他竞争对手难以与其抗争。"因此,看似存在竞争……并且确实存在上百家拍卖网站,但如看看他们在卖些什么、价格如何时,就不会认为有竞争了。"

想一想?

(1) 从上面的案例,分析 Onsale 公司是怎样取得成功的。

(2) 应如何学习和借鉴 Onsale 公司的经验?

8.2 知 识 点

8.2.1 网上拍卖的类型和流程

1. 拍卖的定义

拍卖也称竞买,最新版《辞海》中对拍卖的定义是"拍卖也称竞买,商业中的一种买卖方式,卖方把商品卖给出价最高的人"。拍卖品并不都是处理商品,现在市场上很多换季拍卖等,实质上是一种大甩卖、贱卖,人们所说的拍卖是一种高档次的行为,不是削价处理,其价格是不固定的,同时必须要有两个以上的买主,有竞争,价高者得,没有这 3 个条件的不能称为拍卖。

《中华人民共和国拍卖法》(以下简称《拍卖法》)对拍卖的定义是:"以公开竞价的方式,将特定的物品或财产权利转让给最高应价者的买卖方式。"

美国经济学家麦卡菲认为:"拍卖是一种市场状态,此市场状态在市场参入者标价基础上具有决定资源配置和资源价格的明确规则。"

经济学界认为:拍卖是一个集体(拍卖群体)决定价格及其分配的过程。

（1）网上拍卖的定义

网上拍卖是以因特网为平台、以竞争价格为核心，建立生产者和消费者之间的交流与互动机制，共同确定价格和数量，从而达到均衡的一种市场经济过程。

（2）拍卖基本原则

我国《拍卖法》中已确认"公开、公平、公正及诚实信用"为拍卖活动必须遵守的基本原则。

（3）网上拍卖的优势

通过网络平台跨越了地域局限，虚拟集成了商家和消费者，大大降低了集体竞价的成本；网上拍卖可以由消费者出价，买方对价格的影响力大大增加等。

2. 拍卖类型

（1）一般拍卖类型

一般拍卖类型的中标价为到竞价期限时的最高竞价。一般拍卖不设保留价，每次拍卖以一样或者一套产品为限。此类拍卖设有拍卖底价、竞价幅度、竞价期限。如果拍卖的是一套商品，那么底价为整套商品的总体底价。

（2）预底拍卖

预底就是"预留底价（即保留价）"，"预留"就像是一个秘密底价。可使用正常的投标方式，但是预留的底价不会公布。中标价为到竞标截止时的最高竞价，中标价不小于保留底价。此类拍卖设拍卖底价、保留价、竞价幅度、竞价期限。

（3）网上英格兰式拍卖

英格兰式拍卖也称"增价拍卖"或"低估价拍卖"，是指在拍卖过程中，拍卖人宣布拍卖标的的起叫价及最低增幅，竞买人以起叫价为起点，由低至高竞相应价，最后以最高竞价者以3次报价无人应价后，响槌成交。但成交价不得低于保留价。

网上英格兰式拍卖采用的是正向竞价形式。这种拍卖的出价规则是最后一位出价人的出价要比前一位的高，竞价截止时间结束时的最高出价者可获得竞价商品的排他购买权。

在拍卖过程中，买方可以通过浏览历史价格（当前其他买家的出价）决定自己对物品的最高报价，其电子竞系系统会立即将其所出的价格和历史价格同时显示在网页上。

（4）网上荷兰式拍卖

荷兰式拍卖也称"降价拍卖"或"高估价拍卖"，是指在拍卖过程中，拍卖人宣布拍卖标的的起叫价及降幅，并依次叫价，第一位应价人响槌成交。但成交价不得低于保留价。

这种竞价方式比较复杂。当选中某种欲买商品竞价的时候，系统提供该商品的详细信息，如商品名称、拍卖底价、数量、竞价幅度、结标日期、目前最高价等，同时还附一列表把该商品的竞价情况按从高价到低价排列，可以方便地掌握该商品的竞价情况。同时，最重要的是列出了该商品有效价位。此类拍卖方式的中标有两个原则："价格优先"与"时间优先"。拍卖结束时，多人的出价相同时，以出价时间决定商品数量分配；出价不同时，则依据出价高低依次优先分配商品数量，中标价为中标者中最低的出价。

网上荷兰式拍卖，也是针对卖家有大量相同的物品要出售的情况，采用的却是逆向竞价形式。因此，不存在价格下降的情况，一般是竞价截止时间结束时，出价最高者获得他所需要的数量；如果物品还有剩余，就由出价第二高的人购买。网络荷兰式拍卖的原则是价高者优先获得商品，相同价格先出价者先得；成交价格是最低成功出价的金额。

（5）英格兰式与荷兰式相结合的拍卖方式

此种方式是指在拍卖过程中,拍卖人宣布起拍价及最低增幅后,由竞买人竞相应价,拍卖人依次升高叫价,以最高应价者竞得。若无人应价则转为拍卖人依次降低叫价及降幅,并依次叫价,以第一位应价者竞得。但成交价不得低于保留价。

（6）秘密拍卖

此类拍卖只设拍卖起价、保留底价与竞价期限,竞价者依据自己对物品价值的判断自由出价,在竞价期限内,达到保留底价的最高竞价为中标价。竞价者无法看到保留底价及其他竞价者的竞价,竞价过程完全保密。这是一种十分刺激的竞价方式。

（7）逾底成交

此类拍卖设拍卖起价、竞价幅度、保留底价,不设竞价期限,一旦竞价超出（或等于）保留底价即可结标。

（8）集体议价

在因特网出现以前,这种方式在国外主要是多个零售商结合起来,向批发商（或生产商）以数量还价格的方式进行。因特网出现后,普通的消费者使用这种方式集体竞价来购买商品。提出这一模式的是 Price line 公司。在国内,雅宝率先将这种模式引入自己的网站。1999 年 12 月 23 日,在雅宝的拍卖竞价交易网站上,500 多个网民联合起来集体竞价,《没完没了》电影票价由原来的 30 元变为 5 元。

（9）密封递价拍卖

密封递价拍卖又称招标式拍卖。由买主在规定的时间内将密封的报价单（也称标书）递交拍卖人,由拍卖人选择买主。这种拍卖方式和上述两种方式相比较,有以下两个特点:一是除价格条件外,还可能有其他交易条件需要考虑;二是可以采取公开开标方式,也可以采取不公开开标方式。拍卖大型设施或数量较大的库存物资或政府罚没物资时,可能采用这种方式。

（10）标准增量式拍卖

这是一种拍卖标的数量远大于单个竞买人的需求量而采取的一种拍卖方式（此拍卖方式非常适合大宗积压物资的拍卖活动）。卖方为拍卖标的设计一个需求量与成交价格的关系曲线。竞买人提交所需标的的数量之后,如果接受卖方根据他的数量而报出的成交价即可成为买受人。

（11）速胜式拍卖

这是增价式拍卖的一种变体。拍卖标的物品的竞价也是按照竞价阶梯由低到高、依次递增。不同的是当某个竞买人的出价达到（大于或等于）保留价时,拍卖结束,此竞买人成为买受人。

（12）反向拍卖

反向拍卖（标价求购）也叫拍买,常用于政府采购、工程采购等。由采购方提供希望得到的产品的信息、需要服务的要求和可以承受的价格定位,由卖家之间以竞争方式决定最终产品提供商和服务供应商,从而使采购方以最优的性能价格比实现购买。

（13）定向拍卖

这是一种为特定的拍卖标的物而设计的拍卖方式,有意竞买者必须符合卖家所提出的相关条件,才可成为竞买人参与竞价。

（14）逢低买进

逢低买进也是不同于传统拍卖的一种交易形式,买家可以暂不投标加入,而是根据商品的价格曲线,选一个自己认可的价格段,一旦价格降到此价格段上,系统会发送通知,告诉买家目前集合的人数已达到他所期望的价位并将他自动加入购买集体之中。这种突然杀进来的竞争者,很可能很快成交。

（15）一口价

一口价指在交易前卖家预确定一个固定的价格,让买家没有讨价还价的余地。交易完成后,买家根据卖家预先订好的价格(即一口价)进行付款。

拍卖的好处是它通过一个卖方(拍卖机构)与多个买方(竞买人)进行现场交易,使不同的买方围绕同一物品或财产权利竞相出高价从而在拍卖竞价中去发现其真实价格和稀缺程度,避免交易的主观随意性,更直接地反映市场需求,最终实现商品的最大价值。

3. 网上拍卖的基本运作和特点

网上拍卖的基本运作方式是卖家在拍卖网站上展示欲出售物品的图片及资料,供人挑选。买主可以随时登录到拍卖网站上,挑选自己想购买的物品、出价竞标,实时查看整个拍卖过程。这种以竞拍方式进行的网上交易,能让卖家争取到公平的市场价格,让买家找到相对廉价的所需物品,这与传统拍卖方式是相同的。但它作为一种新型的网上交易模式,与传统意义上的拍卖相比,网上拍卖有诸多引人注目的特点。

（1）拍卖标的范围不同

传统的拍卖物品(比如艺术品、不动产、大型机器设备等)一般价值昂贵。而网上拍卖物品的价格区间却非常有弹性,从几元到上千万元不等,拍卖物品的种类从旅游帐篷、计算机软件到生活用品、玩具、艺术品、大型机器设备等,种类繁多。

（2）参与拍卖活动的空间不同

传统拍卖一般在一定的场所和环境中进行,一般要求参加拍卖活动的投标者共处一室,并且实时投标。而在网上拍卖中,参加拍卖的投标者分布在世界各地,并且一般都是进行异步投标,它更自由灵活。

（3）拍卖活动结束方式不同

传统拍卖中,拍卖师三声询问无人应答后即宣布拍卖结束,一般是出价最高者获胜。而在网上拍卖中,一般是规定预定的截止时间的方式来结束拍卖,确定获胜者。

（4）拍卖活动的成本不同

在网上拍卖中,买者和卖者可以方便地通过网络参与拍卖过程,不受时间和空间的限制,他们的参与成本降低了,而且拍卖仲裁人可以用先进的网上拍卖程序来代替,不仅方便快捷,不易出错,而且可以 24 小时仲裁拍卖。

（5）中介机构的服务不同

传统的拍卖一般由实业性质的拍卖中介机构(拍卖行或者拍卖公司)来承担,中介机构同时代表买卖双方的利益,必须依照法律和章程的规定来进行拍卖活动,中介机构有义务保证拍卖的公正性和公平性。而网上拍卖其中介机构则是拍卖网站,它一般不对买卖双方的拍卖行为承担法律责任,在网上拍卖中所遇到的风险由买卖双方共同承担。

4. 网上拍卖的流程案例

（1）发布拍卖公告

网上拍品的公告一般分为房地产、股权、债权、经营权、机动车、罚没物品及其他等。参加网上拍卖就要关注网上的拍卖公告。经常浏览网上的拍卖公告。下面是一公司车辆网上拍卖的公告。

砺江发电有限公司车辆网上拍卖公告

[www.chevip.com.cn 车 VIP 网] 2008-04-25

一、竞买人

竞买人为自然人：须持本人居民身份证等身份证件。

竞买人为法人：须持营业执照副本复印件、法人证明书、法人授权委托书及代理人居民身份证。

二、竞买保证金

竞买人须在 2008 年 4 月 28 日 16:30 前交纳保证金：一万元人民币/辆(一个号牌仅限成功竞买一辆车)，未竞得者保证金拍卖会结束后全额退回。

保证金交纳地址：广州市机场路 888 号广物二手车城。咨询电话：020-86329151。

三、车辆展示

现场展示时间：2008 年 4 月 26 日～2008 年 4 月 28 日上班时间内(9:30～16:30)。预约看车电话：020-86329151。

现场展示地点：广州市白云大道(旧机场内,白云国际会议中心北面)。

四、竞买程序

(1) 竞买人交纳保证金后将会分配一个竞买号牌,凭竞买号牌即可在网上应价。

(2) 未竞得者竞买结束后凭保证金收据、用户名、密码退回保证金(网上支付的用户,保证金退回原账户);竞得者三天内与拍卖方签署《拍卖成交确认书》,否则为违约,拍卖方有权将车辆另行处理并不退还拍卖保证金。

(3) 拍卖起止时间：2008 年 4 月 28 日中午 12:00～2008 年 4 月 30 日中午 12:00(每台结束时间间隔 3 分钟)。

(4) 拍卖会采取增价拍卖形式,加价幅度以网页显示为准。

(5) 竞买人应价亦可以直接输入高于加价幅度的应价,低于加价幅度的应价无效。拍卖结束时的最高出价即为标的成交价,出价人即为竞买者。

五、结算

(1) 成交余额在签署《拍卖成交确认书》之日起 3 天内交齐,否则为违约,拍卖方有权将车辆另行处理并不退还拍卖保证金。

(2) 拍卖成交价为车辆成交价,买受人须向拍卖方支付车辆成交价 3‰ 的拍卖佣金及 500 元/辆的车辆评估费用;向拍卖方交纳车辆过户费 1000 元/辆(如车辆需迁出外地的,买受人还需支付 300 元的过户提档费用);该批拍卖车辆 2008 年度剩余相关税费(路费、保险、年票、车船税等,详见网上车辆信息显示)亦由买受人负责购买;须年审才能过户的车辆竞买人须向拍卖方缴纳车辆年审费用 500 元。

(3) 拍卖保证金在办理完毕车辆及相关税费(路费、购置证、车船税、保险等)过户手续后才能退回竞买人。

六、提货

买受人交齐车辆总成交价款(含拍卖佣金及过户费用)后办理有关过户手续,直至办理完毕车辆及相关税费(路费、购置证、车船税、保险等)过户手续后,方可提车。

七、特别说明

拍卖方按标的物原状进行拍卖,竞买人参加拍卖前务必看清标的,拍卖方不负责车辆缺件部分及其维修费用。竞买人的出价竞买即表明竞买人愿意接受该标的的一切现状及瑕疵,并愿意履行本须知所规定的有关义务。

广东旧机动车交易中心
2008 年 4 月 25 日

(2)拍卖规则

在线拍卖必须熟悉和了解其拍卖规则。但是,由于目前网站很多,尚没有一个统一的网上拍卖规则。需要参加哪个网站的竞拍,就要了解该网站的拍卖规则。

下面重点介绍淘宝网的拍卖规则。

淘宝网的拍卖规则规定:"卖家为商品设定一个起拍价,有兴趣的买家在规定时间内出价,拍卖结束后,出价最高的人就可以得到商品;相反,到拍卖结束前,如果没有人出价,该商品就会流拍。"淘宝网还对下列名称做出了解释和说明。

起拍价:就是卖家可以接受的最低成交价格。

举例:如果卖家打算拍卖一只工艺杯子,起拍价设为 1 元,到拍卖结束时,只有一位买家出价,该商品就会 1 元成交。

加价幅度:就是出价的买家为了超越前一个人的出价在当前出价上增加的金额,卖家的发布商品的时候可以自定义加价幅度,也可以使用系统自动代理加价。系统自动代理加价的加价幅度随着当前出价金额的增加而增加,建议使用系统自动代理加价,请买家在出价前看清楚加价幅度的具体金额。

代理加价:作为买家,淘宝网将根据出价时输入的最高价格,在有其他买家出价时,自动帮买家以最小加价金额向上出价,以维持最高出价者的位置,直到最高出价者被其他买家超过为止。输入的最高价格对其他出价者是保密的,代理出价功能只适用单件拍卖。只要在出价时输入能接受的最高价格即可;拍卖结束时,如果没有人出价超过此价,该买家就是获胜者,他将以目前出价金额买得其想要的商品。

案例一:如果卖家打算拍卖一只工艺杯子,起拍价设为 1 元,加价幅度为 1 元,第一买家第一次出价时输入了 50 元,出价记录里只显示 1 元。到拍卖结束时,另外一位买家出价 2 元,系统会帮第一买家代理出价,最后该杯子就会以 3 元成交,第一买家是获胜者。

另外,淘宝网中按件数拍卖的规则如下。

① 单件拍卖。首先卖家设置参加拍卖的商品起拍价和加价幅度。买家可根据自己的实际情况,输入系统需要的最低价格,也可以输入自己可以接受的最高价格,让系统代理出价。拍卖结束时,出价最高者获得商品。

② 多件拍卖(荷兰式拍卖)。在淘宝网,如果看到两件或者两件以上商品在同时拍卖,那么就意味着卖家选择了荷兰式拍卖。和单件拍卖不同,荷兰式拍卖可以有多个获胜者。

荷兰式拍卖的简单原则是价高者优先获得商品,相同价格先出价者先得,成交价格是最低成功出价的金额。

请注意:如果卖家符合参加荷兰式拍卖的条件,在发布商品时,填写的商品数量大于 1,则默认为使用荷兰式拍卖。目前淘宝网设定二心级以上(含二心级)卖家才可以使用荷兰式拍卖,代理出价功能在这里不适用。

此种拍卖和单件不同,为了避免交易误会,请先仔细阅读拍卖规则,再设置数量。

首先卖家设置参加拍卖的商品起拍价和商品数量。所有商品必须符合相同的条件,例如,同样的 5 个趴趴熊玩具,同样的 10 件摄像头,买家在商品页面出价,输入需要的数量和愿意付出的价格;所有获胜的出价者对每件商品都以相同的价格付款,即最低成功出价的金额(此金额可能低于你的出价);出价较高者优先获得所需数量的商品;最后一位获胜者可以拒绝购买未达到所需数量的商品。例如,如果当出价购买 5 件商品,拍卖结束后仅得到 2 件,则不必购买其中任何一件商品。

荷兰式拍卖举例如下。

案例二:一位卖家拍卖 10 件摄像头,起拍价格是 1 元。10 位买家各出价购买一件摄像头,出价金额均为 1 元。在这种情况下,所有 10 位出价者都将以 1 元的价格赢得一件摄像头。

案例三:一位卖家拍卖 10 件摄像头,起拍价格是 1 元。到竞价拍卖结束的时候,有 3 位获胜的出价者,一个出价 5 元买 1 件,一个出价 3 元买 1 件,1 个出价 2 元买 10 件,最后 3 位都将以 2 元购买此宝贝。因为前两位出价者出价较高,所以都能得到自己需要的数量(出价相同的,先出价者排前面)。最后一位出价者因为出价较低,所以只能得到 8 件,此时只剩下 8 件,不能满足他的购买总数,他可以放弃购买。

5. 交易模式

在拍卖关系中,根据交易双方关系,可以将交易关系抽象化为交易模式 $x:y$,它的含义为达成交易时供需者数量的对比。根据数量对比关系,有以下 4 种模式。

(1)1∶1 的交易模式

大部分的个人交易(C to C),企业以拍卖方式出售商品,传统拍卖企业进行的对单个购买者的拍卖交易都是这种模式。1999 年 9 月 13 日,一辆二手丰田家美轿车在雅宝竞价交易网以 35.5 万元的价格成交。这是 C to C 的电子商务 1∶1 的交易模式中以浮动价格方式成交的例子。

(2)1∶n 的交易模式

多数企业对个人的交易(B to C)是这种模式。这一模式中价格的形成既有供方主导的正向定价法,也有通过集体议价由需方主导的逆向定价法。

(3)m∶1 的交易模式

当任何一个供应方无法满足需求方批量要求时,将有多个商家提供商品或服务,这将导致 m∶1 的交易模式的使用。

(4)m∶n 的交易模式

当集体议价模式盛行,同时参与集体议价的需方数量由超过了单一供应方的供给能力时,m∶n 交易模式将会出现。

8.2.2 网上拍卖的技巧

1. 竞买人网上参拍前的准备技巧

(1) 熟悉拍卖原则

竞买人参加网上拍卖,不仅应熟悉普通的拍卖规则,而且由于拍卖网站的不同、拍品的不同,会有一些特殊的规定。因此,参加拍卖会的竞买人应仔细阅读不同拍卖网站的拍卖规则。特别是应该留心各网站在网上新发布的拍卖规则。

在网上拍卖市场还没有完全规范的情况下,许多网站的拍卖规则是不断变化的。用搜索引擎查询"拍卖新规则"就有 137 条之多。不理解拍卖规则就好比驾驶汽车却不了解交通规则一样。图 8-1 所示是菏泽市光大拍卖有限公司拍卖规则。

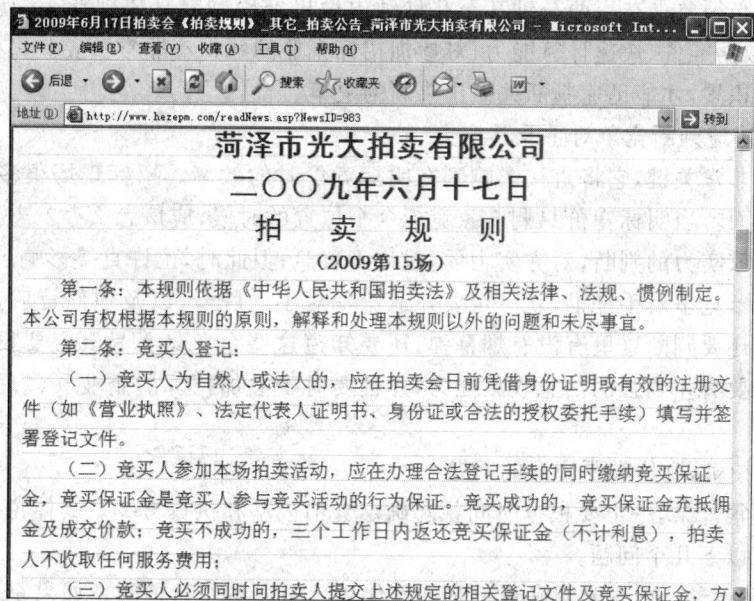

图 8-1　菏泽市光大拍卖有限公司拍卖规则

从以上的新拍卖规则中发现该网站的拍卖规则有了许多新的变化。对于这些新规则和新变化,参与竞买者一定要抓紧时间熟悉和研究,不然由于不熟悉新规则就会在竞买时处于被动的地位。

（2）仔细看样,定好心理价位

看样是竞买获得顺利进行的第一步。顾客在观看拍卖样品过程中,应对物品的真伪、成色、规格等细细观察。如果发现与拍品目录不符或有未注明的瑕疵,可及时向拍卖网站提出询问,然后决定是否参与竞买。遇到拍品上如果标有参考价的情况,顾客可先到相关商店或市场去了解一下同类产品、同样档次的价格,将几个价格相比较后,确定自己竞买的最高出价,即"心理价格"。心理价格是根据顾客对某件物品的喜好程度、该物品的市场价格和增值潜力等几方面组成的。有了心理价格,上线竞买以后,出价时心里就有了一个底线。

2. 在线参拍的技巧

（1）如何准确预估并填写价格

价格预估历来没有英雄,因为中标后没有人再去关心当初的价格预估是高了还是低了,而价格估高了,吃了亏也只有自己知道。一个老拍卖师说过:"10 年来,我们有估得准的,也有没估准的时候。但是我们在这过程当中越来越了解哪些因素影响中标价格和每个因素影响的程度。若靠拍脑袋或凭直觉预估出来的价格,则会存在较大的误差。"

由于在价格预估方面,有的商务网站提供独有的全套价格预估模型,并在网上指导填写。这些经验是值得参加竞价者学习的。

如何迅速判断一个价格的意义？

当一个竞拍价格出来后，不能迅速判断它是否划算，该怎么办？

当某个标的物最终中标价格出来后，能不能迅速判断这个价格是什么意义？它是涨是跌？涨跌幅多少？对于下一个标的物有什么影响？

这些答案必须要求在一两分钟甚至几秒钟内做出准确判断。依据什么能够做到这点？经验、完备的数据准备、快速计算能力、对参加招标企业的熟识等非常重要。只有善于学习，平时注重经验积累，才能迅速判断并做出果断的决策。

（2）如何快速判断竞争对手及其实力

这个问题非常关键，它将直接影响到在明标竞价时的效率。招标现场很多经典案例就是发生在这上面。当明标竞价只剩 5 家竞标 3 个位置的时候，应该怎么办？着急、不着急关键在于对那几家实力的判断，对方实力弱，或许不着急；但此时，也许直接影响到加价成本。

要快速判断竞争对手是谁，就一定要知道竞争对手的牌号，以及他们背后是什么企业，而更负责的是还要判断这里有没有烟幕弹，还要知道这些企业是不是真心要投。要了解这些很难。这就要有相当强的信息收集能力，并且要对于参加招标的企业和代理公司非常熟悉和了解。

（3）网上拍卖，竞价需要注意的问题

这个问题很复杂，一定要根据时间状况确定营销策略和执行方案。具体说来，在参加竞拍要注意的有以下几个问题。

① 调整好心态。首先要明确最近是抱着什么目的去参加竞拍的。如果是为投资而为，就必须以将来拍品是否升值作为出发点，看重拍品未来价值。其次心中要拿得起放得下。竞拍是一种公开竞争的商业行为，也许别人更看重某拍品的潜在价值。所以，能竞拍成功拍品归属自己当然最好，竞拍拍品归属别人也不要垂头丧气。

② 参加拍卖公司举行的拍品预展最好邀请行家同行。在听取举办者对拍品的介绍后，要多向行家咨询，要多查询关于拍品的资料，做到心中有数。

③ 自我设定一个科学可行的拍品最高价位。要根据市场走势、竞争对手情况、自己的经济实力确定一个合理的价格区间，尤其对最高价位的确定非常重要。如果竞拍价位超过自己预定最高价位，个人投资者应毫无疑问地放弃。

④ 冷静点击。个人投资者在拍卖现场不要被拍卖师的语言煽动而不能自控。要冷静地分析竞拍对方的意图，能勇敢地举牌，也能冷静地放弃。同样，参与网上竞拍，也要冷静地出价，慎重地点击。

（4）怎样进行批量拍卖

批量物品和一般的多数量卖法是不一样的。批量是指把多个相同或相似的物品打包成一批出售，买家只能以批为单位来购买，而不能只选其中的一件或一部分。

在批量卖法里，可以指定有多少批物品要卖，每批包含多少件物品。

① 竞投者要理性出价。竞投者在进行任何拍卖前，应对货物定下一个底线价格，参拍时，叫价不可超过心目中的底价。可参照别人的出价而适当调整。

② 策划好如何最后一分钟出价。对于拍卖的买方来说，既要将价格控制在合理的范围之内，又要把标的物稳稳地拿下并不是一件容易的事。但是，合理地利用拍卖规则，出其不

意地运用一些技巧,是可以收到不错效果的。

3. 产品投放技巧

(1) 处理好单拍和多拍的关系

单件拍卖:首先卖家设置参加拍卖的商品起拍价和加价幅度,让系统代理出价,当拍卖结束时,出价最高者获得商品。

多件拍卖:两件或者两件以上商品在同时拍卖,和单件拍卖不同,荷兰式拍卖可以有多个获胜者。多件拍卖的特点是价高者优先获得商品,相同价格先出价者先得,成交价格是最低成功出价的金额。

了解清楚了什么是单拍,什么是多拍后,根据实际情况选择拍卖的方式。有一位网友购进了 50 个汽车磁带转换器要到网上进行拍卖,一个汽车磁带转换器的单价是 1000 元,但该网友采用了单件拍卖的方式进行,虽然说单价很便宜但有 50 个之多,总价就很可怕了。后来有朋友让他转变策略,把商品改为多拍(拆开卖),结果一下子就把 50 个汽车磁带转换器卖出去了。

(2) 抓住回头客从专一入手做大

网络成交以后,回头客很重要。有网友讲了一个非常生动的案例。他说,"东莞市某计算机配件经营部的王经理,前前后后参拍了我们的 7 款产品,其中有 6 款产品王经理都是从网上拍卖成功的。"

如果产品种类、产品质量、产品价格都能得到客户的认定,那么买家就会多次拍卖贵公司的产品。

(3) 注重网上和网下的互动

在网上,大宗商品的拍卖一定要注意叫顾客看货或看样。

网上成交,许多人心里没有底,不敢出价。因此,除了在网上提供详细的拍品介绍资料以外,还可以允许出价参拍人看货,对外地的客户还可以提供网络视频服务。这种网上和网下的互动非常重要,它不仅将坚定购买者出价的信心,而且可以给对方以心里的安全感。

8.2.3　网上拍卖应注意的问题

当前,网上拍卖尽管获得了飞速发展,但是也面临了相当多的法律问题和管理问题亟须解决。这些问题主要有以下几个方面。

1. 如何防止网上拍卖被骗

网上拍卖被骗有两种情况,一种是买家被骗;另一种是卖家被骗。

(1) 买家如何防止受骗

防骗第一招:使用支付宝。

防骗第二招:查看店主对商品的承诺。如果发现没有,可以通过给卖家留言、发送站内短信、淘宝旺旺、电话联系(不推荐)等方式了解,还可以在询问的过程中增加对卖家的了解。

防骗第三招:查看信用。

(2) 卖家如何防止被骗

① 不付款就催发货的。防范方法:对方说付款了,自己要单击交易状态里面的用户名看看是否有记录。

②　相似 ID(身份标识号码)双簧。防范方法:有商品卖出的时候,要先把对话框关了,然后从"已卖出的商品"那里的"与我联系"再单击一次,然后看有无聊天记录,来确认是否是同一个 ID。

③　利用 QQ 或者手机联系骗取密码。防范方法:QQ 聊天是可以的,但建议用"阿里旺旺"软件聊天,因为出现纠纷客服只承认旺旺记录的,如果对方确实要货,可把相关密码通过发货备注发给对方,让他自己去提取密码;如果需要相关截图时要把相关的截图保存好;必要的时候把聊天记录发到对方拍下物品的旺旺上面再和对方确认一下。

④　汇款骗术。防范方法:坚持使用支付宝交易,做到款到发货。自己银行卡设置成个性化用户名登录。

⑤　浑水摸鱼。防范方法:务必核实买家所汇款的金额再进行发货。

2. 要研究网络特色与拍卖特性之间的互动寻优

(1) 在网络方面。要对客户所发送的信息进行计算,如流量、数据等。要研究如何进一步提高竞买人报价询问和拍卖提示信息的传输与终端显示的速度;如何切实保障网络安全和网络条件下的诚实信用原则;如何运用现有计算和手段,提供三维画面和实景虚拟空间,更真实地反映拍卖标的物的状况;如何建立网上竞价与现场竞价的同步系统,使拍卖活动能在网上和拍卖会场同步进行。

(2) 在协调方面。要研究如何与银行系统合作,实现电子货币的广泛使用和拍卖主体信用资质保证;如何与政府系统链接,为房地产、专利及企业产权等拍卖项目提供网上交易过户与权利转移的登记、注册。

(3) 在拍卖活动的组织和管理方面。要研究如何将被动定时竞价模式与主动引导竞价模式相结合,即当前网上拍卖都给定一段较长的时限,期间最高竞价者超过底价就成交,但往往最后时刻竞价越来越激烈,拍卖结束时仍有竞价空间,部分竞买人由于时限未能充分发挥潜力。此外,还要研究哪类拍卖适合在网上进行;适合采用怎样的组织形式和技巧;是只在网上进行还是网上与现场同步;需要建立怎样的技术平台,配以何种维护手段。

3. 网上拍卖的法律风险及其对策

《拍卖法》明确规定了个人不能进行拍卖,拍卖企业注册资金不得少于 100 万元人民币,拍卖文物的注册资金应在 1000 万元人民币以上。虽然《拍卖法》主要规范传统的拍卖,未涉及网上拍卖,但能不能以传统《拍卖法》对其进行规范却在业界不无争议。个人拍卖(当然指网上个人拍卖,网下个人拍卖非法)很难被法律承认,进行网上个人拍卖有很大的法律与政策风险。而在业界,法律与政策往往是指示灯,有关网上拍卖的法律将如何制定在有关部门和业界尚在讨论中,可见网上拍卖还潜伏着巨大法律与政策风险。

据国家内贸局的有关人士透露,由于缺乏相应的法律规范,网上拍卖中哄抬价格、恶意竞价、商品资料与实际不符等情况屡有发生,而受害者又找不到相应的说法。为了解决这个问题,有关部门正在制定有关网上拍卖的相关规定和《拍卖法》的实施细则,从法律上规范网上拍卖行为,届时网上拍卖的无序状态将随之结束。

8.3　实现方法与步骤:"淘宝网"拍卖的流程

操作步骤如下。

第 1 步:购物前的准备。注册淘宝账号和支付宝账号,打开淘宝网首页单击"免费注册"，按步骤填写成功后就拥有一个用户名和密码了。到银行营业厅办一张银行卡并开通网上银行服务。注册支付宝账号，激活成功后，登录支付宝，按照该银行卡，设定支付宝相关信息。

第 2 步：淘宝网购物的卖家选择。在淘宝网首页按类目选择或者直接搜索自己喜欢的商品，淘宝网会列出相关商品列表，选择看中的商品，单击进入卖家店铺，查看卖家的信用度和好评率。

第 3 步：联系淘宝网卖家获取更多信息。淘宝网购物时，建议不要直接拍下商品，最好按照页面上提供的联系方式（如旺旺、QQ、MSN、电话等），与淘宝卖家取得联系，确认是否有货和商品的品质等细节，此外还可以跟卖家商谈优惠。

第 4 步：拍下商品。优惠或多件商品要联系淘宝网卖家修改价格，登录后就可以拍下商品了。如果有优惠或拍下多件商品，可以在拍下商品后联系淘宝卖家，让他修改商品价格或运费。

第 5 步：登录支付宝，确认付款到支付宝。可以在淘宝网首页单击"支付宝"到达支付宝首页（alipay.com），登录支付宝，记得认清网站地址 www.alipay.com，防止登录到诈骗的网站。确认并付款，付款到支付宝之后就可以等待卖家发货了，发货后可以跟卖家要快递货单号。到货的时候验货是一个重要环节，最好当着快递的面拆封并检查，如有任何损坏则要求快递承担责任。如果商品质量有问题可以要求淘宝卖家退货或更换。

第 6 步：通知支付宝付款给淘宝网卖家并评价。确认无误后打开淘宝网首页，登录淘宝和支付宝账号，在支付宝单击确认付款的操作，这时候钱才真正到淘宝卖家账上。最后在"我的淘宝"上对卖家的信用进行评价，之后淘宝网卖家也会对用户进行评价，互评后整个网上购物流程就顺利完成了。

淘宝网购物要坚持一个原则，那就是支付宝付款或货到付款。因为支付宝付款需要两个环节来完成：一是确认购买，付款到支付宝；二是确认商品品质之后才真正付款。如果淘宝卖家要求不使用支付宝付款，而是直接划钱，就很可能是个骗子。支付宝是一个免费的中间机构，付款到这里之后如果没有收到商品，投诉到支付宝后对方不可能拿到这笔钱，而买家收到货之后也不能从这里把钱退回来，对双方来说都是一个约束。

8.4　技 能 训 练

8.4.1　商品拍卖

【训练目的】

掌握拍卖的全部技能。

【训练内容】

掌握拍卖操作的技能，包括拍卖商品的信息发布、查询拍卖进展、回复竞拍方留言等内容。

【训练步骤】

（1）登录淘宝网网站，在淘宝网上开店。

（2）上传欲拍卖的商品，并进行拍卖信息的宣传发布。

（3）查询拍卖进展，并回复竞拍方的信息。

8.4.2 商品竞买

【训练目的】

掌握商品拍卖的操作技能及技巧。

【训练内容】

掌握商品竞拍的操作技巧，包括选取欲购商品、了解拍卖商品详细信息的拍卖情况、进行集体议价等内容。

【训练步骤】

（1）登录淘宝网网站，选取竞拍的商品。

（2）向卖家详细了解商品信息，在淘宝网进行商品讨论、议价。

（3）进行竞拍，跟踪拍卖情况。

习　题　8

一、名词解释

拍卖　起拍价　代理加价

二、简答题

1. 拍卖的类型有哪些？

2. 交易的四种模式是什么？

3. 在线参拍的技巧是哪些？

4. 产品投放的技巧有哪些？

第 9 章

网络营销的价格策略

企业营销策略有很多种,但无论是传统营销还是网络营销,价格策略是最富有灵活性和艺术性的策略,是企业营销组合策略中的重要组成。网络营销价格的形成是极其复杂的,它受到多种因素的影响和制约。企业在进行网络营销决策时必须对各种因素进行综合考虑,从而采用相应的价格策略。很多传统营销的价格策略在网络营销中得到应用,同时也得到了创新。

本章主要内容

网上产品的价格特点;

网络营销价格的定价方法;

网络定价的策略;

网络营销价格调整策略的方法及应用。

能力培养目标

培养学生熟练掌握网上产品的价格特点,能分辨出网站上使用何种定价策略,会将价格调整策略知识运用在网店的经营中。

9.1　网络营销价格概述

价格是营销组合中最为活跃和敏感的因素。与传统营销企业相比,基于网络营销的企业要承受更大的价格压力,这其中的原因很多,但主要还是由于网络使得顾客能够获得更加充分的价格信息,过高的价格会使顾客转向竞争对手。因此,如何制定合适的价格,已经成为许多开展网络营销活动的企业竞相关注的焦点。

9.1.1　网上市场产品的价格特点

价格策略一直是营销理论研究中的一个难题。因为价格对企业、消费者乃至中间商来说都是最为敏感的问题。Internet 和网络营销的发展,为人们解决这一难题找到了一条出路。与传统市场的产品价格相比,网上市场产品的价格具有一些新的特点。

1. 价格水平趋于一致

在 Internet 这个全球化的市场环境中,需求者和竞争者可以通过网络获得某企业的产品价格信息,并与其他企业的同类产品进行比较,最终结果是使某种产品存在差异的价格水平趋于一致,这对那些执行差别化定价策略的公司产生重要的影响。

2. 非垄断化

Internet 使企业面临的是一个完全竞争的网上市场,无论是市场垄断、技术垄断还是价格垄断,从垄断的时间和程度上都会更短、更浅。

3. 趋低化

一方面,网络营销使企业的产品开发、促销等成本降低,企业可以进一步降低产品价格;另一方面,由于网络扩展了用户的选择空间,因此,要求企业以尽可能低的价格向用户提供产品和服务。

4. 弹性化

网络营销的互动性使用户可以与企业就产品的价格进行协商,实现灵活的弹性价格。

5. 智能化

通过网络,企业不仅可以完全掌握产品对用户的价值,而且可以根据每个用户对产品的不同需求,生产定制产品。由于在产品的设计与制造过程中,数字化的处理机制,可以精确地计算出每一件产品的设计制造成本,企业完全可以在充分信息化的基础上,建立起智能化的定价系统,实现根据每件产品的定制要求制定相应价格。

9.1.2 定价方法

企业确定价格一般要考虑产品成本、竞争者的价格和消费者对产品价值的看法等因素,成本为价格规定了下限,消费者对产品价值的看法为价格规定了上限,企业必须在考虑影响价格因素的基础上,确定产品合适的价格。

1. 网络营销的定价与价格的概念

网络营销定价是指给网上营销的产品和服务制定价格。

网络营销价格是指企业在网络营销过程中买卖双方成交的价格。网络营销价格的形成过程较为复杂,受到诸多因素的影响和制约,如传统营销因素和网络自身对价格的影响因素。

企业要想制定合理的网络营销价格,必须做好以下几个方面。

首先,企业必须通过调研活动获取并分析消费者的需求,主要包括市场的总需求量、需求结构以及不同价格水平上人们可能购买的数量与需求价格弹性等。

其次,相关人员要对产品的成本进行评估。

再次,分析市场中同类产品与替代品的价格及其策略,为企业选择定价目标和定价方法提供参照。

最后,初步确定网络营销价格,然后将其拿到实验市场上征求消费者的意见,并最终确定产品的网络营销价格。

2. 网络营销中的定价方法

（1）成本导向定价法。它是以产品单位成本为基本依据，再加上预期利润来确定价格的一种定价方法。成本导向定价法简便易行，是我国现阶段最基本、最普遍的定价方法。实际工作中，作为定价基础的成本，其分类繁多。网络商品的成本主要包括采购成本和营销成本。为便于理解，先介绍几个成本的概念。

① 采购成本：采购相关原材料的全部费用。

② 营销成本：在销售商品过程中产生的全部费用，包括网站的建设费和维护费、差旅费、工人工资等。

③ 平均采购成本：平均采购一个商品原材料的费用。

④ 平均营销成本：平均销售一个商品的费用。

⑤ 商品总成本＝采购成本＋营销成本

⑥ 商品单位成本＝平均采购成本＋平均营销成本

以成本为基础的定价方法多种多样，比较常用的有下面几种。

① 成本加成定价法。指在商品单位成本的基础上，加上一定比率的金额作为利润，就是单位产品的价格。计算公式为

$$商品单价＝商品单位成本＋利润$$

可以得出成本加成定价法的公式为

$$商品单价＝商品单位成本×（1＋加成率）$$

$$利润＝商品单位成本×加成率$$

其中加成率为预期利润占商品单位成本的百分比即成本利润率。

在不同时间、不同市场环境及不同行业，成本加成率一般不相同。成本加成定价法计算简单、便于操作，通常情况下能保证企业获得预期利润。但这种定价法未考虑市场需求及竞争者状况，是一种理想化的定价方法，仅适用于卖方市场情况。

案例一：某网上鲜花店，平均每束玫瑰的采购成本是 4.5 元，本月共采购 10 000 束，若该鲜花店的总营销成本是 30 000 元，鲜花店的主人想赚取总成本的 30％作为利润，则该网上鲜花店应该对每束玫瑰如何定价？

操作步骤如下。

第 1 步：计算加成率。加成率为鲜花店的主人想赚取总成本的 30％。

第 2 步：计算商品采购单位成本。商品采购单位成本即平均采购成本，为 4.5 元。

第 3 步：计算利润。

$$商品单位成本 ＝ 平均采购成本＋平均营销成本$$

$$＝ 平均采购成本＋营销总成本÷销售量$$

$$＝ 4.5＋30\ 000÷10\ 000 ＝ 7.5（元）$$

$$利润 ＝ 商品单位成本×加成率 ＝ 7.5×30％ ＝ 2.25（元）$$

第 4 步：计算商品单价。

$$商品单价 ＝ 商品单位成本×（1＋加成率）$$

$$＝ 7.5×（1＋30％） ＝ 9.75（元）$$

② 售价加成定价法。以产品的最后销售价为基数，再按销售价的一定百分率计算加成率，最后得出产品售价，即销售价作一折扣后才是单位成本。其计算公式为

价格×(1－加成率)＝商品单位成本

商品单价＝商品单位成本÷(1－加成率)

利润＝商品单价×加成率

案例二：某网上鲜花店,平均每束玫瑰的采购成本是 4.5 元,本月共采购 10 000 束,若该鲜花店的总营销成本是 30 000 元,鲜花店的主人想赚取玫瑰价格的 30％作为利润,则该网上鲜花店应该对每束玫瑰如何定价?

操作步骤如下。

第 1 步：计算加成率。加成率为鲜花店的主人想赚取玫瑰价格的 30％。

第 2 步：计算商品单价。

$$商品单位成本 ＝ 平均采购成本 ＋ 平均营销成本$$
$$＝ 4.5 ＋ 3 ＝ 7.5(元)$$
$$商品单价 ＝ 商品单位成本 ÷ (1 － 加成率)$$
$$＝ 7.5 ÷ 0.7 ＝ 10.7(元)$$

第 3 步：计算利润。

$$利润 ＝ 商品单价 × 加成率$$
$$＝ 10.7 × 30％ ＝ 3.2(元)$$

可见,成本加成定价法与售价加成定价法是不相同的,前者是以商品成本的某一百分比作为利润,后者则是以售价的某一百分比作为利润。

一般来说,商业部门特别是零售商业部门比较广泛采用售价加成定价法。

③ 收支平衡定价法。也叫保本定价法,是指在销量既定的条件下,企业产品的价格必须达到一定的水平才能做到收支平衡。它主要适用于市场销售状况欠佳,以谋求市场占有率和保证一定销售量为目标的情况。计算公式为

$$商品单位价格＝商品总成本÷销售量$$

案例三：某网上皮鞋店,已知总投资是 30 万元,采购了 3 万双皮鞋,在皮鞋店不亏本的情况下,该批皮鞋定价至少是多少?

操作步骤如下。

第 1 步：商品总成本：30 万元。

第 2 步：销售量：3 万双。

第 3 步：

$$商品单位价格＝商品总成本÷销售量$$
$$＝30 万÷3 万＝10(元)$$

通过计算可以知道,收支平衡定价法实际上是以商品的成本价销售。在产品滞销或处于衰退期等情况下,这种方法经常被使用。

④ 投资收益定价法。企业开发产品和增加服务项目要投入一笔数目较大的资金,且在投资决策时总有一个预期的投资回收期,为确保投资按期收回并赚取利润,企业要根据产品成本和预期的产品数量,确定一个能实现市场营销目标的价格,这个价格不仅包括在投资回收期内单位产品应摊销的投资额,也包括单位产品的成本费用。

根据企业总成本和预计销售量,加上按投资收益的确定作为定价基础的方法。计算公式为

$$商品单位价格＝(商品总成本 ＋ 投资收益额)÷销售量$$

案例四：某网上商店总投资 500 万元,预计 5 年收回全部资金,每年购买商品的总成本是 400 万元,每年销售量为 10 万件,求商品的单位价格。

操作步骤如下。

第 1 步:

$$投资收益率=1÷预期投资回收年限×100\%$$
$$=1÷5×100\%=20\%$$

第 2 步:

$$每年总投资额=投资总额÷预期回收期+商品总成本$$
$$=500 万÷5+400 万=500(万元)$$
$$每年总投资收益额=总投资额×投资收益率$$
$$=500 万×20\%=100(万元)$$

第 3 步:

$$商品单位价格=(总成本+投资收益额)÷预计销售量$$
$$=500 万÷10 万=50(元)$$

与收支平衡定价法相比较,投资收益定价法在保本的基础上考虑了目标利润,进而能实现既定的投资收益率。但它忽视了竞争者和需求的实际情况,只是通过预计的销售量计算价格,然而市场是千变万化的,一旦竞争激烈,需求锐减,销售量就不一定能实现。

(2)需求导向定价法。它又称顾客导向定价法,是指企业根据市场需求状况和消费者的不同反应,分别确定产品价格的一种定价方式。其特点是：平均成本相同的同一产品价格,随需求变化而变化。需求导向定价法一般是以该产品的历史价格为基础,根据市场需求变化情况,在一定的幅度内变动价格,以致同一商品可以按两种或两种以上价格销售。这种差价可以因顾客的购买能力、对产品的需求情况、产生的型号和式样,以及时间、地点等因素而采用不同的形式。如以产品式样为基础的差别定价,同一产品因花色款式不同而售价不同,但与改变式样所花费的成本并不成比例;以场所为基础的差别定价,虽然成本相同,但具体地点不同,价格也有差别。在网络营销中,需求导向定价法比较适用。

(3)竞争导向定价法。竞争导向定价法是企业根据市场竞争状况确定商品价格的一种定价方式。其特点是：价格与成本和需求不发生直接关系。

竞争导向定价法的具体做法是：企业在制定价格时,主要以竞争对手的价格为基础,与竞争品价格保持一定的比例。即竞争品价格未变,即使产品成本或市场需求变动了,也应维持原价;竞争品价格变动,即使产品成本和市场需求未变,也要相应调整价格。

9.2　网络营销定价策略

在网络营销中,市场还处于起步阶段的开发期和发展时期,企业进入网络营销市场的主要目标是占领市场求得生存发展机会,然后才是追求企业的利润。目前网络营销产品的定价一般都是低价甚至是免费,以求在迅猛发展的网络虚拟市场中寻求立足机会。

网络定价策略分可为如下几种。

1. 低价定价策略

借助因特网进行销售,比传统销售渠道的费用要低廉,因此网上销售价格一般来说比市面上流行的市场价格要低。由于网上的信息是公开和易于搜索比较的,因此网上的价格信息对消费者的购买起着重要作用。根据研究,消费者选择网上购物,一方面是因为网上购物比较方便;另一方面是因为从网上可以获取更多的产品信息,从而以最优惠的价格购买商品。

直接低价定价策略就是由于定价时大多采用成本加一定利润,有的甚至是零利润,因此这种定价在公开价格时就比同类产品要低。它一般是制造业企业在网上进行直销时采用的定价方式,如采用网上直销的 Dell 公司的计算机定价比同性能的其他公司产品低10%~15%。采用低价策略的基础是前面分析中指出的通过因特网企业可以节省大量的成本费用。

另外一种低价定价策略是折扣策略,它是在原价基础上进行折扣来定价的。这种定价方式可以让顾客直接了解产品的降价幅度以促进顾客的购买。这类价格策略主要用在一些网上商店,它一般按照市面上的流行价格进行折扣定价。如 Amazon 的图书价格一般都要进行折扣,而且折扣价格达到3~5折。

如果企业是为拓展网上市场,但产品价格又不具有竞争优势时,则可以采用网上促销定价策略。由于网上的消费者面很广而且具有很大的购买能力,许多企业为打开网上销售局面和推广新产品,采用临时促销定价策略。促销定价除了前面提到的折扣策略外,比较常用的是有奖销售和附带赠品销售。

在采用低价定价策略时要注意的是:首先,由于因特网是从免费共享资源发展而来的,因此用户一般认为网上商品比从一般渠道购买商品要便宜,在网上不宜销售那些顾客对价格敏感而企业又难以降价的产品;其次,在网上公布价格时要注意区分消费对象,一般要区分一般消费者、零售商、批发商、合作伙伴等,分别提供不同的价格信息发布渠道,否则可能因低价策略混乱导致营销渠道混乱;再次,网上发布价格时要注意比较同类站点公布的价格,因为消费者可以通过搜索功能很容易在网上找到最便宜的商品,否则价格信息公布将起到反作用。

2. 免费定价策略

（1）免费价格内涵

免费价格策略是市场营销中常用的营销策略,它主要用于促销和推广产品,这种策略一般是短期和临时性的。但在网络营销中,免费价格不仅仅是一种促销策略,它还是一种非常有效的产品和服务定价策略。

具体来说,免费价格策略就是将企业的产品和服务以零价格形式提供给顾客使用,满足顾客的需求。免费价格形式有这样几类形式:第一类是产品和服务完全免费,即产品从购买、使用和售后服务所有环节都实行免费服务;第二类对产品和服务实行限制免费,即产品可以被有限次使用,超过一定期限或者次数后,取消这种免费服务;第三类是对产品和服务实行部分免费,如一些著名研究公司的网站公布部分研究成果,如果要获取全部成果必须付款作为公司客户;第四类是对产品和服务实行捆绑式免费,即购买某产品或者服务时赠送其他产品和服务。

免费价格策略之所以在因特网上流行,是有其深刻的背景的。一方面,由于因特网的发展得力于免费策略实施;另一方面,因特网作为20世纪末最伟大的发明,它的发展速度和增长潜力令人生畏,任何有眼光的人都不会放弃发展成长的机会,免费策略是最有效的市场占领手段。目前,企业在网络营销中采用免费策略,一个目的是让用户免费使用形成习惯后,再开始收费,如金山公司允许消费者在因特网下载限次使用的 WPS 2000 软件,其一个目的是想消费者使用习惯后,然后掏钱购买正式软件,这种免费策略主要是一种促销策略,与传统营销策略类似;另一个目的是想挖掘后续商业价值,它是从战略发展的需要来制定定价策略的,主要目的是先占领市场,然后再从市场上获取收益。

（2）免费产品的特征

网络营销中产品实行免费策略是要受到一定环境制约的,并不是所有的产品都适合免费策略。因特网作为全球性开放网络,它可以快速实现全球信息交换,只有那些适合因特网这一特性的产品才适合采用免费价格策略。一般说来,免费产品具有以下特性。

① 易于数字化。因特网是信息交换的平台,它的基础是数字传输。对于易于数字化的产品都可以通过因特网实现零成本的配送。企业只需要将这些免费产品放置到企业的网站上,用户可以通过因特网自由下载使用,企业通过较小成本就可以实现产品推广,可以节省大量的产品推广费用。

② 无形化特点。通常采用免费策略的大多是一些无形产品,它们只有通过一定的载体才能表现出一定的形态。如软件、信息服务(如报刊、杂志、电台、电视台等媒体)、音乐制品、图书等。这些无形产品可以通过数字化技术实现网上传输。

③ 零制造成本。这里的零制造成本主要是指产品开发成功后,只需要通过简单复制就可以实现无限制的生产。对这些产品实行免费策略,企业只需要投入研制费用即可,至于产品生产、推广和销售则完全可以通过因特网实现零成本运作。

④ 成长性。采用免费策略的产品一般都是利用产品成长推动占领市场,为未来市场发展打下坚实基础。

⑤ 冲击性。采用免费策略的产品主要目的是推动市场成长,开辟出新的市场领地,同时对原有市场产生巨大的冲击。如 3721 网站为推广其中文网址域名标准,以解决中国人对英文域名的不习惯问题,采用免费下载和免费在品牌计算机预装策略,在 1999 年短短的半年时间内迅速占领市场成为市场标准。

⑥ 间接收益。采用免费价格的产品,可以帮助企业通过其他渠道获取收益。这种收益方式也是目前大多数因特网内容提供商的主要商业运作模式。

（3）免费价格策略的实施

免费价格策略一般与企业的商业计划和战略发展规划紧密关联,企业要降低免费策略带来的风险,提高免费价格策略的成功性,应遵循下面步骤思考问题。

第一,因特网作为成长性的市场,在市场获取成功的关键是要有一个可能获得成功的商业运作模式,因此考虑免费价格策略时必须考虑是否与商业运作模式吻合。

第二,分析采用免费策略的产品能否获得市场认可。也就是提供的产品是否是市场迫切需求的。因特网上通过免费策略已经获得成功的公司都有一个特点,就是提供的产品受到市场的极大欢迎。如 Yahoo! 的搜索引擎克服了在因特网上查找信息的困难,给用户带来了便利;我国的新浪网站提供了大量实时性的新闻报道,满足了用户对新闻的需求。

第三,分析免费策略产品推出的时机。在因特网上的游戏规则是"Win Take All(赢家通吃)","只承认第一,不承认第二",因此在因特网上推出免费产品是为抢占市场,如果市场已经被占领或者已经比较成熟,则要审视推出的产品的竞争能力。

第四,考虑免费价格产品是否适合采用免费价格策略。目前国内外很多提供免费计算机的因特网服务提供商,对用户也不是毫无要求,它们有的要求用户接受广告,有的要求用户每月在其站点上购买多少钱的商品等。

第五,策划推广免费价格产品。因特网是信息海洋,对于免费的产品,网上用户已经习惯。因此,要吸引用户关注免费产品,应当与推广其他产品一样有严密营销策划。在推广免费价格产品时,主要考虑通过因特网渠道进行宣传。如 3721 网站为推广其免费中文域名系统软件,首先通过新闻形式介绍中文域名概念,宣传中文域名的作用和便捷性;其次与一些著名因特网服务提供商和因特网内容提供商合作,建立免费软件下载链接,同时还与计算机制造商合作,提供捆绑预装中文域名软件。

3. 竞争定价策略

通过顾客跟踪系统(Customer Tracking)经常关注顾客的需求,时刻注意潜在顾客的需求变化,才能保持网站向顾客需要的方向发展。在大多网上购物网站上,经常会将网站的服务体系和价格等信息公开申明,这就为了解竞争对手的价格策略提供了方便。随时掌握竞争者的价格变动,调整自己的竞争策略,时刻保持同类产品的相对价格优势。

4. 个性化定价策略

消费者往往对产品外观、颜色、样式等方面有具体的内在个性化需求,个性化定价策略就是利用网络互动性和消费者的需求特征,来确定商品价格的一种策略。网络的互动性能即时获得消费者的需求,使个性化营销成为可能,也将使个性化定价策略有可能成为网络营销的一个重要策略。这种个性化服务是网络产生后营销方式的一种创新。

5. 自动调价、议价策略

根据季节变动、市场供求状况、竞争状况及其他因素,在计算收益的基础上,设立自动调价系统,自动进行价格调整。同时,建立与消费者直接在网上协商价格的集体议价系统,使价格具有灵活性和多样性,从而形成创新的价格。这种集体议价策略已在一些中外网站中采用。

6. 特有产品特殊价格策略

这种价格策略需要根据产品在网上的需求来确定产品的价格。当某种产品有它很特殊的需求时,不用更多的考虑其他竞争者,只要去制定自己最满意的价格就可以。这种策略往往分为两种类型,一种是创意独特的新产品("炒新"),它是利用网络沟通的广泛性、便利性,满足了那些品味独特、需求特殊的顾客的"先睹为快"的心理;另一种是纪念物等有特殊收藏价值的商品("炒旧"),如古董、纪念物或是其他有收藏价值的商品,在网络上,世界各地的人都能有幸在网上一睹其"芳容",这无形中增加了许多商机。

7. 拍卖定价策略

网上拍卖是目前发展比较成熟的网络销售模式。国内和国外均有著名的拍卖网站,如EBAY(http://www.ebay.com)、易趣(http://www.eachnet.com)等。网上拍卖作为网络营销的一种方法,其主要作用是开展网上销售。早期的拍卖以二手商品交易为主,并且仅限于个人对个人的交易,通常只能按照拍卖的形式来进行,即出价高者获得购买权。现在的一些在线拍卖网站(如易趣等)实际上已经不仅仅具有个人物品拍卖这一种形式,也包括固定价格模式,还可以开设网上商店,这些都比较适用于小型企业的产品在线销售,其方法与网上商店类似。

9.3　网络营销的价格调整策略

　　企业为某种产品制定出价格以后,并不意味着大功告成。随着网络营销市场环境的变化,企业必须对现行价格予以适当的调整。

9.3.1　常用的网络营销价格调整策略

　　调整价格可采用削价及提价策略。企业产品价格调整的动力既可能来自于内部,也可能来自于外部。倘若企业利用自身的产品或成本优势,主动地对价格予以调整,将价格作为竞争的利器,这称为主动调整价格。有时,价格的调整出于应付竞争的需要,即竞争对手主动调整价格,而企业也相应的被动调整价格。无论是主动调整,还是被动调整,其形式不外乎是削价和提价两种。

1. 削价策略

　　这是定价者面临的最严峻且具有持续威胁力量的问题。

　　企业削价的原因很多,有企业外部需求及竞争等因素的变化,也有企业内部的战略转变、成本变化等,还有国家政策、法令的制约和干预等。这些原因具体表现在以下几个方面。

　　(1) 企业急需回笼大量现金。对现金产生迫切需求的原因既可能是其他产品销售不畅,也可能是为了筹集资金进行某些新活动,而资金借贷来源中断。此时,企业可以通过对某些需求的价格弹性大的产品予以大幅度削价,从而增加销售额,获取现金。

　　(2) 企业通过削价来开拓新市场。一种产品的潜在顾客往往由于其消费水平的限制而阻碍了其转向现实顾客的可行性。在削价不会对原顾客产生影响的前提下,企业可以通过削价方式来扩大市场份额。不过,为了保证这一策略的成功,有时需要以产品改进策略相配合。

　　(3) 企业决策者决定排斥现有市场的边际生产者。对于某些产品来说,各个企业的生产条件、生产成本不同,最低价格也会有所差异。那些以目前价格销售产品仅能保本的企业,在别的企业主动削价以后,会因为价格的被迫降低而得不到利润,只好停止生产。这无疑有利于主动削价的企业。

　　(4) 企业生产能力过剩,产品供过于求,但是企业又无法通过产品改进和加强促销等工作来扩大销售。在这种情况下,企业必须考虑削价。

　　(5) 企业决策者预期削价会扩大销售,由此可望获得更大的生产规模。特别是进入成熟期的产品,削价可以大幅度增进销售,从而在价格和生产规模之间形成良性循环,为企业获取更多的市场份额奠定基础。

　　(6) 由于成本降低,费用减少,使企业削价成为可能。随着科学技术的进步和企业经营管理水平的提高,许多产品的单位产品成本和费用在不断下降,因此,企业拥有条件适当削价。

　　(7) 企业决策者出于对中间商要求的考虑。以较低的价格购进货物不仅可以减少中间商的资金占用,而且为产品大量销售提供了一定的条件。因此,企业削价有利于同中间商建立较良好的关系。

　　(8) 政治、法律环境及经济形势的变化,迫使企业降价。政府为了实现物价总水平的下调,保护需求,鼓励消费,遏制垄断利润,往往采用规定毛利率和最高价格、限制价格变化方式、参与市场竞争等形式,通过政策和法令使企业的价格水平下调。在紧缩通货的经济形势下或者在市场疲软、经济萧条时期,由于币值上升,价格总水平下降,企业产品价格也应随之降低,以适应消费者的购买力水平。此外,消费者运动的兴起也往往迫使产品价格下调。

削价最直截了当的方式是将企业产品的目录价格或标价绝对下降,但企业更多的是采用各种折扣形式来降低价格。如数量折扣、现金折扣、回扣和津贴等形式。此外,变相的削价形式有:赠送样品和优惠券,实行有奖销售;给中间商提取推销奖金;允许顾客分期付款;赊销;免费或优惠送货上门、技术培训、维修咨询;提高产品质量,改进产品性能,增加产品用途等等。由于这些方式具有较强的灵活性,在市场环境变化的时候,即使取消也不会引起消费者太大的反感,同时又是一种促销策略,因此在现代经营活动中运用越来越广泛。确定何时削价是调价策略的一个难点,通常要综合考虑企业实力、产品在市场生命周期所处的阶段、销售季节、消费者对产品的态度等因素。比如,进入衰退期的产品,由于消费者失去了消费兴趣、需求弹性变大、产品逐渐被市场淘汰,为了吸引对价格比较敏感的购买者和低收入需求者,维持一定的销量,削价就可能是唯一的选择。由于影响削价的因素较多,企业决策者必须审慎分析和判断,并根据削价的原因选择适当的方式和时机,制定最优的削价策略。

2. 提价策略

提价确实能够增加企业的利润率,但却会引起竞争力下降、消费者不满、经销商抱怨,甚至还会受到政府的干预和同行的指责,从而对企业产生不利影响。虽然如此,在实际中仍然存在着较多的提价现象。其主要原因体现在以下几个方面。

(1)应付产品成本增加,减少成本压力。这是所有产品价格上涨的主要原因。成本的增加或者是由于原材料价格上涨,或者是由于生产或管理费用提高而引起的。企业为了保证利润率不致因此而降低,便采取提价策略。

(2)为了适应通货膨胀,减少企业损失。在通货膨胀条件下,即使企业仍能维持原价,但随着时间的推移,其利润的实际价值也呈下降趋势。为了减少损失,企业只好提价,将通货膨胀的压力转嫁给中间商和消费者。

(3)产品供不应求,遏制过度消费。对于某些产品来说,在需求旺盛而生产规模又不能及时扩大而出现供不应求的情况下,可以通过提价来遏制需求,同时又可以取得高额利润,在缓解市场压力、使供求趋于平衡的同时,为扩大生产准备了条件。

(4)利用顾客心理创造优质效应。作为一种策略,企业可以利用涨价营造名牌形象,使消费者产生价高质优的心理定式,以提高企业知名度和产品声望。对于那些革新产品、贵重商品、生产规模受到限制而难以扩大的产品,这种效应表现得尤为明显。

为了保证提价策略的顺利实现,提价时机可选择在以下几种情况。

① 产品在市场上处于优势地位。

② 产品进入成长期。

③ 季节性商品达到销售旺季。

④ 竞争对手产品提价。

此外,在方式选择上,企业应尽可能多采用间接提价,把提价的不利因素减到最低程度,使提价不影响销量和利润,而且能被潜在消费者普遍接受。同时,企业提价时应采取各种渠道向顾客说明提价的原因,并帮助顾客寻找节约途径,以减少顾客不满,维护企业形象,提高消费者信心,刺激消费者的需求和购买行为。

至于价格调整的幅度,最重要的考虑因素是消费者的反应。因为调整产品价格是为了促进销售,实质上是要促使消费者购买产品。忽视了消费者反应,销售就会受挫,只有根据消费者的反应调价,才能收到好的效果。

9.3.2　消费者对价格变动的反应

不同市场的消费者对价格变动的反应是不同的,即使处在同一市场的消费者对价格变动的反应也可能不同。从理论上来说,可以通过需求的价格弹性来分析消费者对价格变动的反应,弹性大表明反应强烈,弹性小表明反应微弱。但在实践中,价格弹性的统计和测定非常困难,其状况和准确度常常取决于消费者预期价格、价格原有水平、价格变化趋势、需求期限、竞争格局以及产品生命周期等多种复杂因素,并且会随着时间和地点的改变而处于不断变化之中,企业难以分析、计算和把握。所以,研究消费者对调价的反应,多是注重分析消费者的价格意识。

价格意识是指消费者对商品价格高低强弱的感觉程度,直接表现为顾客对价格敏感性的强弱,包括知觉速度、清晰度、准确度和知觉内容的充实程度。它是掌握消费者态度的主要方面和重要依据,也是解释市场需求对价格变动反应的关键变量。

价格意识强弱的测定往往以购买者对商品价格回忆的准确度为指标。研究表明,价格意识和收入的相关关系为:收入越低,价格意识越强,价格的变化直接影响购买量;收入越高,价格意识越弱,价格的一般调整不会对需求产生较大的影响。此外,由于广告常使消费者更加注意价格的合理性,同时也给价格对比提供了方便,因而广告对消费者的价格意识也起着促进作用,使他们对价格高低更为敏感。

消费者可接受的产品价格界限是由价格意识决定的。这一界限也就规定了企业可以调价的上下限度。在一定条件下,价格界限是相对稳定的,若条件发生变化,则价格心理界限也会相应改变,因而会影响企业的调价幅度。

依据上面介绍的基本原理,可以将消费者对价格变动的反应归纳为以下几点。

(1) 在一定范围内的价格变动是可以被消费者接受的;提价幅度超过可接受价格的上限,则会引起消费者不满,产生抵触情绪,而不愿购买企业产品;降价幅度低于下限,会导致消费者的种种疑虑,也对实际购买行为产生抑制作用。

(2) 在产品知名度因广告而提高、收入增加、通货膨胀等条件下,消费者可接受价格上限会提高;在消费者对产品质量有明确认识、收入减少、价格连续下跌等条件下,下限会降低。

(3) 消费者对某种产品削价的可能反应是:产品将马上因式样陈旧、质量低劣而被淘汰;企业遇到财务困难,很快将会停产或转产;价格还要进一步下降;产品成本降低了。而对于某种产品的提价则可能这样理解:很多人购买这种产品,我也应赶快购买,以免价格继续上涨;提价意味着产品质量的改进;企业将高价作为一种策略,以树立名牌形象;销售商想尽量取得更多利润;各种商品价格都在上涨,提价很正常。

9.3.3　竞争者对价格变动的反应

虽然透彻地了解竞争者对价格变动的反应几乎不可能,但为了保证调价策略的成功,主动调价的企业又必须考虑竞争者的价格反应。没有估计竞争者反应的调价,往往难以成功,至少不会取得预期效果。

如果所有的竞争者行为相似,只要对一个典型竞争者作出分析就可以了。如果竞争者在规模、市场份额或政策及经营风格方面有关键性的差异,则各个竞争者将会作出不同的反应,这时,就应该对各个竞争者分别予以分析。分析的方法是尽可能地获得竞争者的决策程序及反应形式等重要情报,模仿竞争者的立场、观点、方法思考问题。最关键的问题是要弄清楚竞争者的营销目标:如果竞争者的目标是实现企业的长期最大利润,那么,本企业降低,它往往不会在价格上作相应反应,而在其他方面作出努力,如加强广告宣传、提高产品质量和服务水平等;如果竞争者的目标是提高市场占有率,它就可能跟随本企业的价格变动,而相应调整价格。

在实践中,为了减少因无法确知竞争者对价格变化的反应而带来的风险,企业在主动调价之前必须考虑以下问题。

(1) 本行业产品有何特点? 本企业在行业中处于何种地位?

(2) 主要竞争者是谁? 竞争对手会怎样理解本企业的价格调整?

(3) 针对本企业的价格调整,竞争者会采取什么对策? 这些对策是价格性的还是非价格性的? 它们是否会联合作出反应?

(4) 针对竞争者可能的反应,企业的对策又是什么? 有几种可行的应对方案?

在细致分析的基础上,企业方可确定价格调整的幅度和时机。

9.3.4 企业对策

竞争对手在实施价格调整策略之前,一般都要经过长时间的深思得失,仔细权衡调价的利害,但是,一旦调价成为现实,则这个过程相当迅速,并且在调价之前大多要采取保密措施,以保证发动价格竞争的突然性。企业在这种情况下,贸然跟进或无动于衷都是不对的,正确的做法是迅速地对以下问题进行调查研究。

(1) 竞争者调价的目的是什么?

(2) 竞争者调价是长期的还是短期的?

(3) 竞争者调价将对本企业的市场占有率、销售量、利润、声誉等方面有何影响?

(4) 同行业的其他企业对竞争者调价行动有何反应?

(5) 企业有几种反应方案? 竞争者对企业每一个可能的反应又会有何反应?

在考虑以上问题的基础上,企业还必须结合所经营的产品特性确定对策。一般说来,在同质产品市场上,如果竞争者削价,企业必须随之削价,否则大部分顾客将转向价格较低的竞争者;但是,面对竞争者的提价,本企业既可以跟进,也可以暂且观望。如果大多数企业都维持原价,最终迫使竞争者把价格降低,使竞争者涨价失败。

在异质产品市场上,由于每个企业的产品在质量、品牌、服务、包装、消费者偏好等方面有着明显的不同,所以面对竞争者的调价策略,企业有着较大的选择余地:第一,价格不变,任其自然,任顾客随价格变化而变化,靠顾客对产品的偏爱和忠诚度来抵御竞争者的价格进攻,待市场环境发生变化或出现某种有利时机,企业再做行动;第二,价格不变,加强非价格竞争,比如,企业加强广告攻势,增加销售网点,强化售后服务,提高产品质量,或者在包装、功能、用途等方面对产品进行改进;第三,部分或完全跟随竞争者的价格变动,采取较稳妥的策略,维持原来的市场格局,巩固取得的市场地位,在价格上与竞争对手一较高低;第四,以优越于竞争者的价格跟进,并结合非价格手段进行反击;比竞争者更大的幅度削价,比竞争者小的幅度提价,强化非价格竞争,形成产品差异,利用较强的经济实力或优越的市场地位,居高临下,给竞争者以毁灭性的打击。

9.3.5　网络价格调整策略的应用

根据产品的生命周期(导入期、成长期、成熟期、衰退期)调整价格策略。

1. 导入期的价格策略

可以根据产品的市场定位而采取高、中、低 3 种价格。

(1)高价"撇脂"策略:在短期利润最大化的目标下,以远远高于成本的价格推出新产品。优点是不仅在短期内迅速获取永赢利,缺点是较高的价格会抑制潜在需求。

(2)低价"渗透"定价:以较低的价格投放新产品,目的是通过广泛的市场渗透迅速提高企业的市场占有率。优点是能迅速打开新产品的销路,缺点是投资回收期较长。

(3)满意定价:介于"撇脂"和"渗透"策略之间的中等价格策略,优点是价格比较稳定,缺点是比较保守。

2. 成长期的价格策略

通常的做法是在不损害企业和产品形象的前提下适当降价。

3. 成熟期的价格策略

总体而言,成熟期的价格策略呈现出低价的特点。

4. 衰退期的价格策略

这一阶段的价格策略主要以保持营业为定价目标,通过更低的价格,一方面驱逐竞争对手;另一方面等待适当时机退出。

习　题　9

一、名词解释

网络营销定价　网络营销价格　成本导向定价法　需求导向定价法　竞争导向定价法免费价格策略

二、填空题

1. 商品定价的方法主要分为: _____ 、_____ 和 _____ 3 种。
2. 网络商品的成本主要包括 _____ 和 _____ 。
3. 常用的网络营销价格调整策略主要是 _____ 和 _____ 。

三、简答题

1. 简述网上市场产品的价格特点。
2. 网络营销定价策略有哪几种?
3. 采用免费价格策略的产品有哪些主要特征?
4. 简述根据产品的生命周期调整价格策略的方法。

第 10 章

网络营销的风险控制与效果评价

随着网络市场的发展,网络营销正在改写商业企业的规则,给各行各业的人们带来新的机会和挑战。然而,尽管网络营销具有许多竞争优势,但并不是说企业只要"触网"就都能成功,它与传统营销同样有着自身的局限性和风险。为此,对网络营销实行风险控制和效果评价便显得尤为重要。

本章主要内容

网络营销的风险和风险控制方法;
网络营销的效果评价。

能力培养目标

培养学生基本掌握网络营销的风险和风险控制方法,了解网络营销的效果评价的能力。

10.1 网络营销的风险分析

实施网络营销不是免费的工程,由于国内网络营销才刚刚起步,与之相关的技术、金融、法律以及物流配送等外部环境还不完善,因此,企业网络营销的开展存在着较大的经营风险。网络营销存在的主要风险介绍如下。

1. 市场需求风险

在我国现阶段,消费者的消费观念和消费习惯一时难以转变。在传统模式中,消费者通过视觉、触觉等多种感觉来判断和选择商品。而在网络购物中只能提供商品的图片及相关的文字说明等,如果在此条件下有不规范的市场行为将带来严重的负面影响,使人们对网上购物产生质疑。同时,我国网络用户虽然超过了 1 亿,但是他们的需求差异巨大,购买力分布不均,导致细分市场结构不同。因此,在确定市场需求、定位产品概念和判定市场结构等方面存在着较大的风险。

2. 技术风险

技术风险主要来自网络技术的风险威胁,尤其是在网络技术服务和网上支付方面,主要有以下两个方面的威胁。

（1）计算机病毒

计算机病毒是指一段隐藏在计算机中并能繁殖传播的程序，破坏计算机正常运行及存储在其中的数据。这些病毒有的危害很小，仅是给计算机用户开个玩笑；有的病毒则危害很大，可能是修改用户的数据或者控制用户的计算机。目前的计算机病毒主要表现在：轻则修改 IE 主页、IE 标题栏，不断弹出 IE 窗口和对话框，重则系统文件丢失、注册表被锁定、下载木马程序，甚至格式化硬盘等。

（2）外部入侵

外部入侵的危害主要来自网络黑客。这些黑客中有的带有某种商业目的，通过采用源 IP 地址欺骗攻击，在未经他人授权的情况下，进入网络交易系统，删除、修改、重发某些重要信息，破坏数据的完整性，甚至将计算机病毒载入企业的内部网等，使整个网络陷入瘫痪。

3. 信用风险

信用风险是网络营销发展中的主要障碍，这是因为网络营销是以信用为发展基础的，即交易双方相互信任、信守诺言。买方假设卖方的商品合格、没有缺陷，卖方假设买方有足够的支付能力，双方都会履行交易时达成的承诺。但在目前"假冒伪劣盛行，欠债不还有理"这样一种缺乏信任的经营环境中，如果没有任何信用保证，网络营销是难以开展的。信用风险将在很大程度上制约网络营销的发展。

4. 法律风险

因特网是跨地域、跨国界的全球性信息网络，在这个网络上无法像现实空间那样规定国家和地区的界限，传统的地域管辖方法难以作用于网络空间。另外由于网络营销可以在不同国家和地区的企业、个人之间交叉进行，但各国的法律不同，社会文化、风俗习惯又有很大的差异，因此，很有可能在一方看来正当的交易，但在另一方却是不可接受的，从而导致交易的失败或受到限制。

10.2　网络营销的风险控制方法

由于网络营销过程中存在大量的风险因素，企业必须采取必要的手段防范这些因素。一个完整的网络交易安全体系，至少应该包括以下几个方面的内容。

1. 加强市场需求管理

加强网络市场调查研究，应用定量与定性分析办法对目标市场容量、需求特征、产品定位进行有效确定。制定科学的营销战略、实施有效的营销管理是网络营销的总体思路。企业网络营销发展的整体战略、市场潜力、发展方向预测以及风险和可能收益必须进行事前分析和控制，特别要确信决策能给企业带来的最小利益和可能的最大损失。

2. 实施技术防范措施

（1）防火墙技术

防火墙是一个由软件和硬件系统设备组合而成的、在内部网和外部网之间的界面上构造的保护屏障。只有被授权的通信才能通过此保护层，从而使内部网络与外部网络存在一定意义上的隔离，防止非法入侵、非法使用系统资源，防止黑客入侵等。

（2）网络杀毒技术

有些病毒一旦感染内部网中的一台主机,就会向其他主机扩散,这样就很难杀死全部病毒。按照传统的单机杀毒,费时费力,而且容易"死灰复燃",于是网络杀毒技术应运而生。网络反病毒技术最重要的一点就是远程化,可以及时知晓病毒事件。如瑞星杀毒软件采用的就是"分布式处理"技术,该技术实际上是一项杀毒软件的网络远程化管理技术。该软件在主机服务器安装后可远程安装各个辅助服务器和客户端。管理员通过控制台对客户端的杀毒软件进行设置,避免因客户端的疏忽而产生整个病毒防护系统的漏洞。

（3）数字签名技术

数字签名与书面文件签名有相同之处。采用数字签名也要确认以下两点:第一,信息是由签名者发送的;第二,信息自签发后到收到为止未曾做过任何修改。这样数字签名就可以用来防止电子信息容易被修改而被人造伪;或冒用别人名义发送信息;或发出(收到)信件后又加以否认等情况发生。数字签名并非用"手书签名"类型的图形标志,它是采用了双重加密的方法来实现防伪。

3. 增强对网络营销的立法监督及信用认证

随着因特网技术的日益普及,网络的违法行为也日益猖獗,网络安全已成为网络营销发展的瓶颈。而法律、法规的建设却远远落后于经济的发展,这就造成了一方面企业由于得不到法律、法规的支持举步维艰;另一方面消费者担心发生纠纷,处理时没有法律依据。在这种情况下,制定相应的法律保障措施迫在眉睫。

同时,目前由于网络营销的市场准入制度较低,使得网络交易的合同认证、执行和赔偿,反欺骗,知识产权保护,税收征管,广告管制,交易监督以及网络有害信息过滤等方面规则薄弱,信用认证则为网络营销健康、有序、快速发展提供一个公平规范的环境,最大程度地降低网络营销风险。

另外,国家应设立专门的信用认证机构,对网上企业的信用进行评估,合格者可以颁发证书并通过媒体或其他方式公布。工商、银行、税务等部门应加强交流与合作,为企业或个人提供信誉保障,也可以由保险公司设立专门的信用保险,尽可能地把信用风险降到最低,促进网络营销的健康快速发展。

10.3　网络营销效果评价

企业实施网络营销战略后,需要对网络营销效果进行分析评价,以确定企业是否能获取经济利益,其效果评价主要包括如下内容。

1. 网站创建的评价

企业站点是网络营销的基础,是网络营销信息传递的主要渠道之一。因此,在网络营销过程中,应当对本企业的网站创建设计是否合理、网站内容和功能是否完整、网站服务具有的有效性、网站具有的可信度等几个方面进行评价。

2. 企业网站推广的评价

网站推广的力度在一定程度上说明了网络营销人员为之付出努力的多少,而且可以进行量化,这些指标主要有如下几个方面。

(1) 搜索引擎的收录和排名状况

一般来说,登记的搜索引擎越多,对增加访问量更有效果。另外,搜索引擎的排名也很重要,一些网站虽然在搜索引擎上注册了,但排名如果靠后,同样起不到多大作用。在进行这项评价时,应对网站在主要搜索引擎的表现逐一进行评估,并与主要竞争者进行对比分析。例如在 http://indexed. webmasterhome. cn/网站提供的查询系统对 www. hao123. com 网站进行搜索引擎收录和排名状况的查询,如图 10-1 所示。

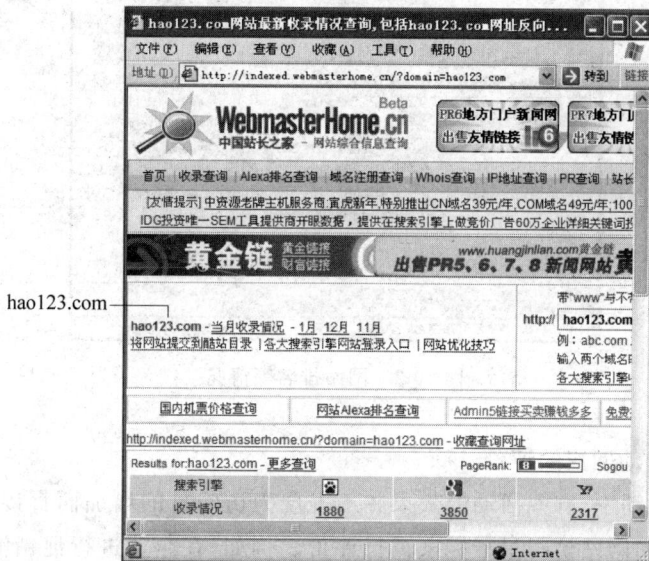

图 10-1　搜索引擎收录情况

(2) 获得其他网站链接的数量

其他网站链接的数量越多,对搜索结果排名越有利,而且访问者还可以从合作伙伴网站进行访问,因此网站链接数量也反映了对网站推广所做的努力。不过网站链接数量并不一定与获得的访问量成正比。

(3) 注册用户数量

网站访问量是网络营销取得效果的基础,也在一定程度上反映了获得顾客的潜在能力,其中最重要的指标之一是注册用户数量,因为注册用户资料是重要的网络营销资料,是开展许可 E-mail 营销的三大基础之一,拥有尽可能多的注册用户数量并合理应用这些资源已经成为企业重要的竞争手段。

3. 企业网站访问量的评价

在网络营销评价方法中,网站访问统计分析是重要的方法之一。通过网站访问统计报告,不仅可以了解网络营销所取得的效果,而且可以从统计数字中发现许多有说服力的问题。网站访问量统计分析无论对于某项具体的网络营销活动还是总体效果都有参考价值,也是网络营销评价体系中最具有说服力的量化指标。虽然获得用户访问并非网络营销的最终目标,不过,访问量最直接关系到网络营销的最终效果,因此网站访问量指标可以看做是网络营销的中间效果。例如在 http：//alexa.chinaz.com/网站提供的查询系统对 www.hao123.com 网站的排名、流量和访问量等情况的查询结果如图 10-2 所示。

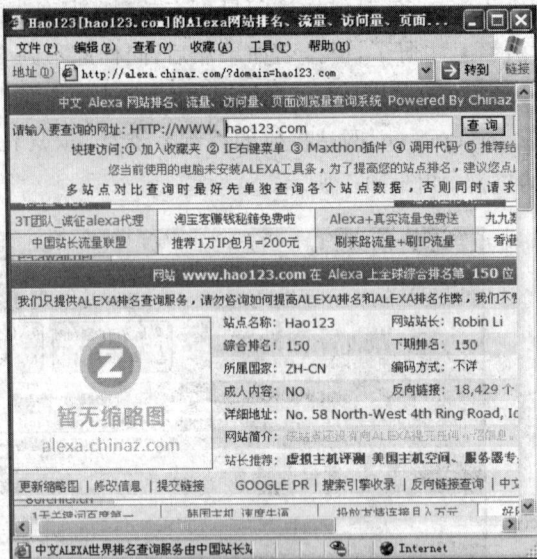

图 10-2　网站排名等情况

4. 网络营销活动回应的评价

在网络营销活动中，有些活动的效果并不表现为访问量的增加而直接达到销售促进的效果，因此便无法用网站访问量指标来进行评价。例如，在企业进行促销活动时，采用电子邮件方式发送优惠券，用户下载之后可以直接在传统商场消费时使用，用户无须登录网站，这时网络促销活动的效果对网站流量就不会产生明显的增加，因此只能用该次活动反应率指标来评价，如优惠券下载数量，在商场中兑现的数量等。

10.4　技能训练：网络营销综合训练

【训练目的】

提高对网络营销知识的综合应用能力，重点突出对在线市场调研、企业网站策划及其推广、网络营销效果分析和管理等方面知识的应用水平。

【训练内容】

课程设计的基本思路。作为企业网络营销的技术人员，如何分析评价企业网站的现状、问题，并制定下一阶段的网络营销策略。主要内容包括如下几个方面。

（1）从网络营销的角度对该企业网站目前所处状况进行评述。

（2）提出网络营销思想的网站改版计划。

（3）制定该网站的网络营销策略，重点是网站推广策略和网络营销效果评价管理。

【训练步骤】

（1）选择一个在某些方面具有代表性的企业网站。

（2）对网站的状况与主要竞争者进行比较分析。

（3）通过常用市场调研方法收集该网站经营相关的信息。

（4）对网站的专业性进行评价分析。

（5）对网站流量统计数据进行分析。

（6）分析常用网站推广方法的适用性。

英文缩略词汇

4C(Customer、Cost、Convenience、Communication,顾客策略、成本策略、方便策略、沟通策略)

4P(Product、Pricing、Place、Promotion,产品策略、定价策略、渠道策略、促销策略)

ADMA(American Drug Manufacturers Association,美国直复营销协会)

AMD(Advanced Micro Devices,美国先进微电子器件公司)

AOL(American Online,美国在线,官方网站:http://www.aol.com 美国在线服务公司)

BBS(Bulletin Board System,电子公告板)

Blog(WEBLOG,网络日志)

B to B(Business to Business,企业对企业)

B to C(Business to Consumer ,商家对消费者)

B to E(Business to Employee,企业内部之间)

B to G(Business to Government,企业对政府)

CEO(Chief Executive Officer,首席执行官)

CI(Corporate Image,形象设计)

CNNIC (China Internet Network Information Center,中国因特网络信息中心)

CPA(Cost Per Action,每行动成本)

CPC(Cost Per Click 或 Cost Per Thousand Click-Through, 每点击成本)

CPL(Cost Per Leads,以搜集潜在客户名单多少来收费)

CPM (Cost Per Mille 或 Cost Per Thousand 或 Cost Per Impressions,每千人成本)

CPP(Cost Per Purchase,每购买成本)

CPR(Cost Per Response,每回应成本)

CPS(Cost Per Sales,以实际销售产品数量来换算广告刊登金额)

C to C(Customer to Customer ,消费者对消费者)

DMOZ (Open DirectoryProject,一个著名的开放式分类目录)

E-mail(Electronic mail,电子邮件)

EMS(Enhanced Message Service,增强型短消息服务)

ERP(Enterprise Resourse Planning,企业资源规划)

HTML(HyperText Mark-up Language,超文本标记语言或超文本链接标记语言)

IBS(Intelligent Building System,智能大厦系统)

ICQ("I Seek You","我在找你")

ID(Identity,身份标识号码)

IM(Instant Messenger,即时通信)

IP(Internet Protocol,因特网协议)

ISP(Internet Service Provider,因特网服务提供商)

IT(Information Technology,信息技术)

ML(Mailing List,邮件列表)

MMS(Multimedia Messaging Service,多媒体短信服务,又称彩信)

MSN(Microsoft Service Network,微软网络服务)

ORBIT(Online Retrieval of Bibbiographic Information Timeshared,联机检索系统)

PC(Personal Computer,个人计算机)

PEM(Permission E-mail Marketing,许可 E-mail 营销)

PFP(Pay-For-Performance,按业绩付费)

POP(Point Of Purchase Ad,在购物场所能促进销售的广告)

PR(PageRank,网页级别)

SEM(Search Engine Marketing, 搜索引擎营销)

SEO(Search Engine Optimization,搜索引擎优化)

SMS (Short Message Service,短消息业务)

SMTP(Simple Message Transfer Protocol,简单邮件传输协议)

SPAM(Stupid Person Advertising Method,搜索引擎作弊)

TCP(Transmission Control Protocol,传输控制协议)

UCE(Unsolicited Commercial E-mail 或 spam,junk email,未经许可 E-mail 营销或垃圾邮件)

UDP(User Datagram Protocol,用户数据报协议)

URL(Uniform Resource Location,统一资源定位符,也被称为网页地址)

VC(Venture Capital,风险投资或风险资本)

VIP(Very Important Person,贵宾)

WAP(Wireless Application Protocol，无线应用通信协议)

YST(Yahoo! Search Technology,Yahoo! 搜索技术)

常用专业术语解释

PageRank(网页级别)技术：简称 PR,Google 排名的核心技术。

按钮广告：与旗帜广告大体相同,只是尺寸较小。

百度指数：是用以反映关键词在过去 30 天内的网络曝光率及用户关注度,它能形象地反映该关键词每天的变化趋势。

病毒式营销：是指发起人发出产品的最初信息到用户,再依靠用户自发的口碑宣传,网络营销中的一种常见而又非常有效的方法。

博客：就是网络日志(网络日记),英文单词为 Blog(WEBLOG 的缩写)。

博客营销：是公司、企业或者个人利用博客这种网络交互性平台,发布并更新企业、公司或个人的相关概况及信息,并且密切关注并及时回复平台上客户对于企业或个人的相关疑问以及咨询,并通过较强的博客平台帮助企业或公司零成本获得搜索引擎的较前排位,以达到宣传目的的营销手段。

参考价：又称"估价",指拍卖人印制的拍卖图录上对每件拍卖标的的明示价格。该价格由拍卖人决定,不属于最后确定的售价。

超级流媒体广告：画面优美,声音悦耳,在画面底部设有播放按钮,用户可自行关闭或重放。其灵活新颖,趣味性强。

成本导向定价法：是以产品单位成本为基本依据,再加上预期利润来确定价格的一种定价方法。

成本加成定价法：指在商品单位成本的基础上,加上一定比率的金额作为利润,就是单位产品的价格。

成交价：又称"落槌价",指拍卖会上拍卖师落槌决定拍卖标的售予某一买受人的价格。

弹出窗口式广告：是指广告可在用户访问网页时自动弹出,常分为 Pop-up 和 Pop-under 两种类型。

点击成本：广告为每个用户点击所付的费用。

点击次数：用户通过点击广告而访问广告主的网页,称点击一次;是反映广告效果的指标之一。

点击率：广告被点击的次数与广告收视次数的比例。

电子邮件：是一种常用的因特网服务。就是利用计算机网络交换的电子媒体信件。

电子邮件法：是通过给被调查者发送电子邮件的形式将调查问卷发给一些特定的网上用户,由用户填写后以电子邮件的形式再反馈给调查者的调查方法。电子邮件法属于主动调查法,与传统邮件法相似,优点是邮件传送的时效性大大地提高了。

电子邮件营销：是采用电子邮件的形式，把自己的信息传播给自己的目标受众的一种营销方式。

定向广告：是指网络服务商利用网络追踪技术搜集整理用户信息，按年龄、性别、职业、爱好、收入、地域分类储存用户的 E-mail 地址，然后利用网络广告配送技术，向不同类别的用户发送内容不同的广告。

动机：是指推动人进行活动的内部原动力，即激励人们行为的原因。

对联广告：采用传统的对联形式，一般对称出现在网页的左右两侧空白位置。

反向拍卖：也叫拍买，常用于政府采购、工程采购等。

分销渠道：当产品从生产者向最后消费者或产业用户移动时，直接或间接转移所有权所经过的途径。

感情动机：是由人们的情绪和感情所引起的购买动机。

购买心理：指人作为购买者时的所思所想。

关键词广告：通过在搜索引擎注册，企业信息能够出现在用户的相关搜索结果中。

关键词：英文是 Keyword，就是希望访问者了解的产品、服务或者公司等内容名称的用语。

广告效果：广告主期望广告产生的直接效果，如点击、注册、下载或者购买等行为。

广告主：广告活动的发布者，拥有自己的网站并希望通过发布网络广告来推广自己的产品或服务，达成某种营销效果，并承担相关法律责任的法人。在系统中，发布广告活动，并按照网站主完成的广告活动中规定的营销效果的总数量及单位效果价格向网站主支付费用。

荷兰式拍卖：也称"降价拍卖"或"高估价拍卖"。是指在拍卖过程中，拍卖人宣布拍卖标的的起叫价及降幅，并依次叫价，第一位应价人响槌成交。但成交价不得低于保留价。

即时通信：就是通常所说的在线聊天工具。即时通信具有快速高效、多媒体技术丰富、用户数量巨大等特点。

进入壁垒：是影响市场结构的重要因素，是指产业内既存企业对于潜在进入企业和刚刚进入这个产业的新企业所具有的某种优势的程度。换言之，是指潜在进入企业和新企业若与既存企业竞争可能遇到的种种不利因素。

进入壁垒的高与低：就是指在商业链的上游（比如原材料供应方面）或者下游（比如销售商和市场方面）存在或不存在壁垒。进入壁垒的高低是影响该行业市场垄断和竞争关系的一个重要因素，同时也是对市场结构的直接反映。

竞价排名：是一种网络搜索引擎推广方式。出价高的网站会在搜索中排到较为靠前的位置，Google、百度等搜索引擎行业的主要收入来源。

竞买人：参加竞购拍卖标的的公民、法人或其他组织。

竞争导向定价法：竞争导向定价法是企业根据市场竞争状况确定商品价格的一种定价方式。

巨型广告：一般要占到整个屏幕的 1/3 以上空间，多采用 Flash 动画格式，能够从多方位展示企业的产品信息。

浏览量：网站各网页被浏览的总次数。

浏览器：一种能够在万维网中浏览的程序。

买受人：以最高应价购得拍卖标的竞买人。"竞买人"、"买受人"有时亦统称买家。

密封递价拍卖：又称招标式拍卖。由买主在规定的时间内将密封的报价单（也称标书）递交拍卖人，由拍卖人选择买主。

免费价格策略：就是将企业的产品和服务以零价格形式提供给顾客使用，满足顾客的需求。

拍卖标的：委托人委托拍卖人以拍卖方式出售的其所有或依法可以处分的物品或者财产权利。

拍卖当事人：包括拍卖人、委托人、竞买人、买受人。

拍卖底价：又称"保留价"，指拍卖人与委托人对其委托的拍卖标的的共同商定，并在委托上标明的最低出售价格。"拍定物"指已拍卖成交的拍卖标的。

拍卖人：依照《中华人民共和国拍卖法》和《中华人民共和国公司法》设立的从事拍卖活动的企业法人。

拍卖收益：指拍卖人在拍卖成交后支付给委托人的出售拍卖标的的款项净额，即成交价扣除买方围绕同一物品或财产权利竞相出高价从而在拍卖竞价中去发现其真实价格和稀缺程度，避免交易的主观随意性，更直接地反映市场需求，最终实现商品的最大价值。

旗帜广告：也叫横幅广告，网页中的一个长方形画面广告，因其形状像一面旗帜。

社会化书签：是 2004 年起 Web 出现的一种新的内容标引方法。可以将网站随时加入自己的网络书签中；用多个关键词标示和整理书签，并与人共享。相对于专业的编目和用户提供源数据的现行方式，社会书签以其方便实用而备受人们的关注和喜爱，被认为是下一代的 Web 信息基础设施。

视讯会议法：是基于 Web 的计算机辅助访问，将分散在不同地域的被调查者通过因特网视讯会议功能虚拟地组织起来，在主持人的引导下讨论调查问题的调查方法。

收支平衡定价法：也叫保本定价法。是指在销量既定的条件下，企业产品的价格必须达到一定的水平才能做到收支平衡。

受众：简而言之就是指信息传播接收者，包括报刊和书籍的读者、广播的听众、电影电视的观众，第四媒体网络的兴起使得受众的范围越来越大了。

售价加成定价法：以产品的最后销售价为基数，再按销售价的一定百分率计算加成率，最后得出产品售价，即销售价作一折扣后才是单位成本。

数据库：存储在一起的相关数据的集合，这些数据是结构化的，无有害的或不必要的冗余，并为多种应用服务。

撕页广告：一般出现在网页的左上角或右上角，单击鼠标后自动"撕开"——广告画面得以展示。

搜索引擎：是帮助用户查找存储在个人计算机、计算机网络如因特网上的信息的软件程序。

搜索引擎营销：就是根据用户使用搜索引擎的方式，利用用户检索信息的机会尽可能将营销信息传递给目标用户。

搜索引擎优化：也叫网站优化。是通过对网站本身的优化使其更符合搜索引擎的搜索习惯，更应该符合用户的搜索习惯，从而获得比较好的搜索引擎排名。

随机 IP 法：是以产生一批随机 IP 地址作为抽样样本的调查方法。随机 IP 法属于主动调查法,其理论基础是随机抽样。利用该方法可以进行纯随机抽样,也可以依据一定的标志排队进行分层抽样和分段抽样。

投资收益定价法:是根据企业总成本和预计销售量,加上按投资收益确定的作为定价基础的方法。

图标广告:多用于显示公司或产品的图标,单击后链接到公司的站点。

网络广告:是一种新兴的广告形式,确定的广告主以付费方式运用因特网媒体对公众进行劝说的一种信息传播活动。

网络商务信息:是只有通过计算机网络传递的,包括文字、数据、表格、图形、影像、声音以及内容能够被人或计算机查知的符号系统等的商务信息。

网络商务信息收集:是指在网络上对商务信息的寻找和调取工作。

网络市场调查:是利用因特网了解顾客的需求、市场机会、竞争对手、行业潮流、营销渠道以及战略合作伙伴等方面的情况,系统地进行营销信息的收集、整理、分析和研究的过程。

网络市场细分:指企业在调查研究的基础上,依据网络消费者的需求、购买动机、习惯和爱好的差异性,把网络市场中不同类型的消费群体进行划分,每个消费群体就构成了企业的一个细分市场。

网络消费者的购买动机:是指在网络购买活动中,能使网络消费者产生购买行为的某些内在的动力。

网络消费者的需求动机:指由需求而引起的购买动机。

网络营销:是以因特网为媒体,以新的方式、方法和理念实施营销活动,更有效地促成个人和组织交易活动实现的新型营销模式。它是企业整体营销战略的一个重要组成部分。

网络营销定价:是指给网上营销的产品和服务制定价格。

网络营销价格:是指企业在网络营销过程中买卖双方成交的价格。

网络直接调查方法:是通过利用因特网直接进行问卷调查等方式收集一手资料。

网上间接调查:主要是利用因特网收集与企业营销相关的市场、竞争者、消费者以及宏观环境等信息。

网上拍卖:是以因特网为平台、以竞争价格为核心,建立生产者和消费者之间的交流与互动机制,共同确定价格和数量,从而达到均衡的一种市场经济过程。

网页快照:是把相关的网站抓取下来,然后保存在百度或谷歌等它们自己的服务器上的。文章被删除了,但在快照里还能显示。

委托人:委托拍卖人拍卖物品或财产权利的公民、法人或其他组织。

文字链接广告:采用文字形式表现,可出现在网页的任意部位,一般设置为超链接形式,可以通过点击查看更详细的内容。

效果评价:衡量规划、项目、服务机构经过实施活动所达到的预定目标和指标的实际程度。

效果评价:衡量规划、项目、服务机构经过实施活动所达到的预定目标和指标的实际程度。

心理动机:是由于人们的认识、感情、意志等心理过程而引起的购买动机。

新闻组:简单地说就是一个基于网络的计算机组合,这些计算机被称为新闻服务器,不同的用户通过一些软件可连接到新闻服务器上,阅读其他人的消息并可以参与讨论。新闻组是一个完全交互式的超级电子论坛,任何一个网络用户都能进行相互交流的工具。

信息名址:是手机上的网络地址,简单地说,就是一种以短信方式为手机用户提供服务的技术。

需求导向定价法:它又称顾客导向定价法。是指企业根据市场需求状况和消费者的不同反应,分别确定产品价格的一种定价方式。

许可 E-mail 营销:是基于因特网的发展而出现的一种较新的营销概念。企业在推广其产品或服务的时候,事先征得顾客的"许可"。在潜在顾客许可之后,通过 E-mail 的方式向顾客发送产品/服务信息,以达到宣传目的的营销手段。

一口价:指在交易前卖家预确定一个固定的价格,让买家没有讨价还价的余地。

移动营销:又称无线营销,一个既涉及无线通信,又与市场营销有关的跨领域交叉学科。

英格兰式拍卖:也称"增价拍卖"或"低估价拍卖",是指在拍卖过程中,拍卖人宣布拍卖标的的起叫价及最低增幅,竞买人以起叫价为起点,由低至高竞相应价,最后以最高竞价者以三次报价无人应价后,响槌成交。但成交价不得低于保留价。

佣金:又称"代理费",指拍卖人根据有关法律、法规的规定,在成交后向委托人、买受人收取的服务费用。

邮件列表:是 Internet 上最早的社区形式之一,也是 Internet 上的一种重要工具,用于各种群体之间的信息交流和信息发布。

站点法:是将调查问卷的 HTML 文件附加在一个或几个网络网站的 Web 上,由浏览这些站点的网上用户在此 Web 上回答调查问题的方法。站点法属于被动调查法,这是目前出现的网上调查的基本方法,也将成为近期网上调查的主要方法。

参 考 文 献

[1] 王宜. 赢在网络营销经典案例与成功法则. 北京：人民邮电出版社,2008.

[2] 王汝林. 网络营销实战技巧. 重庆：重庆大学出版社,2006.

[3] 叶万春,叶敏. 营销策划. 北京：清华大学出版社,2005.

[4] 尚建成. 电子商务基础. 北京：高等教育出版社,2006.

[5] 孔伟成,陈水芬. 网络营销. 北京：高等教育出版社,2004.

[6] 宋文官. 电子商务实用教程. 北京：高等教育出版社,2002.

[7] 周朝民. 网络经济学. 上海：上海人民出版社,2003.

[8] [英]戴夫·查菲,菲奥纳·埃利斯-查德威. 网络营销(战略实施与实践 原书第3版).译者北京：机械工业出版社,2008.

[9] 昝辉. 网络营销实战密码. 策略·技巧·案例. 北京：电子工业出版社,2009.

[10] 梁冬梅. 网络营销及案例分析. 北京：北京交通大学出版社,2008.

[11] [美]特伯恩等. 电子商务管理新视角(第2版). 王理平等译. 北京：电子工业出版社,2003.

[12] [美]艾森伯格,戴维斯. 行动的召唤：有效提升网络营销力. 李晶译. 北京：中信出版社,2009.

[13] 冯英健. 网络营销基础与实践. 北京：清华大学出版社,2008.

[14] 高凤荣. 网络营销实务. 北京：机械工业出版社,2009.

[15] 张永红. 网络营销实务. 北京：北京理工大学出版社,2008.

[16] 邵安兆,周岩. 网络营销理论与实务. 北京：北京邮电大学出版社,2008.

[17] 曹修源,林豪锵. 网络营销与案例解析. 北京：清华大学出版社,2009.

[18] 阴双喜. 网站策划与网上营销. 上海：复旦大学出版社,2001.

[19] 戴建中. 网络营销与创业. 北京：清华大学出版社,2008.

[20] 甄小虎,秦琴,邬兴慧. 网络营销与实训. 北京：经济科学出版社,2009.

[21] 魏亚萍,陈峥嵘. 网络营销. 北京：机械工业出版社,2007.

[22] 邓平,郑秀平. 网络营销. 上海：上海交通大学出版社,2008.

[23] 赵秋梅. 网络市场营销与策划. 北京：机械工业出版社,2008.

[24] 李玉清,方成民. 网络营销. 大连：东北财经大学出版社,2008.

[25] 丁薇,彭欣. 网络营销实用教程. 北京：人民邮电出版社,2008.

[26] 孙邦平. 零点指标数据网 http://www.horizonkey.com/showart.asp? art_id＝545&cat_id＝5 消费文化研究总第834期,2006.

[27] 宋文官,马笑容. 电子商务实训. 北京：高等教育出版社,2004.

[28] 杨坚争等. 电子商务基础与应用. 西安：西安电子科技大学出版社,2008.

[29] 老虎工作室. 网络营销培训教程. 北京：人民邮电出版社,2008.

[30] [美]凯西·施瓦尔贝. IT项目管理. 王金玉等译. 北京：机械工业出版社,2005.

[31] 周树清等. 电子商务情景案例. 北京：中国国际广播出版社,2008.

[32] 韩小红. 网络消费者行为. 西安：西安交通大学出版社,2008.

[33] [法]尼古拉·盖冈. 100个心理小实验：帮你更聪明地消费. 丁雯妍译. 上海：上海社会科学出版社,2009.

[34] 中国因特网络信息中心：http://www.cnnic.net.cn/.

[35] 彭纯宪. 网络营销. 北京：高等教育出版社,2007.

[36] 邓宁等. 网络营销. 北京：中国劳动社会保障出版社,2008.